*Crítica da razão
na fenomenologia*

FUNDAÇÃO EDITORA DA UNESP

Presidente do Conselho Curador
Mário Sérgio Vasconcelos

Diretor-Presidente / Publisher
Jézio Hernani Bomfim Gutierre

Superintendente Administrativo e Financeiro
William de Souza Agostinho

Conselho Editorial Acadêmico
Danilo Rothberg
Luis Fernando Ayerbe
Marcelo Takeshi Yamashita
Maria Cristina Pereira Lima
Milton Terumitsu Sogabe
Newton La Scala Júnior
Pedro Angelo Pagni
Renata Junqueira de Souza
Sandra Aparecida Ferreira
Valéria dos Santos Guimarães

Editores-Adjuntos
Anderson Nobara
Leandro Rodrigues

CARLOS ALBERTO RIBEIRO DE MOURA

Crítica da razão na fenomenologia

© 2022 Editora Unesp

Direitos de publicação reservados à:
Fundação Editora da Unesp (FEU)
Praça da Sé, 108
01001-900 – São Paulo – SP
Tel.: (0xx11) 3242-7171
Fax: (0xx11) 3242-7172
www.editoraunesp.com.br
www.livrariaunesp.com.br
atendimento.editora@unesp.br

Dados Internacionais de Catalogação na Publicação (CIP)
de acordo com ISBD
Elaborado por Vagner Rodolfo da Silva – CRB-8/9410

M929c

Moura, Carlos Alberto Ribeiro de
   Crítica da razão na fenomenologia / Carlos Alberto Ribeiro de Moura. – São Paulo: Editora Unesp, 2022.

   Inclui bibliografia.
   ISBN: 978-65-5711-097-3

     1. Filosofia.   2. Fenomenologia.   3. Edmund Husserl. I. Título.

2021-3615   CDD 142.7
                                                                          CDU 165

Editora afiliada:

Sumário

Apresentação . 7

Introdução . 9

Primeira parte: Crítica da razão na atitude natural

I A figura imperfeita do conceito . *51*

II Crítica da representação . *91*

III O método das investigações . *121*

IV Subjetividade e transcendência . *159*

Segunda parte: Crítica da razão na atitude transcendental

V O território da filosofia . *191*

VI Absoluto e relativo . *231*

VII Fenomenologia da razão . *267*

Conclusão . *301*

Referências bibliográficas . *311*

Apresentação

Este trabalho pretende ser apenas uma explicitação do sentido do *projeto* husserliano. Essa primeira limitação não é, contudo, inteiramente fortuita. Por um lado, houve a intenção de retomar o significado desse projeto para aquém da poeira lançada pelas "fenomenologias" posteriores, que nunca deixaram de influir tacitamente em sua compreensão. Mas essa motivação, todavia, ainda é extrínseca e representa apenas uma escolha. Existe outra, mais propriamente interna, resultante da conjunção entre a fenomenologia e as tarefas da história da filosofia. Se há uma certa inadequação em falar de "ordem de razões" após a ruptura entre o discurso matemático e o filosófico, que dizer quando essa ruptura vai se traduzir na exigência de que a filosofia só pode proceder por *descrições*? As "razões" e os "motivos" da fenomenologia se apresentam no momento de sua instauração. Uma vez instalada, começará a enorme descrição da paisagem da consciência que, se é passível de uma "explicitação", não permitirá jamais a esta assumir a retórica da justificação. Pretendeu-se concentrar a atenção, antes de tudo, nesses momentos em que a fenomenologia se prepara, nasce como exigência e delineia, por assim dizer, a sua ideia; o que exige, inevitavelmente, um inventário das dificuldades que estão na origem de suas transformações. O resultado será um círculo traçado sobre papel, sem ter contudo o seu interior preenchido. A essa limitação temática acrescente-se ainda a delimitação operada por dois pontos de apoio: o trabalho centra-se nas *Investigações lógicas* e em *Ideias I*. A referência a outros textos faz-se em função de problemas específicos dos primeiros, sem qualquer pretensão à exaustividade.

Que fique expresso aqui o meu mais profundo agradecimento à Fundação de Amparo à Pesquisa do Estado de São Paulo (Fapesp), que por duas vezes me apoiou. E àqueles que me deram o privilégio de tê-los como meus primeiros leitores: professores Gérard Lebrun; Bento Prado Jr.; Michel Debrun; Ernildo Stein e Marilena Chaui.

Este trabalho foi publicado pela primeira vez em 1989. Mas terminou de ser escrito em 1982, quando foi apresentado como tese de doutorado na Universidade de São Paulo (USP). Tanto a primeira publicação quanto a atual, pela Editora Unesp, não trazem nenhuma alteração em relação ao texto original.

Carlos Alberto Ribeiro de Moura
Universidade de São Paulo – Depto. de Filosofia

Introdução

I

A fenomenologia – diz Husserl – é a "primeira forma rigorosamente científica" do idealismo transcendental (EPII, p.181). E, aos olhos do autor, essa afirmação não tem apenas o sabor de uma constatação de fato. Ao contrário, haveria uma relação de essência entre fenomenologia e idealismo, relação que, a partir dos anos 1920, ele não cessa de reiterar: "a fenomenologia é *eo ipso idealismo transcendental*... Apenas quem não compreende o sentido profundo do método intencional, ou do método da redução transcendental, ou de ambos, pode querer separar fenomenologia e idealismo transcendental" (CM, p.118-9). Uma *relação de essência* entre fenomenologia e idealismo? Sobre esse ponto, discípulos e intérpretes não cessaram de divergir de Husserl, desde a "incompreensível virada idealista" de 1908. As *Investigações lógicas* seriam mais consequentes com o projeto fenomenológico, ao se manterem explicitamente neutras em relação à disputa realismo/idealismo. A partir de *Ideias I*, a coerência ter-se-ia perdido: quando perguntamos se o idealismo transcendental "decorre do método fenomenológico de Husserl como *necessidade lógica*", a resposta só pode ser negativa.[1] É exatamente esse o ponto de vista dos fenomenólogos da escola de Göttingen-München: o transcendentalismo – afirma Conrad-Martius – é uma queda na especulação e uma ferida nos princípios anteriores.[2] E o historiador é levado a concordar com os epígonos, pois se, do ponto de vista estritamente descritivo, a intencionalidade evita a alternativa entre o realismo e o idealismo, "o fato é que a interpretação idealista do método não precisa coincidir necessariamente com sua prática, como muitos de seus discípulos indicaram".[3] Se a fenomenologia não exige o idealismo que, depois das *Investigações*, Husserl passa a ver como congênito a ela, é porque, na verdade, a redução, introduzida inicialmente como um método de recuperação das aparências, passa a ser interpretada como uma "decisão sobre o próprio sentido do ser".[4] Assim, se o método da análise intencional, que se limita a partir do objeto em direção à multiplicidade dos atos, não prejulga nenhum idealismo, Husserl toma uma "decisão metafísica" sobre o sentido último da realidade, e "excede a prudência metodológica" quando interpreta o *Sinn* "para" a consciência como um *Sinn* "na" consciência.[5] "Decisão metafísica", "decisão não tematizada", "passagem desconcertante", "passagem dogmática" – essas expressões voltam

---

1 Celms, *Der phänomenologische Idealismus Husserl's*, p.251-2.

2 Conrad-Martius, Die transzendentale und die ontologische Phänomenologie, em *Edmund Husserl, 1859-1959*, p.178.

3 Ricoeur, Introduction: Husserl (1859-1938), em *Husserl*, p.7.

4 Ibid., p.10.

5 Ricoeur, Husserl's Ideas II: Analysis and Problems, em *Husserl*, p.36-7.

Crítica da razão na fenomenologia

frequentemente nos textos de Ricoeur,[6] para sublinhar o *arbitrário* daquela relação entre fenomenologia e idealismo que Husserl, todavia, acreditava essencial. E os exemplos desse descontentamento podem ser facilmente multiplicados. Ingarden também falará em uma "decisão metafísica", já que o método "por si só não leva a resultados idealistas"; bastaria que o tratamento dos objetos como *Sinne* fosse transitório, a infelicidade é que ele se tornou definitivo; a redução, introduzida com uma finalidade que não teria nada a ver com o método correto das investigações subjetivas, leva a análise descritiva a fazer asserções sobre o mundo; assim, se nas *Investigações* Husserl ainda era realista por reconhecer o em-si, depois ele "mudou de opinião".[7] Será essa também a interpretação de Landgrebe: a passagem da constituição no seu sentido metódico, como análise da correlação entre o ser e seus modos-de-ser-dado, à constituição no sentido idealista, como criação do ser conforme à interpretação de Fink, não se faria "sem uma certa ruptura... que conduz a uma discrepância não suprimida, na verdade, pelo próprio Husserl".[8]

"Decisão metafísica", "decisão não tematizada", "mudança de opinião" – aos olhos de discípulos e comentadores, o idealismo transcendental surge como um "ponto de vista" arbitrário e exterior à fenomenologia. Um "ponto de vista"? Para Husserl,

---

6 Ver id., além dos artigos já citados, A Study of Husserl's Cartesian Meditations, em op. cit., p.89; e Kant and Husserl, em op. cit., p.190.

7 Ingarden, *On the Motives which led Husserl to Transcendental Idealism*, p.8, 27-8, 37-8, 42.

8 Landgrebe, Regiones del ser y ontologias regionales en la fenomenología de Husserl, em *El camino de la fenomenología*, p.226.

o diagnóstico não poderia ser mais injusto, já que ele sempre insistia em afastar a fenomenologia de toda "filosofia do ponto de vista" (*Standpunkts-philosophie*) (IdI, p.46). A fenomenologia, entendida já como idealismo transcendental, estaria mesmo nas antípodas de um "ponto de vista": "O idealismo fenomenológico – transcendental não é uma tese filosófica particular ou uma teoria entre as outras; a fenomenologia transcendental, enquanto ciência concreta, [...] é em si mesma *idealismo universal* realizado como ciência" (IdIII, p.152). O idealismo transcendental é exatamente o contrário de um "ponto de vista", e está essencialmente vinculado à fenomenologia.

Esse descompasso entre Husserl e seus intérpretes é seguido, por outro lado, pela apreensão que todos estes têm do sentido do chamado "idealismo fenomenológico". Este não seria senão uma reedição a mais do idealismo tradicional, tal como o encontramos na história da filosofia, e já estaria todo ele embutido naquelas teses extravagantes que passam a ser defendidas a partir de *Ideias I*: "nenhum ser real é necessário para o ser da consciência", ao contrário, o real é relativo e dependente diante da consciência absoluta (IdI, p.115-6). "Todas as unidades reais são unidades de sentido; unidades de sentido... pressupõem a consciência doadora de sentido, que por seu lado é absoluta e não é através de doação de sentido" (IdI, p.134). E não faltam textos que, entre *Ideias I* e *Lógica formal e transcendental*, retomem esses dois *leitmotiven*: a realidade é *dependente* da consciência absoluta, a realidade é um *produto* da constituição intencional (FTL, p.206, 241). Ante essas teses, a interpretação não parece ser muito problemática. Se o ser depende da consciência e é o produto da intencionalidade,

Crítica da razão na fenomenologia

há aqui uma decisão idealista sobre o próprio sentido do ser, decisão que se manifestaria de forma mais completa nas *Meditações cartesianas*, em que "o mundo não é apenas 'para mim' mas retira todo seu estatuto de ser 'de mim'".[9] Se excluirmos a consciência, excluímos o mundo, tal é a tese fundamental de idealismo transcendental.[10] Desde então, não há muito o que discutir e o leitor conclui inevitavelmente que o "idealismo fenomenológico" não passa de uma reedição do idealismo de Berkeley,[11] e que Husserl seria bem mais *Schwärmer* do que esse, já que pensou em reduzir o *esse* ao *percipi*, podendo até passar-se da garantia de Deus.

É verdade que Husserl se pensa distante do "idealismo subjetivo", e recusa explicitamente essa classificação. Toda realidade existe através de uma *Sinngebung*, mas isso não significa "transformar o mundo inteiro em uma aparência subjetiva", não significa retornar ao "idealismo berkeleyano" (IdI, p.134). Mas, aos olhos de Husserl, o que exatamente distancia fenomenologia e idealismo subjetivo? Quando se analisa sua resposta, essa distância parece bem magra. Quando o fenomenólogo investiga o "percebido enquanto tal", "o que lhe é dado nessa direção de olhar é, no sentido lógico, um objeto; mas é um objeto totalmente *não independente*. Seu *esse* consiste inteiramente em seu *percipi* – com a ressalva de que essa proposição não deve ser compreendida no sentido berkeleyano, visto que o *percipi* não contém o *esse* como um componente real (*reelles Bestandstück*)" (IdI, p.246). Essa ressalva seria suficiente para afastar Husserl

---

9 Ricoeur, Introduction: Husserl (1859-1938), em *Husserl*, p.10.

10 Ingarden, *On the Motives...*, p.20.

11 Geyser, *Erkenntnistheorie*, p.12.

de Berkeley? Vá lá que o objeto intencional não esteja "realmente contido" no vivido; mas essa nuança não pode mascarar o fato fundamental. O acento sobre a não inclusão real dos objetos nos vividos não é tão importante para caracterizar a questão quanto à não independência das objetidades em relação à consciência: basta pôr o acento nessa última para que a ressalva de Husserl não altere muito a questão, e para que a fenomenologia pareça reescrever os *Princípios do conhecimento humano*. Se os objetos permanecem pensados como não independentes, a ressalva de Husserl não pode satisfazer o intérprete, que verá a fenomenologia retornando ao idealismo berkeleyano "mesmo sem querer".[12] Uma realidade independente da subjetividade – diz Husserl –, uma realidade absoluta, "vale tanto quanto um quadrado redondo" (IdI, p.134). Qual diferença existiria entre essa tese e a lição dos *Princípios*, quando estes ensinavam que "todos os corpos que compõem o potente sistema do mundo não podem subsistir sem um espírito; que sua existência é de serem percebidos e conhecidos... pois é perfeitamente ininteligível... atribuir a uma única parte dentre eles uma existência independente de um espírito"?[13] A questão parece decidida: colocando-se o acento sobre a não independência, o idealismo fenomenológico remete inevitavelmente àquela forma de idealismo tradicional que Kant, justamente, chamava de "delirante".

Segundo descompasso entre Husserl e a *Husserlsdeutung*: remeter o idealismo fenomenológico a alguma das formas his-

---

12 Ibid. A "ressalva" de Husserl satisfaz plenamente Rudolf Bernet. Cf. Bernet, Perception as Teleological Process of Cognition, em Tymieniecka (org.), *Analecta Husserliana*, v.9, p.127.

13 Berlekey, *Principes de la connaissance humaine*, p.211.

tóricas do "idealismo" é contrariar todas as suas intenções e, particularmente, desconhecer todos os textos em que ele entende afastar a fenomenologia *do próprio terreno* em que os idealismos históricos deitaram suas raízes. É que a afirmação da relação de essência entre fenomenologia e idealismo é invariavelmente seguida pelas afirmações da singularidade desse idealismo e de sua completa falta de parentesco com seus homônimos tradicionais. Assim, se é verdade que "o idealismo alemão propôs problemas verdadeiros", não é menos verdade que ele não propôs "as soluções verdadeiras".[14] "[...] a fenomenologia é *eo ipso idealismo transcendental*, se bem que em um sentido fundamentalmente novo; não no sentido de um idealismo psicológico, não no sentido de um idealismo que, a partir de dados sensíveis sem sentido, quer derivar um mundo pleno de sentido. Ela não é um idealismo kantiano, que acredita poder deixar aberta a possibilidade de um mundo de coisas em si, pelo menos como conceito limite" (CM, p.118). De imediato, se o idealismo fenomenológico tem um "sentido fundamentalmente novo", é porque existe uma "diferença fundamental e essencial entre o idealismo fenomenológico-transcendental e aquele idealismo que é combatido, como seu oposto exclusivo, pelo realismo" (IdIII, p.152). O idealismo fenomenológico, ao contrário dos idealismos históricos, "não é uma formação obtida como prêmio a partir de um jogo de argumentos em conflito dialético com os *realismos*" (CM, p.118-9). Assim, se esse idealismo for pensado como inédito, é, em primeiro lugar, porque ele não deverá *opor-se* a nenhum realismo. É por isso que Husserl pode-

---

14 Husserl, Reminiscences of Franz Brentano, em McAlister (org.), *The Philosophy of Franz Brentano*, p.51.

rá fazer afirmações que poderão, à primeira vista, soar como desconcertantes: "o mundo é sempre um mundo já dado e indubitável. Não existe portanto um realismo mais radical que o nosso" (Kr, p.190-1). Em uma carta a Baudin, de maio de 1934, o gosto pelo paradoxo parece ir mais longe: "Nenhum 'realista' comum foi tão realista e tão concreto quanto eu, o 'idealista' fenomenológico".[15] Mas não se trata, na verdade, de gosto pelo paradoxo. Trata-se, isso sim, da fenomenologia pensar-se como estando aquém das oposições filosóficas tradicionais e, mais do que isso, como a filosofia que termina por dissolvê-las. Nela suprimem-se todas as oposições, "como entre racionalismo (platonismo) e empirismo, subjetivismo e objetivismo, idealismo e realismo... Em todas as partes motivos justos, mas em todas as partes parcialidades ou absolutizações inadmissíveis de posições unilaterais, justificadas apenas de modo relativo e abstrato... Seu idealismo transcendental contém em si o realismo natural, mas ele não se prova através de um argumentar aporético, mas pela consequência do próprio trabalho fenomenológico" (PP, p.253-4).

Mas o que é esse idealismo que, por se não opor a nenhum realismo, pensa-se por princípio distinto do idealismo tradicional? Essa caracterização apenas negativa do idealismo fenomenológico já indica aquilo que aos olhos de Husserl o separa tanto dos realismos quanto dos idealismos históricos: a permanência de todos eles na "atitude natural". A oposição entre a atitude natural e a atitude transcendental é a oposição mais ampla estabelecida por Husserl. E se a fenomenologia está distante

---

15 Citado por Kern, *Husserl und Kant*, p.276, nota 1.

Crítica da razão na fenomenologia

tanto do realismo quanto do idealismo clássicos é porque, aos seus olhos, todos eles permaneciam presos à atitude natural. Desde então, seria injusto associar o idealismo fenomenológico a qualquer uma das figuras históricas do "idealismo", figura que para ele só tem sentido sobre o terreno da "naturalidade", terreno que a fenomenologia, justamente, entende suprimir. Isso posto, seria melhor inverter o itinerário tradicional: em vez de procurar em que pontos a "redução" amarra o destino da fenomenologia ao "idealismo", seria melhor investigar, ao contrário, em que a redução transcendental *distancia* a fenomenologia dos "idealismos", tais como esses surgiram historicamente. Assim, quando se continua a interpretar o idealismo fenomenológico como uma instância do idealismo em geral, é porque não se deu à redução transcendental sua *verdadeira originalidade*.

Todavia, quando confrontada às teses que afirmam a "dependência do ser em relação à consciência" e a "produção das unidades de sentido pela *Sinngebung*", essa pretensa especificidade do idealismo fenomenológico não pareceria puramente verbal? Essa dúvida é inevitável, desde que se limite a análise aos textos que não fazem senão reafirmar a impressão do "idealismo delirante" *à la* Berkeley. Mas, quando não se subordina a análise a essa limitação, a impressão de verbalismo pode ceder à de um problema real de interpretação. É verdade que "não importa o que se oponha a mim como objeto existente recebeu para mim... *todo* seu sentido do ser de minha intencionalidade efetuante e não existe nenhum aspecto desse sentido que permaneça subtraído à minha intencionalidade" (FTL, p.207). Mas é verdade também que a *Bewusstseinsleistung* não significa que Husserl "invente ou faça" as transcendências (FTL, p.222). É verdade que Husserl fala da intencionalidade constitutiva, notadamente nas análises genéticas, em termos de "produção". Mas é verdade também que a intencionalidade sempre foi caracterizada como não sendo uma "relação real". É verdade que na *epoché* o mundo torna-se subjetivo. Mas é verdade também que, nessa atitude, "relativiza-se também, e de forma paradoxal, o 'subjetivo'" (Kr, p.182). É verdade que a redução me revela a consciência como uma esfera absoluta e o transcendente como relativo. Mas é verdade também que com isso "não dissemos que a natureza 'na verdade não é senão' essa regra que se exibe de consciência a consciência. Nós não dissemos que a consciência é o único ser verdadeiro e que a natureza é apenas como um quadro imaginário que a consciência traça em si mesma, e coisas semelhantes. Tudo isso não podia, com sentido, ser nossa opinião, justamente porque toda nossa investigação efetuava-se na redução fenomenológica e essa redução, *ex definitione*, não significa senão deixar de fazer qualquer afirmação sobre a natureza" (PI/1, p.191-2).

Ora, esses dois descompassos entre a análise dos intérpretes e a posição de Husserl são as duas faces de um mesmo desconhecimento. Se não se entende a necessidade do idealismo transcendental nem o que haveria de inédito nele, é porque não se compreende, afinal, nem a necessidade nem o sentido da redução. É bem verdade que não faltam análises voltadas aos argumentos que Husserl aduz para fazer do ser algo relativo à subjetividade e depois algo produzido por ela, análises que, em geral, dedicam-se a mostrar o contrassenso de suas inferências.[16] Mas existe uma questão prévia à análise dos argumentos,

---

16 Por exemplo, Ingarden, L'Idéalisme transcendental chez Husserl, em Van Breda; Taminiaux (orgs.), *Husserl et la pensée moderne*; id., *On the Mo-*

questão que não é irrelevante para a compreensão das próprias razões aduzidas por Husserl para "provar" seu idealismo: é a investigação das *dificuldades* que levaram a fenomenologia a exigir, a partir de certo momento, a supressão da "atitude natural". Essa investigação é prévia à análise dos "argumentos", já que só ela pode oferecer o eixo em torno do qual eles gravitam. Antes de investigar como Husserl "prova" suas teses, é preciso saber por que, para ele, elas *deveriam* ser provadas. Essa análise talvez possa mostrar, para além da fragilidade ou não dos argumentos de Husserl, por que o "idealismo transcendental" surgia aos seus olhos como inevitável, e qual exatamente o seu sentido diante dos "ismos" oriundos da "atitude natural".

Essa investigação sobre as dificuldades que levaram ao abandono da atitude natural exige, por sua vez, uma consideração preliminar. Como para analisar dificuldades é preciso saber qual é exatamente o problema em relação ao qual elas surgiram, é necessário determinar previamente qual a *questão* que se encontra no centro do projeto fenomenológico, tanto mais que, sobre esse ponto, não há unanimidade entre os intérpretes.

II

De tanto repetir-se, terminou-se por banalizar o significado do lema fenomenológico – *zu den Sachen selbst!* – inflexionando-o em direção a um "retorno aos objetos", e perdendo

---

tives..., Celms, op. cit.; Spiegelberg, The "Reality Phenomenon" and Reality, em Farber (org.), *Philosophical Essays in Memory of Edmund Husserl*; Boehm, Husserl's Concept of the Absolute, em Elveton (org.), *The Phenomenology of Husserl.*

com isso o sentido autêntico da problemática fenomenológica. Landgrebe relembra esse fato ao comentar o desvio e o curto-circuito ocorrido entre Husserl e os discípulos da "primeira escola fenomenológica". Dando ênfase à elaboração das "ontologias materiais", a fenomenologia de Göttingen-München atribuía à intuição de essência o privilégio de ser a estratégia principal da fenomenologia, e permanecia muda quanto ao *a priori* da correlação.[17] Husserl protesta a tempo. Em primeiro lugar, contra o uso abusivo da *Wesensschau*, contra a liberalidade desses discípulos que veem essências em todos os lugares, sem levar em conta nem ao menos a parcimônia do mestre, e seu cuidado em mostrar os casos precisos – e raros – em que a linguagem da essência tem sentido.[18] Em segundo lugar, a interpretação da fenomenologia como análise de essências faz que se perca o fundamental. Em uma carta a Ingarden, ao elogiar o destinatário, Husserl é ao mesmo tempo severo com os fenomenólogos da "primeira escola": eles seriam apenas "1/4 fenomenólogos".[19] Signo suficiente de que com eles foi o próprio eixo da fenomenologia que se perdeu, e que essa filosofia compreendida como explicitação de regiões objetivas não pode ser nem mesmo a imagem pálida da verdadeira fenomenologia. A interpretação que se dá ao lema da fenomenologia reflete o sentido que se atribui ao seu projeto filosófico e, desde então,

---

17 Landgrebe, La fenomenología de Husserl, em op. cit., p.32-3.

18 Sobre as regras que comandam o recurso à análise eidética, ver Boer, *The Development of Husserl's Thought*, p.125 ss.

19 Husserl, *Briefe an Roman Ingarden*, p.22. Se tivesse oportunidade, posteriormente Husserl diminuiria substancialmente a porcentagem de "100% fenomenólogo" atribuída generosamente a Ingarden.

Crítica da razão na fenomenologia

não é supérfluo retomar esse tópico escolar, tentar delimitar os significados desse lema para, a partir deles, começar a determinar onde, aos olhos de Husserl, a fenomenologia estaria em seu devido lugar.

Por um lado, o *zu den Sachen selbst* vem responder à exigência de uma filosofia que não se guie pela análise das interpretações, nem mesmo ali onde ela "procede criticamente" (LUI, p.X). Nesse contexto, deixar as palavras às "coisas mesmas" significa antes de tudo abandonar a discussão dos "pontos de vista" e afirmar que "os princípios da fenomenologia não são tributários de uma posição filosófica prévia, mas exprimem aquilo que é dado diretamente na intuição" (IdI, p.40). Esse cuidado em separar conscienciosamente a fenomenologia das "teorias emprestadas aos autores antigos e modernos" (IdI, p.40) colocará a fenomenologia nas antípodas do "ecletismo" leibniziano e será a primeira marca de sua inserção no estilo do discurso filosófico de Descartes. Aqui, o *zu den Sachen selbst* será o corolário da "*epoché* filosófica" que deverá libertar a fenomenologia nascente de toda dependência em relação a uma "ciência tão contestável e tão suspeita como a filosofia" (IdI, p.40).[20] É em função dessa preocupação que o empirismo é visto como louvável, enquanto ele foi metodologicamente radical e abandonou os "ídolos" da tradição, retornando dos *discursos à coisa mesma*. Mais coerente que o empirismo (que não leva até o fim o preceito metodológico que ele justamente estabelece), a fenomenologia será pensada como o contrário da

---

20 Cf. IdI, p.40: pela *epoché* filosófica, "suspendemos nosso juízo em relação ao ensinamento de toda filosofia prévia, e perseguimos nossas análises nos limites impostos por essa suspensão de juízo".

"filosofia do ponto de vista", como uma disciplina que se guia apenas pelo campo do dado intuitivo, anterior a todo ponto de vista, "anterior mesmo a todo pensamento que elabora teoricamente esse dado" (IdI, p.46), merecendo então o título de "autêntico positivismo". Esse imperativo metodológico é reforçado pela esterilidade de toda tradição para uma disciplina que se pensa inédita e sem história. Essa ciência de "uma singularidade inaudita" (CM, p.68) diferencia-se das ciências existentes por não ter passado. Ao "campo infinito do *a priori* da consciência considerado em sua originalidade jamais deram seus direitos, ele nunca foi propriamente investigado" (IdI, p.150). No caso dos conhecimentos efetuados na atitude natural, uma "experiência milenar" já nos familiarizou com os dados da experiência, um pensamento milenar já existe como aquisição permanente, nesse caso, "tudo o que é desconhecido é horizonte do conhecido" (IdI, p.150). Para a fenomenologia, a situação é rigorosamente inversa. Com ela, "estamos privados de todas as vantagens que usufruímos no plano dos objetos naturais, da segurança que proporciona uma intuição experimentada, do benefício de uma elaboração teórica secular e de métodos adaptados a seu objeto" (IdI, p.150). Se essa ciência inédita e sem passado deve iniciar-se do grau zero, a história não será o texto a dar ao fenomenólogo informações positivas, o comentário não lhe trará nenhum acréscimo de saber, ele deverá abandonar a discussão das teorias em prol da "coisa mesma", o que não significa, obviamente, interdizer-se de falar das filosofias e criticá-las (IdI, p.41).[21]

---

21 Esse afastamento entre fenomenologia e história da filosofia não proibirá Husserl de afirmar que a fenomenologia é a "aspiração

Crítica da razão na fenomenologia

Ao lado desse significado de *zu den Sachen selbst* que delimita, por assim dizer, a maneira como se pensa o discurso fenomenológico, existe um outro, dessa vez interior à problemática filosófica enquanto tal: voltar às "coisas mesmas" é recusar a permanência no plano do meramente "simbólico". Esse significado está presente nas *Investigações*, mas remonta aos textos do período "psicologista" de Husserl que, como se sabe, já trabalhavam segundo o *leitmotiv* intuicionista. É esse simbolismo que a fenomenologia deve neutralizar em sua explicitação da lógica pura, simbolismo radicado na lógica enquanto ela trabalha com a "figura imperfeita do conceito" (LUII/1, p.5). A fenomenologia vai inserir-se no caminho da lógica para eliminar esse simbolismo e levar as "ideias lógicas" à claridade e à distinção. Como os conceitos têm que ter sua origem na intuição, e como não são suficientes significações vivificadas apenas por intuições remotas e "impróprias", é preciso então voltar às "coisas mesmas" para ter a certeza de que o "dado" é o mesmo que o "visado" pelas significações (LUII/1, p.6). O *zu den Sachen selbst* apontará aqui para o procedimento necessário para que se faça a passagem das "representações impróprias" às "representações próprias" determinadas pela intuitividade e pelo preenchimento. Inevitáveis na aritmética (PA, p.212), as representações simbólicas são insuportáveis na lógica, já

---

secreta de toda filosofia moderna" (IdI, p.148). A história teleológica é uma "autoconsideração" do filósofo sobre aquilo a que ele tende. Como o *telos* das filosofias não é ensinado por elas mesmas mas apenas pela "fundação final", ele dará às filosofias uma compreensão delas mesmas que elas próprias não podiam ter. Por isso a história teleológica não pode ser refutada por "documentos". Sobre essa consideração teleológica da história, ver Kr, §15.

que nas fórmulas algorítmicas nós "não vemos refletir-se o cânon das atividades de conhecimento que consistem em tirar consequências" (AL, p.16). Agora, o *zu den Sachen selbst* será o antídoto àquilo que a *Krisis* denunciará como a alienação técnica da ciência.[22]

Mas quais são, afinal, as "coisas" às quais se trata de retornar? Aqui, não está em questão um retorno às coisas propriamente ditas, compreendidas como objetos, regiões objetivas ou qualquer setor ôntico, como supuseram os primeiros discípulos de Husserl,[23] seduzidos aqui mais pelo significado corrente das palavras do que pelo contexto de seu uso e pela problemática expressa do autor. No prefácio de 1913 às *Investigações*, Husserl já respondia explicitamente a essa miopia de seus seguidores. O método intuitivo exigido pela filosofia faz apelo às "coisas elas mesmas", mas às "coisas" que nela estão em questão, "quer dizer, ao conhecimento ele mesmo" (AL, p.365), ao conhecimento em sua doação intuitiva. O *zu den Sachen selbst* significa *zu der Erkenntnis selbst*, nem mais nem

---

22 Cf., Kr, p.46: O que a alienação técnica da ciência perde é o "pensamento originário, que confere propriamente um sentido a esse procedimento técnico e uma verdade aos resultados obtidos conforme às regras".

23 Como o supõe também, à sua maneira, Merleau-Ponty, *Phénoménologie de la perception*, p.III: "Retornar às coisas mesmas é retornar a esse mundo anterior ao conhecimento, do qual o conhecimento fala sempre, e em relação ao qual toda determinação científica é abstrata, significativa e dependente, como a geografia em relação à paisagem onde nós aprendemos o que é uma floresta, um prado ou um riacho". O *zu den Sachen selbst* seria o retorno ao *Lebenswelt* ou ao "mundo pré--objetivo". Para Husserl, a ontologia do *Lebenswelt* é uma disciplina da "atitude natural". Cf. Kr, §51.

Crítica da razão na fenomenologia

menos. E as *Investigações* não deixavam dúvidas quanto a isso, quando indicavam que a desejada "claridade filosófica" em relação às proposições lógicas era obtida através da evidência sobre a essência dos modos de conhecimento (*Erkenntnisweisen*), que desempenham um papel na efetuação dessas proposições (LUII/1, p.2). O "retorno aos objetos" não é, assim, senão o retorno aos atos através dos quais se tem um conhecimento dos objetos.[24]

Essas formulações iniciais da fenomenologia já bastam para sugerir que, aos olhos de Husserl, não haverá jamais uma fenomenologia do ser, mas apenas uma fenomenologia da razão, que o "novo método" não é elaborado para servir a uma explicitação de objetos e não pretenderá imiscuir a filosofia nas tarefas dos saberes "positivos". Todavia, essa "sugestão" não apenas vai contra uma interpretação tradicional da fenomenologia, que seria um método aplicável a vários domínios,[25] como parece ser contradita por textos de Husserl, que apoiariam essa

---

24 Cf. LUII/1, p.9: "Ao intuir, pensar, considerar teoricamente objetos, pondo-os como realidades de uma ou outra modalidade de ser, não são esses objetos que devemos propor a nosso interesse teórico [...] mas, pelo contrário, esses próprios atos que, até então, não eram objetivos, são os que devem ser agora objetos da apreensão e posição teórica".

25 Por exemplo, Levinas, Reflexiones sobre la técnica fenomenológica, em *Husserl, Cahiers de Royaumont*, p.88: "A fenomenologia é método de uma maneira eminente, pois ela está essencialmente aberta. Pode-se praticá-la nos domínios mais variados, um pouco como o método da física matemática a partir de Galileu e Descartes, como a dialética a partir de Hegel e, sobretudo, de Marx, ou como a psicanálise a partir de Freud. Pode-se fazer uma fenomenologia das ciências, do kantismo, do socialismo, assim como uma fenomenologia da própria fenomenologia".

interpretação. Afinal, ele afirma que o domínio da fenomenologia é coextensivo ao de todas as ciências, já que ela abarca a totalidade dos fenômenos (IdI, p.3), e menciona uma fenomenologia da natureza, do homem e da sociedade (IdI, p.175). As ontologias materiais, por outro lado, deram lugar a que se falasse em fenomenologia de várias regiões objetivas. E é verdade que "um dos sucessos da fenomenologia iniciante consistiu no fato de que seu método de intuição pura e, ao mesmo tempo, eidética, tinha conduzido a ensaios de uma nova ontologia, essencialmente diferente da ontologia do século XVIII" (CM, p.165). E as essências e conexões de essências expressas pelos conceitos e proposições da ontologia "parecem" pertencer ao domínio da fenomenologia (IdIII, p.79). Mas a ontologia já é a fenomenologia? Em certo sentido, sim: quando o filósofo não se contenta com o conhecimento natural e exige uma clarificação dos conceitos fundamentais, de fato a fenomenologia responde a essa exigência. Mas Husserl não se esquece de sublinhar que a fenomenologia assume aqui um significado "muito amplo" (IdIII, p.81). Desde então, convém delimitar bem o campo para que esse significado amplo não mascare o significado estrito e faça que se perca de vista o fundamental.

O campo de trabalho da ontologia é definido pelas regiões objetivas, suas essências e "singularidades eidéticas". A fenomenologia tem uma relação com "as mesmas" essências e relações essenciais, mas isso não significa que seu campo de trabalho se confunda com o da ontologia. Pelo contrário, esse campo "não é constituído pelas figuras espaciais, pelas coisas, pela psique etc., como tais e na sua generalidade eidética" (IdIII, p.84). Assim, se os conceitos ontológicos "penetram" na esfera da fenomenologia, eles não servem, entretanto, para

Crítica da razão na fenomenologia

definir seu campo temático. A totalidade do mundo pertence ao campo da fenomenologia e o fenomenólogo emite juízos sobre esse mundo. Mas isso não significa que o fenomenólogo tenha algum interesse no conhecimento do mundo. "Na fenomenologia da consciência de coisa, o problema não é estabelecer como *são* as coisas" (IdIII, p.84). Mas se o fenomenólogo emite juízos sobre o mundo, seu tema não é o mesmo que o da ontologia? Ora, se o mundo penetra na esfera da fenomenologia, é apenas enquanto correlato, e fazer objeto da investigação a coisa enquanto correlato "não significa investigar as coisas, as coisas enquanto tais. Uma 'coisa' enquanto correlato não é uma coisa, por isso as aspas. O tema é por conseguinte totalmente outro" (IdIII, p.85). A ontologia, ao contrário, não se dirige aos objetos enquanto correlatos, mas ao objeto puro e simples (*Gegenstand schlechthin*).[26] Ela se define como um conhecimento de objetos, enquanto a fenomenologia está interessada não em saber como são as coisas, mas sim em elucidar como opera a *consciência de coisa*. Por isso, seu campo de trabalho não é constituído pelas regiões objetivas, "mas pela consciência transcendental e por todos os seus eventos transcendentais, que são indagados através de intuição imediata e em sua generalidade eidética" (IdIII, p.84). Se as constatações ontológicas

---

26 Cf. IdIII, p.88: "Como fenomenólogos, nós também operamos posições e tomadas de posição teóricas, mas elas são dirigidas exclusivamente aos vividos e aos correlatos dos vividos. Na ontologia, ao contrário, operamos posições que, em vez de serem dirigidas aos correlatos e objetos entre aspas, são dirigidas aos objetos puros e simples (*Gegenstände schlechthin*)". Ver fórmula de PP, p.199: "fenomenologia da natureza", quer dizer da "subjetividade que experimenta a natureza".

estão presentes no início da investigação fenomenológica, é enquanto "trabalho preparatório" à fenomenologia que as considerará apenas como "fios condutores" para a elucidação propriamente transcendental. Por si só, a elaboração das ontologias é "uma questão unilateral e, no sentido mais profundo do termo, não é um problema filosófico" (CM, p.164). E a palavra *filosófico*, aqui, remete à distinção que *Ideias I* fazia entre ciências dogmáticas e ciências filosóficas, em que as últimas se definiam antes de tudo por não serem um saber de objetos. São apenas as ciências que provêm da "atitude dogmática", entre as quais se incluem as ontologias, que se dirigem às coisas. As "ciências filosóficas", ao contrário, dirigem-se ao *conhecimento* (IdI, p.55). É por isso que, se em um "sentido amplo" a ontologia pode ser dita fenomenologia, é preciso reconhecer que, no "sentido estrito", "a ontologia não é fenomenologia" (IdIII, p.129).

Assim, se Husserl diz que a fenomenologia se dirige aos mesmos fenômenos que às outras ciências, é para acrescentar que ela o faz em uma "atitude diferente". Mas essa diferença, caracterizada como sendo apenas de atitude, representará uma diferença essencial. A partir da "mudança de atitude", dizer que a fenomenologia se refere aos mesmos fenômenos que as ciências não significará dizer que ela se dirige aos mesmos objetos e tem as mesmas metas. Através da mudança de atitude, o próprio sentido dos "fenômenos" se modifica, e apenas assim modificados "eles penetram na esfera fenomenológica" (IdI, p.3). Logo, quando se interpreta a fenomenologia como um método aplicável a vários domínios, como um método de conhecimento de regiões ônticas, que concorreria com outros métodos para nos dar a última palavra sobre o "real", o "homem" ou a

Crítica da razão na fenomenologia

"sociedade", é porque não se deu à noção de *Einstellung* todo o seu peso. Porque, a partir da redução fenomenológica, na verdade separam-se uma de outra "duas esferas de objetos temáticos" (PP, p.190). No plano da atitude natural, o interesse dirige-se ao ser objetivo e, por isso, essa atitude abre o caminho ao conhecimento objetivo (PP, p.191). Nada disso estará presente na esfera fenomenológica, pois, antes de mais nada, a *epoché* inibe "qualquer interesse voltado ao conhecimento teórico do mundo" (Kr, p.178).[27] Na nova atitude, "vivemos exclusivamente no interesse pelo subjetivo" (PP, p.190). Assim, ao lado das ciências oriundas da atitude natural, ao lado dos saberes que são conhecimentos de objetos, a redução abre o caminho "para uma ciência completamente diferente, para a ciência da *subjetividade pura*, na qual se fala tematicamente apenas de vividos e de modos de consciência, e daquilo que é visado, mas apenas enquanto visado" (PP, p.191).[28] Portanto, no sentido

---

27 Há um eco dessa tese em Heidegger, quando ele define as ciências positivas como aquelas que se dirigem aos "entes", exige que a filosofia tenha um método diferente daquele das ciências, e afirma que a fenomenologia, quer dizer, o método da filosofia, não pode proferir teses sobre os entes. A redução fenomenológica, definida como a "parte fundamental do método fenomenológico", é vista como uma mudança de direção do olhar normalmente dirigido aos entes. Obviamente, o eco termina quando se descobre que o olhar deve sair dos "entes" para dirigir-se ao "ser". Cf. Heidegger, *Die Grundprobleme der Phänomenologie*, v.24, p.23-9.

28 EPI, p.271-2: "Enquanto estávamos engajados no pensamento natural, nós dispúnhamos do mundo, ele nos era dado como uma realidade indubitável. Nós o experimentávamos, refletíamos sobre ele, fazíamos dele o objeto de nossas teorias [...] Mas de agora em diante, na conversão do modo de pensar natural, em vez do mundo puro e simples, nós temos somente a consciência 'do mundo'".

estrito, não há, para Husserl, uma "fenomenologia do ser", e o *prefácio* de 1913 era plenamente fiel ao espírito husserliano ao limitar o *zu den Sachen selbst* a um retorno ao conhecimento.

Esse afastamento entre filosofia e ciência, enquanto a primeira não se apresenta como um saber de objetos, é complementado por outro, que afastará radicalmente o domínio fenomenológico daquele da "positividade": o discurso filosófico não deverá ser comandado pelas regras que comandam o discurso científico, a ponto de tornar apenas homônimas a "ciência" filosófica e a ciência no sentido normal. Aparentemente isso é surpreendente, já que ciência e filosofia subordinam-se ambas ao ideal de "ciência de rigor". Mas, paradoxalmente, será para preencher o ideal de ciência de rigor, que ela comunga com as ciências positivas, que a filosofia não poderá ser "ciência" no mesmo sentido em que o são as ciências normais. Assim, por um lado, ciência positiva e filosofia têm em comum o ideal da ciência rigorosa (EPI, p.203). Ser ciência rigorosa é pretensão da filosofia desde os seus primórdios, pretensão que ela não pode cumprir nem nos tempos modernos (PSW, p.289-90). Esse ideal comum à filosofia e aos saberes positivos, oriundo da "revolução platônica", exige que a ciência rigorosa seja ciência a partir de "fundamentação última", na qual "nenhuma obviedade predicativa ou ante predicativa opera como corpo de conhecimento não questionado" (IdIII, p.139). É exatamente essa ideia, presente em germe nas ciências, que se trata de realizar na filosofia, através de uma retropergunta (*Rückfrage*) em direção aos "últimos pressupostos pensáveis do conhecimento" (IdIII, p.139). Todavia, apesar dessa semelhança entre filosofia e saber positivo, calcada no patrocínio comum de Platão, a nova

Crítica da razão na fenomenologia

"ciência da subjetividade" não terá nada a ver com a ciência no sentido usual, e será preciso reconhecer que, se o fenomenólogo se dedica a um conhecimento de si mesmo, "trata-se de alguma coisa completamente diferente do conhecimento de si mesmo natural" (EPII, p.39). É que a fenomenologia não apenas será ciência de rigor como qualquer outra, como deverá ser "a mais rigorosa e elevada de todas as ciências" (PSW, p.290). Desde então, essa exigência de radicalismo se vai traduzir por duas proibições ao fenomenólogo.

Em primeiro lugar, a fenomenologia não poderá recorrer a qualquer resultado científico como um dado disponível. E o momento em que Kant se torna censurável aos olhos de Husserl, por partir do *Faktum* das ciências positivas, para iniciar *post festum* a pergunta pela possibilidade do conhecimento. Agora, para não incorrer no contrassenso de pressupor exatamente aquilo que está em questão, será preciso ressuscitar, contra Kant, o espírito mais radical do cartesianismo, a *Primeira meditação*, eliminando, ao contrário da *Crítica*, o recurso a qualquer saber já dado. Mas, em segundo lugar, a exigência de radicalismo deverá levar a ruptura entre ciência e filosofia a um grau mais alto ainda, exigindo que a filosofia abandone o próprio modelo discursivo das ciências, tornando a ciência de rigor radical apenas homônima à ciência de rigor positiva. Segundo essa vertente, o próprio cartesianismo passará a ser censurável. Assim, Descartes é criticado por estabelecer uma continuidade entre o discurso filosófico e o discurso científico na concepção de uma filosofia que deve proceder *more geometrico*. Pois, se é verdade que a *Primeira meditação* elimina todo acesso a um conhecimento pré-dado, não é menos verdade que a *mathesis universalis* permanece orientando o discurso filosófico como matriz da racionalidade em geral. A *mathesis* fará então que ciência e filosofia pertençam a um mesmo *a priori*, encarregado de fornecer a sintaxe de todo discurso racional. E isso já será um compromisso intolerável entre a filosofia e a "positividade", um compromisso que, além de ser irrealizável na prática,[29] deve ser afastado por princípio.

Nas *Meditações cartesianas*, Husserl comenta o fascínio de Descartes pelas ciências positivas, que faz que ele subordine filosofia e ciência ao mesmo *a priori* da *mathesis*. Se o "radicalismo do ponto de partida" exige que não se utilize como dadas as verdades da ciência, ele exige *também* que não se admita qualquer norma de cientificidade que deva reger alguma "pretensa estrutura natural" da ciência verdadeira, pois isso significaria dar-se de início "todo um sistema lógico e toda uma teoria da ciência". E Descartes, tão cioso no começo em abandonar os conhecimentos, não leva até o fim a exigência de radicalismo, ao pressupor uma arquitetônica de toda ciência possível: "Descartes ele mesmo se tinha dado previamente um ideal científico, o da geometria, ou mais exatamente, o da física matemática... Parece natural a Descartes que a ciência

---

29 Sobre essa impossibilidade, IdI, p.365-70. A fenomenologia, pertencendo às "ciências eidéticas materiais", não poderá todavia transformar-se em uma "geometria dos vividos". Para que ela pudesse aproximar-se da geometria, o fluxo da consciência precisaria ser uma multiplicidade definida. Entretanto, ele não pode preencher nem mesmo a primeira das condições, que é permitir a formação de conceitos exatos. As essências do fluxo de consciência só podem exprimir-se através de conceitos morfológicos, o que faz que a inexatidão dos conceitos fenomenológicos seja a expressão do rigor da ciência da consciência.

Crítica da razão na fenomenologia

universal devesse ter a forma de um sistema dedutivo, sistema cujo edifício repousaria *ordine geometrico* sobre um fundamento axiomático servindo de base absoluta à dedução. O axioma da certeza absoluta do eu e de seus princípios axiomáticos inatos desempenha em Descartes, em relação à ciência universal, um papel análogo ao dos axiomas geométricos em geometria" (CM, p.48-9).[30] E que o radicalismo cartesiano não chegue ao ponto de colocar em questão o modelo da cientificidade não chega a ser um fato surpreendente: esse insucesso filosófico não é senão a sequela do sucesso da física galileana, pois, se a ciência da natureza guiada pela matemática pura surgia como exemplo máximo de racionalidade, ela devia "tornar-se o modelo exemplar de qualquer conhecimento autêntico" (Kr, p.61). Se todo conhecimento, mesmo não natural, deve seguir o modelo das ciências naturais matematizadas, então não há "nenhuma maravilha se já em Descartes se encontra a ideia de uma matemática universal". Se o mundo deve ser racional no sentido novo da natureza matematizada, então "a filosofia, a ciência universal do mundo, deve poder ser construída *more geometrico* como uma teoria unitariamente racional" (Kr, p.62).

Assim, a autonomia da filosofia diante dos resultados da ciência não significa, no cartesianismo, a autonomia da filosofia enquanto *discurso original*. É essa fina continuidade entre ciência e filosofia que Husserl denuncia nos seus contemporâneos, que, desse ponto de vista, permaneceriam fiéis às exi-

---

30 Cf. FTL, p.202: "Descartes já opera lá com a herança de um *a priori* ingênuo, com o *a priori* da causalidade, com a pressuposição ingênua de evidências ontológicas e lógicas para o manejo da temática transcendental".

gências do século XVII.[31] "Na filosofia contemporânea, na medida em que ela pretende ser seriamente ciência, tornou-se quase um lugar-comum que não pode haver senão um método de conhecimento, comum a todas as ciências e, portanto, também à filosofia" (IdPh, p.23). A manutenção desse prejuízo será tão grave quanto a utilização de resultados científicos e, pior ainda, essa utilização poderá aparecer mesmo como consequência da comunidade metodológica entre filosofia e ciência.[32] A autonomia da fenomenologia em relação ao domínio da positividade será portanto radical: a filosofia não falará dos mesmos objetos sobre os quais fala a ciência, não utilizará seus resultados, não flertará com seu método. É a esse triplo afastamento da filosofia dos outros discursos que se referirá *A ideia da fenomenologia*, ao exigir que a fenomenologia se estabeleça em uma "dimensão nova" ante aquela do conhecimento natural.[33]

---

31 Cf. IdPh, p.25: "Essa convicção responde perfeitamente às grandes tradições do século XVII, que, com efeito, acreditavam igualmente que toda salvação da filosofia está em que ela tome por modelo metodológico as ciências exatas, quer dizer, antes de tudo a matemática e as ciências matemáticas da natureza".

32 IdPh, p.23-4: "À assimilação da filosofia às outras ciências quanto ao método, é ligada também uma assimilação material (*sachliche*), e é preciso considerar ainda hoje em dia como opinião predominante que a filosofia, e mais precisamente a doutrina última do ser e da ciência, pode não apenas relacionar-se a todas as outras ciências, mas também pode ser fundada sobre seus resultados".

33 Cf. IdPh p.24: "Mas a filosofia, ela, situa-se em uma dimensão totalmente nova. Ela tem necessidade de pontos de partida totalmente novos e de um método totalmente novo, que a distinga, por princípio, de toda ciência natural". Cf. ibid., p.25: "Portanto é claro que, de forma alguma, pode ser questão de pretender que a filosofia [...] deva orientar-se quanto ao método (ou mesmo quanto ao

Crítica da razão na fenomenologia

O que está na raiz da crítica a Descartes, enquanto este confunde discurso matemático e discurso filosófico, é o conceito de "tipo teórico". Em vez do estilo matemático, a filosofia deverá seguir o estilo descritivo. O que pode causar mal-estar, reconhece Husserl, já que os únicos exemplos conhecidos de eidéticas são as matemáticas, e é ao menos estranho que se possa querer introduzir a ideia de "disciplinas eidéticas de outro tipo, não matemáticas, que diferem fundamentalmente pelo seu tipo teórico das eidéticas conhecidas" (IdI, p.164). O conceito de "tipo teórico" reenvia ao modo de conexão das verdades no discurso científico, que Husserl já sistematizara nos *Prolegômenos*, levado pela preocupação básica em estabelecer a distância da "psicologia descritiva" da "psicologia genética". Aqui, quando Husserl vai delimitar o contorno daquilo que pode ser dito "ciência", o elemento fundamental será precisamente o "modo de conexão das verdades". Se a *Wissenschaft* é mais que o *Wissen*, é porque a ciência exige uma unidade que não é determinada pelos objetos aos quais ela se refere, mas pelo modo pelo qual ela encadeia suas proposições. E esse modo de encadeamento exigirá sempre fundamentações e a unidade da ligação entre as fundamentações, pela qual o conhecimento adquirirá unidade sistemática.[34] O modelo husserliano de ciência será sempre o modelo dedutivo, no qual as proposições se encadeiam como fundamentos a

---

objeto!) pelas ciências exatas [...] A filosofia reside, eu o repito, em uma *dimensão nova* em relação a todo conhecimento natural".

34 LUI, p.14-5: "Um grupo de conhecimentos químicos isolados não justificaria, certamente, a expressão 'ciência química'. Manifestamente é necessário algo mais, a saber, a conexão sistemática em sentido teórico; e isso implica a fundamentação do saber e a ligação e ordem na sequência das fundamentações".

consequências e remetem sempre a princípios últimos (LUI, p.233). É apenas esse modo de conexão que "faz da ciência uma ciência" (LUI, p.228).

Essa exigência de fundamentação e de conexão sistemática leva à identificação entre ciência e *teoria*, já que "uma teoria, enquanto tal, compõe-se de verdades, e a forma de ligação dessas verdades é dedutiva" (LUI, p.236). Nenhuma ciência é possível sem teoria, e mesmo as ciências empíricas são ciências apenas enquanto envolvem teorias (LUI, p.255).[35] Se o discurso *more geometrico* de Descartes é criticado, é porque ele transforma a filosofia em teoria, confundindo modos de procedimento que, por princípio, devem ser distintos. "As grandes ciências matemáticas, que dão à ciência da natureza o *a priori* de sua esfera de ser, resultam de dedução pura a partir de um pequeno número de fundamentos axiomáticos. É tudo completamente diferente na fenomenologia racional" (IdIII, p.44). Desde então, se a *mathesis* ainda pode definir a forma necessária da ciência, ela não é mais coextensiva à razão, e deve haver espaço para uma disciplina racional mas exclusiva da ciência, para um *Wissen* que não se confunde com nenhuma *Wissenschaft*. A oposição entre "explicação" e "descrição" será consequência dessa disjunção entre fenomenologia e teoria. Essa oposição, elaborada para distinguir a psicologia descritiva da psicologia genética, terminará por fazer da descrição a expressão do divórcio radical entre a (fenomenologia e os saberes positivos, quando Husserl for tomando consciência de que a "atitude natural" não implica apenas um interesse por

---

35 Posteriormente, Husserl reconhecerá que nem todas as ciências podem adaptar-se a esse ideal rigidamente elaborado; cf. FTL, p.90.

Crítica da razão na fenomenologia

determinado conjunto de "objetos", mas implica também um modo de pensamento, estabelecendo então que a consciência no seu comportamento "teórico" relaciona-se à atitude natural (IdI, p.60). À sua maneira, os *Prolegômenos* já estabeleciam essa disjunção completa entre ciência e fenomenologia, quando notavam que, para a fenomenologia, nem mesmo as "ciências descritivas" poderiam servir de modelo, pois mesmo elas, que têm sua unidade dada pelo setor de objetos aos quais se referem, não fazem *apenas* descrição, "o que é contrário ao conceito de ciência" (LUI, p.235). Se mesmo as ciências descritivas ainda envolvem teorias, a filosofia, ao contrário, deverá proceder por descrição pura, abandonando todas as estratégias "explicativas" das ciências. Por isso a fenomenologia "não teoriza e não procede à maneira das matemáticas; pois ela não elabora explicações no sentido da teoria dedutiva... ela é portanto ciência em um sentido completamente diferente e com tarefas e métodos completamente diferentes" (IdPh, p.58).

Essas indicações são suficientes para sugerir por que não se aplica à fenomenologia husserliana a acusação de ser um "desmentido da ciência". Essa acusação, que Merleau-Ponty relembra na introdução à *Fenomenologia da percepção*,[36] supõe que filosofia e ciência debruçam-se sobre o mesmo conjunto de conteúdos, que a fenomenologia é a elucidação de um "mundo" do qual a ciência oferece a explicação. Se "retornar às próprias coisas" é retornar a um mundo anterior ao conhecimento, e

---

36 Merleau-Ponty, *Phénoménologie de la perception*, p.II: "Trata-se de descrever, não de explicar nem de analisar. Essa primeira recomendação que Husserl dava à fenomenologia iniciante de ser uma 'psicologia descritiva' ou de retornar 'às coisas mesmas' é, antes de tudo, o desmentido de ciência".

do qual a ciência também fala, então o "desmentido" é inevitável. Mas é pressupor uma continuidade entre filosofia e ciência que a fenomenologia husserliana quer exatamente suprimir: para ela, não se pode dizer que a filosofia dispute com a ciência e, logo, a acusação não tem sentido. A "descrição", antes de representar uma alternativa à "explicação" científica, designa apenas o divórcio radical entre a filosofia e os saberes "positivos"; ela não veicula a ideia de uma filosofia que descreve aquilo mesmo que a ciência explica, descrição que gozaria, não se sabe bem por que, de algum tipo de privilégio epistemológico. Conhecimento de objetos, a ciência tem sempre um território, o cientista jamais deixa de ser um filho da natureza, seu conhecimento será sempre uma linguagem entre as outras. Aqui, a explicação é apenas o tipo particular de estratégia que define a "racionalidade" da ciência, estratégia que, junto à sistematicidade, permite ao discurso científico ser teoria. A fenomenologia não herda da ciência nem a problemática nem os métodos; não se trata para ela de descrever um conteúdo sobre o qual a ciência também se debruçaria e, por sua radicalidade, ela deverá abandonar a "racionalidade" da ciência, erigindo-se em disciplina autônoma e exterior ao universo da teoria. A descrição, antes de ser a marca de uma contraciência, é apenas o signo de que não existe território comum entre ciência e filosofia. Logo, sem pertencer ao mesmo espaço, não há sentido em supor qualquer disputa ou desmentido. A acusação supõe portanto que se negligencie a ideia, sobre a qual Husserl tanto insiste, de que a fenomenologia está em uma *dimensão nova* diante daquela do conhecimento natural. A acusação só tem sentido sob o horizonte de uma fenomenologia compreendida

Crítica da razão na fenomenologia

como um método de conhecimento ao lado dos outros – sob o horizonte, portanto, que Husserl entende suprimir.

III

Essa caracterização apenas negativa da fenomenologia, se bem que delimite seu campo à esfera da subjetividade pura, não lhe atribui ainda uma questão própria. Todavia, o que constitui a problemática filosófica aos olhos de Husserl surge explicitamente ali onde ele opõe as ciências oriundas da "atitude dogmática" àquelas provenientes da "atitude filosófica". É agora que o retorno aos "atos de conhecimento" se fará no contexto de uma pergunta bem precisa. As ciências dogmáticas, "quer dizer, *pré-filosóficas*", são as que se dirigem às coisas para explicitá-las. A investigação especificamente filosófica só começará quando, abandonando o interesse pelos objetos, for adotada a atitude filosófica, isto é, a atitude epistemológica (*erkenntnistheoretisch*), e passar-se a investigar "os problemas céticos referentes à possibilidade do conhecimento objetivo, resolvendo-os primeiramente no plano geral dos princípios e, em seguida, como aplicação das soluções conseguidas, tirando as consequências para a avaliação do sentido e do valor de conhecimento definitivos dos resultados das ciências dogmáticas" (IdI, p.56). A questão da filosofia é a questão da "crítica do conhecimento", ela deve analisar os enigmas que surgem "quando se considera a transcendência que os *objetos* de conhecimento reivindicam diante do conhecimento" (IdI, p.56). É por abordar essa questão que agora a fenomenologia é entendida como a "aspiração secreta de toda filosofia moderna" (IdI, p.148). Esses textos que centram a problemática fenomenológica em torno da crítica do conhecimento, textos que foram minimizados por alguns intérpretes,[37] retomam posições de Husserl anteriores a *Ideias I*, posições que também estarão presentes nas obras posteriores. Assim, *A ideia da fenomenologia* opõe desde o início o "pensamento natural" ao "pensamento filosófico", enquanto o último se define por investigar "os problemas da possibilidade do conhecimento" (IdPh, p.3). Esses problemas, que são os de saber como a subjetividade pode ter acesso à transcendência, devem ser tratados pelo método fenomenológico, já que "a fenomenologia é a doutrina geral da essência, na qual a ciência da essência do conhecimento tem seu lugar" (IdPh, p.3). A teoria do conhecimento ou "crítica da razão" tem por tarefa positiva investigar a correlação entre conhecimento e objeto, trazendo uma solução aos enigmas inscritos nessa correlação (IdPh, p.22). Quando ela é abstraída de qualquer temática metafísica, restringindo-se à sua tarefa específica, a crítica do conhecimento "é uma fenomenologia do conhecimento e do objeto de conhecimento, e forma a parte primeira e fundamental da fenomenologia em geral" (IdPh, p.23).

---

37 Por exemplo, Ricoeur, nota 1 ao §62 de sua tradução de *Ideias I*: o §62, que trata da teoria do conhecimento e opõe atitude dogmática e atitude filosófica, "exprime menos a essência da fenomenologia do que seu *choque reflexo* sobre a epistemologia; Husserl atribui a função crítica à fenomenologia aplicada: é lá que ele reencontra Kant. Mas o centro em direção ao qual se orienta a primeira abordagem (a fenomenologia como ciência da consciência) e de onde procede esse corolário metodológico permanece escondido". Observe-se que a fenomenologia não trata apenas da crítica aos resultados da ciência, como fenomenologia aplicada, mas antes de tudo resolve a questão "primeiramente no plano geral dos princípios" (IdI, p.56).

Crítica da razão na fenomenologia

Entretanto, acreditou-se que a pergunta pela possibilidade do conhecimento, apesar de ser formulada pela fenomenologia, não encontraria nela sua resposta, mas antes sua supressão. A questão por si mesma só teria sentido no campo da atitude natural, e suprimir-se-ia com a redução transcendental. Como – pergunta De Waelhens – poderia persistir uma questão do conhecimento quando se subverteram as relações tradicionais entre a interioridade e a exterioridade e se definiu a consciência como um ver? Se a relação da consciência à transcendência passa a ser imanente à própria consciência, não há mais questão do conhecimento, e a redução, ao superar as aporias clássicas, supera também "o primado radical da epistemologia".[38] O problema do conhecimento só teria cabimento sob o suposto da consciência como imanência real e, por conseguinte, como representação. Ao subverter esse pressuposto, Husserl eliminaria o sentido da questão. É esse também, *mutatis mutandis*, o ponto de vista de Conrad-Martius, que encontraria enfim um ponto comum entre a fenomenologia transcendental e a fenomenologia "ontológica": para ambas, a teoria do conhecimento seria "indiferente".[39]

---

38 De Waelhens, Sobre la idea de la fenomenología, em *Husserl, Cahiers de Royaumont*, p.137; cf. ibid., p.134 e 138. A mesma interpretação em Spiegelberg, The "Reality Phenomenon" and Reality, em Faber (org.), op. cit., p.94. Cf. também Levinas, *Théorie de l'intuition dans la phénoménologie de Husserl*, p.17. Para o neokantismo, "o único problema da filosofia permanece o problema do conhecimento. O sr. Husserl, ele próprio, não escapa – pelo menos de tempos em tempos – a essa concepção da filosofia. Mas, como tentaremos mostrá-lo, [...] sua filosofia ultrapassa o ponto de vista epistemológico".

39 Conrad-Martius, Die transzendentale und die ontologische Phänomenologie, em *Edmund Husserl, 1859-1959*, p.184.

Essas interpretações, além de admitirem que Husserl circunscreveria a esfera da filosofia através de um pseudoproblema, esquecem que, mesmo depois da redução, a fenomenologia se vai definir como uma investigação da possibilidade do conhecimento, quer dizer, vai manter ainda o "primado radical da epistemologia". Por um lado, é verdade que a questão do conhecimento nasce na atitude natural e encontra sua primeira formulação no seu léxico (CM, p.115). Aqui, trata-se de investigar como a evidência subjetiva, acontecimento da esfera imanente, pode adquirir uma "significação objetiva". Essa formulação da questão, que *A ideia da fenomenologia* atribui ao "1º estágio da reflexão filosófica", constrói-se inteiramente a partir da oposição entre imanência e transcendência decodificada como uma oposição entre o interior e o exterior. É por isso que a disciplina chamada pela modernidade de "teoria do conhecimento" ou "crítica da razão" "tem suas raízes de sentido nas *Meditações cartesianas*", que inauguram uma problemática desconhecida pela Antiguidade (Kr, p.83). O que a fenomenologia transcendental tem a dizer sobre a questão assim formulada? "Nada menos do que afirmar que esse problema é um contrassenso, ao qual o próprio Descartes não escapou, porque ele se enganou sobre o sentido autêntico de sua *epoché* transcendental e da redução ao ego puro" (CM, p.116). Todavia, isso não significa que a redução será a eliminação da questão. A sua formulação será alterada, mas, aos olhos de Husserl, essa alteração representa uma purificação. É que o "problema inicial" do conhecimento não é o "problema radical", do qual só se tomará consciência com a crítica da atitude natural. A redução, antes de ser a eliminação da questão, deverá colocá-la nos seus devidos termos, e fazer o "filósofo princi-

Crítica da razão na fenomenologia

piante" perceber que, se o problema inicial" se colocava na relação entre o "interior" e o "exterior", "o *problema radical* deve, ao contrário, referir-se à *relação entre o conhecimento e o objeto*, mas no sentido *reduzido*" (IdPh, p.75). A redução transcendental, ao alterar a formulação da questão, não se destina a suprimir a problemática do conhecimento, mas antes a sugerir que a "autêntica teoria do conhecimento só tem sentido como teoria fenomenológico-transcendental" (CM, p.118). É por isso que Husserl, ao invés de insinuar qualquer disjunção entre redução e crítica do conhecimento dirá, ao contrário, que a redução "é inseparável de toda crítica da razão" (IdPh, p.58). A correlação transcendental entre o mundo e a subjetividade não será mais a correlação entre sujeito e objeto, não será "aquela correlação enigmática que se manifesta no interior do próprio mundo" (Kr, p.266). Mas isso não significa que a nova correlação não seja ela mesma enigmática, e é por investigá-la que a fenomenologia merecerá o nome de "teoria transcendental do conhecimento" (CM, p.115): é por tomá-la como questão que, para ela, "ser filosofia transcendental" significará "resolver o problema da possibilidade do conhecimento objetivo" (CM, p.174).

É por isso que o tema crítico retornará incessantemente aos textos de Husserl, para definir a questão fundamental da filosofia. Foi por negligenciá-lo que, aos seus olhos, Hegel permaneceu aquém de Kant (PSW, p.292). É que, para Kant, o "problema filosófico central" era saber como a consciência, ou, como formula a *Carta a Marcos Herz*, "como o representar pode ter uma referência objetiva, como portanto pode tornar--se compreensível a possibilidade de um conhecimento objetivamente válido" (PP, p.351). É essa a questão fundamental da filosofia, e é em direção a ela que se encaminha a fenomenologia, como atesta uma carta de Husserl a Albrecht, de 1908: "Continuamente faço progressos, e mesmo grandes progressos. Mas jamais se viram investigações de tal extensão e problemas como esses, dos quais nenhum se deixa circunscrever por si mesmo, nem pode ser resolvido separado dos outros. Encontro-me, pois, na mesma situação que no decorrer dos últimos dez anos, e ao envelhecer não me sinto em situação mais cômoda... Naturalmente trata-se, mais uma vez, de grandes publicações, cujo objetivo último é uma crítica da razão inteiramente nova, da qual minhas *Investigações lógicas* já contêm as bases".[40] Em 1911, esse objetivo parece prestes a ser atingido: "Espero não demorar muito em poder apresentar ao grande público as investigações que se referem à fenomenologia e à crítica fenomenológica da razão, que no entretempo se foram consolidando, chegando a uma abrangente unidade sistemática" (PSW, p.319).

Se o lugar privilegiado dessa questão foi apagado, não foi apenas porque se interpretou a redução como sua supressão. Também se acreditou que a intencionalidade a suprimiria.[41] É que se considerou a intencionalidade como um dado quando, para Husserl, ela era antes de tudo um enigma. O *a priori* da correlação não é para ele um achado, mas um problema a cuja investigação ele reconhece ter dedicado toda a vida (Kr, p.169). Não é suficiente repetir à exaustão que "toda consciência é

---

40 Citado por Biemel, Las fases decisivas en el desarollo de la filosofia de Husserl, em *Husserl, Cahiers de Royaumont*, p.51.

41 De Waelhens, L'Idée phénoménologique de l'intentionalité, em Van Breda; Taminiaux (orgs.), *Husserl et la pensée moderne*, p.121.

consciência de algo". O que importa é elucidar em que consiste esse "enigmático relacionar-se" (PP, p.421). Foi por apresentar-se como um dado e não como um problema que a intencionalidade brentaniana permaneceu estéril para a filosofia, não nos adiantando nenhum elemento para se compreender como opera, afinal, a função objetivante da consciência, quais são as sínteses que, justamente, transformam essa consciência em "consciência de algo" (CM, p.79). É por isso que a intencionalidade, ao invés de ser a supressão da questão do conhecimento, será o terreno ao qual reenviam todos os enigmas da teoria da razão (IdI, p.204).[42] É ela que será o solo onde serão tratados os dois problemas fundamentais da teoria do conhecimento: 1) a investigação das sínteses que estão na origem da consciência de um objeto; 2) a investigação da evidência inscrita nessa relação entre a subjetividade e a transcendência. Essas duas questões são entrelaçadas e remetem ambas à intencionalidade, já que a intencionalidade é a consciência de algo e a evidência não é senão a intencionalidade da doação das próprias coisas (FTL, p.143).

É por isso que a temática da "constituição" ganhará seu sentido apenas em função da crítica do conhecimento, à qual Husserl a remete ao associar explicitamente a teoria da "constituição transcendental" à "teoria do conhecimento" (IdI, p.136;

---

42 Cf. também Kr, p.84-5: "Toda *cogitatio* é, em sentido amplo, um supor (*Vermeinen*) e, por conseguinte, pertence a todas algum modo de certeza – certeza pura e simplesmente, suposição, probabilidade, dúvida etc. Em relação com isso estão as diferenças de verificação e refutação, de verdadeiro e de falso. Já se vê que os problemas que estão sob o título de intencionalidade compreendem em si, inseparavelmente, os problemas do entendimento e da razão".

ZB, p.8).[43] Será então que a teoria da constituição decorreria de uma problemática relativa à "origem do mundo", e retomaria ao seu modo uma questão que os mitos, as religiões e as teologias também tratavam à sua maneira, apenas liberada dos conceitos "mundanos" com os quais a tradição trabalhava?[44] Mais modestamente, Husserl afirma apenas que as "tarefas da constituição fenomenológica" decorrem da problemática da evidência (FTL, p.145). Elas decorrem da necessidade de explicitar essa consciência de algo que se apresenta como uma relação legitimável entre subjetividade e transcendência, como uma consciência da doação efetiva do objeto. Foi por uma análise daquilo em que consiste a evidência, quer dizer, daquilo em que consiste essa intencionalidade onde o objeto surge à consciência sob o

---

43 Levinas, *Théorie de l'intuition dans la phénoménologie de Husserl*, p.15: "Husserl pretende que o problema central da *fenomenologia transcendental* – aquele da constituição do mundo pela consciência pura – introduz uma 'dimensão' propriamente filosófica no estudo do ser; é através dela que a significação última do real se revelará a nós [...] Parece-nos que o problema que se põe aqui à filosofia transcendental orienta-se em direção a um problema ontológico, no sentido muito especial que Heidegger dá a esse termo". Em uma nota à margem da p.214 de seu exemplar do *Kantbuch* de Heidegger, Husserl observa: "A relação do sujeito, da consciência, do conhecimento, traz as dificuldades modernas; elas não se referem a um 'ser' místico, mas à relação essencial entre os entes em geral e à subjetividade em geral, para a qual eles são. Isso conduz, por conseguinte, aos únicos problemas racionais da constituição". Citado por Kern, em *Husserl und Kant*, p.189, a partir do exemplar do *Kantbuch* de Husserl depositado no *Husserl-Archief te Leuven*.

44 Interpretação célebre de Fink, La philosophie phénoménologique d'Edmund Husserl face à la critique contemporaine, em *De la phénoménologie*, p.119-20.

Crítica da razão na fenomenologia

modo do "ele mesmo", "que uma filosofia transcendental verdadeiramente científica (que uma 'crítica da razão') foi possível" (FTL, p.145). É por estar presa a essa problemática que, no final de *Ideias I*, a investigação constitutiva será identificada à fenomenologia da razão; é porque a fenomenologia da razão representa o objetivo fundamental de Husserl que ela será identificada à fenomenologia em geral: "Uma solução universal dos problemas de constituição, que levasse em conta igualmente as camadas noética e noemática da consciência, seria manifestamente equivalente a uma fenomenologia completa da razão... Além disso, é preciso admitir que uma fenomenologia da razão assim completa coincidiria com a fenomenologia em geral" (IdI, p.380). Em outras palavras, se a fenomenologia se define como uma "ciência das origens", Husserl não deixa de precisar que não se trata, para ela, de investigar a "origem do ser", mas sim a origem "do conhecimento do ser" (EPI, p.382). A passagem à subjetividade transcendental não deseja conduzir-nos ao fundamento do mundo, mas sim ao "fundamento radical de todas as funções de conhecimento" (EPII, p.28). O reenvio à consciência pura não é o reenvio à origem do mundo; ele é apenas o reenvio à "subjetividade transcendental como ao campo de origem (*Ursprungsfeld*) de toda razão e de toda forma racional" (EPII, p.28). Assim, é apenas essa "crítica da razão" que figura no horizonte filosófico de Husserl. Apenas ela define o *problema* da fenomenologia.

Retomemos agora a questão anteriormente levantada. Perguntava-se quais dificuldades teriam levado a fenomenologia a exigir, a partir de certo momento, a suspensão da "atitude natural". Essas dificuldades devem ser procuradas nos impasses a que é conduzida uma "crítica da razão" elaborada no terreno da "naturalidade". Como para Husserl é essa crítica da razão que circunscreve a questão fundamental da filosofia, é em função dela que se devem procurar os motivos que tornaram inevitável, para a fenomenologia, a transição à "atitude transcendental". A procura dessas dificuldades não nos condena, todavia, a investigar exclusivamente a "história husserliana da filosofia". É nas *Investigações lógicas* que elas devem ser buscadas, enquanto essa obra apresenta uma "teoria do conhecimento" já fenomenológica, mas ainda "pré-transcendental".

Primeira parte
Crítica da razão na atitude natural

I
A figura imperfeita do conceito

I

Por que, em 1900, a explicitação da lógica pura deveria conduzir necessariamente a uma investigação das relações entre a subjetividade e a transcendência? As *Investigações* não se cansam de repetir que esses dois temas figuram no horizonte da pesquisa iniciada. Por um lado, trata-se de retomar a "explicação filosófica" da lógica, por outro lado, trata-se também de analisar "a relação entre a subjetividade do conhecer e a objetividade do conteúdo do conhecimento" (LUI, p.VII). Essas duas questões, antes de serem paralelas, estão intrinsecamente relacionadas. A análise da "origem" das ideias lógicas, quer dizer, a sua "clarificação" propriamente filosófica, é *inseparável* de um conjunto de questões mais amplas, aquelas mesmas que circunscreverão o território da crítica da razão. Há uma ligação de essência entre os "motivos" da fenomenologia enquanto explicitação da lógica e os "motivos" oriundos das "questões fundamentais" da teoria do conhecimento.[1] E a ideia de uma relação de essência, aqui, não apenas deve ser tomada no sentido rigoroso que Husserl dá ao termo, como também vai exprimir uma dependência unilateral entre os dois "motivos". Se a clarificação da lógica é o objetivo último perseguido, ele não somente estará relacionado à outra investigação, como também estará *subordinado* a ela. Não apenas a clarificação da lógica conduz inevitavelmente às "questões fundamentais" da teoria do conhecimento, como também, caso a fenomenologia não as tratasse, "permaneceria não clara a própria essência da clarificação a que aspiram as análises fenomenológicas" (LUII/1, p.9). Desde então, se a Doutrina da Ciência prometida ao final dos *Prolegômenos* foi indefinidamente adiada, terá sido porque a clarificação da lógica pura pressupunha uma investigação prévia que iria consumir a reflexão do autor.

Apesar das referências explícitas de Husserl a esse entrelaçamento entre a explicitação da lógica e a explicitação das

---

1 LUII/1, p.8: "Os motivos da análise fenomenológica que acabamos de expor (relativos à clarificação da lógica) mantêm uma relação essencial, como facilmente se vê, com os motivos que se depreendem das *questões fundamentais da teoria de conhecimento* [...] Efetivamente, o fato de que todo pensar e conhecer se refira a *objetos* e *estados-de-coisas*, e os encontre de modo tal que o 'ser-em-si' de tais objetos deva manifestar-se como unidade identificável em multiplicidades de atos de pensamento reais ou possíveis e, respectivamente, de significações, o fato, além disso, de que todo pensar tenha uma forma mental sujeita a leis ideais, que circunscrevem a objetividade ou idealidade do conhecimento; esses fatos suscitam sempre outra vez as seguintes questões: como se deve *compreender* que o 'em-si' da objetividade chegue à 'representação' e mesmo à 'apreensão' no conhecimento, quer dizer, termine por tornar-se subjetivo? Que significa o objeto ser 'dado' 'em-si' no conhecimento?".

Crítica da razão na fenomenologia

relações entre a subjetividade e a objetividade, e à necessária subordinação da primeira à segunda, acreditou-se que as *Investigações* se propusessem apenas a uma descrição das entidades lógicas, sem se preocuparem com uma investigação propriamente subjetiva da crítica do conhecimento.[2] O que é, afinal, uma miopia desculpável, tanto por motivos históricos quanto internos. Em primeiro lugar, o projeto de uma fundamentação das ciências por um retorno à "origem" dos conceitos é um projeto brentaniano, e o próprio Husserl já o adotara na *Filosofia da aritmética*. Ora, a psicologia descritiva podia fazer a explicitação das ciências sem mencionar nenhuma passagem pela crítica da razão. E, nesse ponto, a *Filosofia da aritmética* não inovava em relação à psicologia de Brentano, já que o retorno à "origem" dos conceitos aritméticos não suscitava nenhuma outra investigação. Em 1900, a investigação "fenomenológica" ainda se apresentava como uma "psicologia descritiva", apenas com a ressalva de que não se tratava de psicologia empírica, mas eidética, o que não chegava a alterar o projeto da psicologia descritiva enquanto tal: se o retorno à origem não era mais retorno a um fato, mas à sua essência, o *leitmotiv* brentaniano permanecia o mesmo. Em segundo lugar, do ponto de vista

---

2 Por exemplo, Boer, *The Development of Husserl's Thought*, p.297: "A análise psicológico-descritiva empreendida nas seis investigações não é um retorno ao sujeito, aos correlatos subjetivos das entidades lógicas, mas uma descrição das próprias entidades lógicas". Foi essa também a interpretação dos filósofos "criticistas", ao acusarem Husserl de estabelecer, nas *Investigações*, apenas uma ontologia "dogmático-realista". Sobre esse último ponto, ver Fink, La Philosophie phénoménologique d'Edmund Husserl face à la critique contemporaine, em *De la Phénoménologie*, p.104.

estritamente interno, não é imediatamente evidente que a explicitação da lógica deva conduzir inevitavelmente a qualquer investigação sobre a relação entre subjetividade e objetividade. Se agora a referência de uma questão à outra é essencial, é porque deve ter surgido um problema do qual nem Brentano nem o próprio Husserl suspeitavam. Desde então, vale a pena retomar por um momento esse projeto de explicitação da lógica, para tentar desenrolar o fio da meada que faz que o destino da filosofia cruze com o da crítica da razão.

II

O que motivou o início da fenomenologia – afirma Husserl – foi "o problema radical de uma clarificação (*Klärung*) dos conceitos fundamentais lógicos e matemáticos, e com isso o de uma fundamentação efetivamente radical da lógica e da matemática" (PP, p.366). Esse texto de 1926 retoma a questão dos "motivos" da fenomenologia, tal como ela se colocava para Husserl nos anos das *Investigações*. Agora, tratava-se antes de tudo de elaborar a lógica enquanto "Doutrina da Ciência". No entanto, se a lógica é a única Doutrina da Ciência, como o ensinava Kant, ocorre que, de fato, ela não pode desempenhar esse papel que lhe cabe de direito. É que a lógica "de nosso tempo" não poderia bastar para explicar a ciência, já que ela não torna compreensível exatamente aquilo que deveria iluminar, a "essência racional da ciência dedutiva" (LUI, p.V). A partir de então, a lógica vai necessitar, para ser Doutrina da Ciência, de uma disciplina "complementar" chamada fenomenologia, que deverá completar o trabalho científico transformando-o em "conhecimento teórico autêntico e puro" (LUI, p.254). Mas qual é exatamente o

Crítica da razão na fenomenologia

ponto cego da lógica que exigiria essa investigação "complementar"? As obscuridades da lógica pertencem ao quadro de uma alienação cuja tematização percorre a obra de Husserl como um todo: a alienação técnica da ciência.

Na "Introdução" à *Lógica formal e transcendental*, Husserl apresenta uma pequena etiologia histórica do problema. Seria a crise do ideal platônico que estaria na origem da decadência moderna. A ciência no sentido autêntico nasce da fundação platônica da lógica, disciplina encarregada de investigar as exigências da verdadeira ciência. Desde então, o sentido original de ciência implica que a evidência lógica preceda o método e a ciência efetiva e os guie, o que faz da ciência platônica, ao exigir a justificação de todos os seus passos, o contrário de uma ciência ingênua. A ingenuidade é exatamente a convivência pacífica com o não justificado. É esse ideal platônico que permanecerá vivo no cartesianismo, graças à unificação das ciências na *mathesis* e graças ao radicalismo das *Meditações*, com sua exigência de uma fundamentação absoluta das ciências (FTL, p.4). Diante desse modelo platônico, os "tempos modernos" exprimirão para Husserl uma dupla decadência. Em primeiro lugar, a relação entre lógica e ciência se desfaz, as ciências tornam-se autônomas em relação à lógica. A carência radical da época moderna é a ausência de uma *mathesis*, a falta de um princípio de enraizamento e unificação das ciências (FTL, p.3). Apresentando-se dispersas, as ciências não podem mais surgir como a auto-objetivação da razão. Tornando-se autônomas em relação à lógica, elas não podem mais satisfazer à exigência de uma "autojustificação crítica" e a efetuação de seus métodos não é mais compreendida com evidência. Renunciando a justificar seus métodos por princípios puros, a ciência recai na "ingenuidade". É agora que ela se torna uma técnica: a sua *praxis* se desenvolve sem a intelecção da *ratio* da efetuação realizada. Em segundo lugar, a lógica será cúmplice desse processo de dissolução do ideal clássico. Ela, que deveria ser a doutrina dos princípios do conhecimento, a disciplina encarregada de banir a "ingenuidade", perde de vista sua "missão histórica", torna-se ela mesma uma ciência especial ao lado das outras, e deixa-se dirigir pelas ciências positivas. Agora, a lógica será tão pouco filosófica quanto as demais ciências; ela também será incapaz de efetuar uma compreensão e justificação de si mesma. O que significa dizer que a lógica se tornará igualmente uma "técnica".

Sem as considerações históricas, os *Prolegômenos* já tratavam a lógica e a matemática como técnicas, e já definiam a técnica como um não saber. O matemático já era tratado ali como "o técnico engenhoso... o construtor que edifica a teoria como uma obra de arte técnica" (LUI, p.243). Ao elaborarem teorias, tanto o matemático quanto o lógico não possuem uma "intelecção última da essência da teoria em geral e da essência dos conceitos e leis que a condicionam" (LUI, p.253). O trabalho da filosofia virá preencher esse vazio com o qual convive a técnica. Não se trata, para o filósofo, de construir teorias, ele não vai disputar com o matemático no terreno deste, mas apenas procurar chegar à "intelecção sobre o sentido e a essência de suas efetuações" (LUI, p.254). Assim, se a lógica é uma técnica e se a técnica remete à ausência de justificação, à "ingenuidade", a disciplina "complementar", que vai coadjuvá-la, só poderá ter como tarefa a sua fundamentação.

Todavia, tanto aquela análise histórica quanto essa retomada sumária do tema da técnica não permitem ainda chegar ao nú-

Crítica da razão na fenomenologia

cleo da questão. É que, se a lógica se transformou em técnica, deve haver um elemento *interior* a ela mesma que tacitamente conspirava com essa destinação, um fator congênito ao pensamento lógico que desse a razão interna de sua perda frente à teoria pura. Esse fator, Husserl o aponta na "Introdução" às *Investigações* como o responsável fundamental pela alienação técnica da lógica: o modo "puramente simbólico" com o qual nos são dadas as ideias lógicas. A técnica é indissociável de uma "compreensão meramente simbólica" da lógica (LUII/1, p.6). Assim, se a lógica exige um "complemento filosófico", é antes de tudo porque ela nos é dada na "figura imperfeita" do conceito (LUII/1, p.5).

III

"Uma representação *simbólica* ou imprópria é, como a palavra já o diz, uma representação por signos. Se um conteúdo não nos é dado diretamente como isso que ele é, mas apenas indiretamente *por signos que o caracterizam univocamente*, então, em vez de uma representação própria, temos dele uma representação simbólica" (PA, p.193). Essa oposição entre representações próprias e impróprias, que Husserl reconhece dever a Brentano, oferece o esquema geral a partir do qual é elaborada a noção de *conceito* de que partirá a "psicologia descritiva". Esquema geral, porque não coincidirão "representação simbólica" e "conceito". Todo conceito é uma representação simbólica, mas a recíproca não será verdadeira: o conceito será uma representação simbólica submetida a condições especiais. Assim, se toda representação simbólica me dá um conteúdo através da mediação de signos, esses signos não estarão sempre submetidos ao mesmo regime. Por um lado, é preciso distinguir entre signos diretos e signos indiretos. Um signo pode remeter à coisa ou diretamente, ou indiretamente, pela mediação de outros signos. Assim, todo nome próprio é um signo direto, todo nome geral, um signo indireto, já que ele designa o objeto pela mediação de certas marcas distintivas. É nos signos indiretos que se torna inevitável a separação entre aquilo que o signo significa (*bedeutet*) e aquilo que ele designa (*bezeichnet*). Se nos signos diretos a significação e a designação coincidem, como no caso do nome próprio, no caso dos signos indiretos o signo designa a coisa por intermédio de certas mediações que constituem sua significação. Por outro lado, é preciso distinguir entre os signos exteriores e os signos propriamente conceituais. Um signo exterior mantém uma relação puramente arbitrária com seu designado, ele não tem nada a ver com seu conteúdo e propriedades particulares. Por isso o signo exterior tem uma função de pura designação, sem caracterizar o designado. O signo conceitual, ao contrário, traz-me sempre uma informação sobre o objeto ao qual ele remete. É que o signo conceitual é sempre uma marca distintiva (*Merkmal*) do objeto, é uma propriedade do objeto servindo de signo para esse objeto (PA, p.193). Assim, não é todo signo que pode servir estritamente de representação imprópria da coisa; a representação imprópria será apenas o signo que pode funcionar como *substituto* da coisa designada (PA, p.351). A partir de então, um conceito é um nome geral cuja significação é formada por marcas distintivas, por propriedades do objeto designado.

Essas determinações essencialmente semiológicas do "simbolismo" receberão uma complementação psicológica, já presente na *Filosofia da aritmética* mas plenamente desenvolvida nos *Estudos psicológicos para a lógica elementar* de 1894. Aqui, será

Crítica da razão na fenomenologia

estabelecida a equivalência entre o simbólico, o impróprio e o conceitual, e entre o não simbólico, o próprio e o intuitivo. Segundo o conceito de intuição de agora, conceito que posteriormente Husserl rejeitará, nem mesmo a percepção no sentido habitual do termo confunde-se com a intuição. Quando vejo uma casa, tenho propriamente intuição de um de seus lados, se bem que através dele eu vise a casa toda; a percepção no sentido corrente nunca é uma intuição completa, mas apresenta uma estrutura representativa que a coloca mais próxima do conceito que da intuição. A intuição autêntica é uma representação "em um sentido mais próprio, que apresenta diante de nós efetivamente seu objeto, de tal maneira que ele é, ele mesmo, o substrato da atividade psíquica" (AL, p.138). Ante essa representação no sentido próprio, existem as representações no sentido impróprio, entre as quais estará alojado o conceito. Trata-se agora de representações no sentido de "uma simples substituição por partes, imagens, signos etc., ou então de uma simples determinação por marcas distintivas — meios pelos quais o representado (*Vorgestellte*), na realidade, não é absolutamente apresentado (*hingestellt*) diante de nós" (AL, p.138). Assim, a percepção pode ser dita "intuitiva" apenas em relação ao "lado" efetivamente dado. Mas, se a percepção e a imaginação podem ser modos "mistos" de consciência, intuitivos sob certo aspecto, a oposição mais marcante entre intuitivo e não intuitivo surge no domínio das representações conceituais. Tudo isso permite diferenciar, no reino das representações (*Vorstellungen*), as representações intuitivas das não intuitivas. Ao contrário das percepções e imaginações, os conceitos não serão intuitivos sob nenhum aspecto. E o não intuitivo, aqui, será definido como o *intencional*, as intuições permanecendo, em

1894, como atos não intencionais. Certos vividos psíquicos não incluem em si mesmos seus "objetos" como conteúdos imanentes e, portanto, presentes à consciência, mas simplesmente intencionam seus objetos. "Simplesmente intencionar" quer dizer aqui: "tender, por meio de não importa quais conteúdos dados à consciência, para outros conteúdos que não são dados, reenviar a eles de uma maneira compreensiva, utilizar de uma maneira compreensiva aqueles como re-presentantes (*Repräsentanten*) desses" (AL, p.143). Assim, as percepções e imaginações serão intencionais enquanto apenas parcialmente intuitivas, e os conceitos serão intencionais enquanto conjuntos de marcas distintivas que reenviam a um objeto. O domínio das representações (*Vorstellungen*) se dividirá então entre as intuições e as re-presentações, entre as *Vorstellungen* que não intencionam seu objeto mas o contêm efetivamente nelas mesmas, e as *Vorstellungen* em que um conteúdo dado remete a outro não dado, que é objeto apenas intencionado da representação.

Essas considerações, entretanto, ainda não ajustam definitivamente as contas com o universo do simbolismo. Existe uma oposição absoluta entre o simbólico e o intuitivo. Mas, como várias das oposições husserlianas, essa também se presta a um uso puramente funcional, em que a caracterização da representação como simbólica ou intuitiva vai depender exclusivamente do papel que ela desempenha em um determinado contexto. Assim, uma representação intuitiva é própria na medida em que ela não serve de signo para outra; mas, na medida em que passa a ter essa função, ela torna-se representação simbólica em relação à outra à qual ela remete. Isso significa que um conceito, que é em si mesmo uma representação simbólica ou imprópria, pode ele mesmo ser dado de forma própria ou imprópria. O conceito,

Crítica da razão na fenomenologia

representação simbólica, pode ser dado através de uma simbolização de segundo grau, quando ele é dado "pela mediação de signos que, eles mesmos, são representados de maneira própria" (PA, p.340). Essa simbolização de segundo grau designará então um signo de signo em referência ao objeto ao qual a série de simbolizações remete, no seu final, e um signo em referência ao conceito ao qual ela diretamente remete. Assim, se associamos à palavra "triângulo'" o conceito de uma figura fechada, limitada por três retas, "então toda outra determinação que pertença aos triângulos com uma exclusividade unívoca pode servir de signo completo do conceito próprio: por exemplo, a figura cuja soma dos ângulos é igual a dois retos" (PA, p.194). É em função dessa caracterização funcional do simbolismo, e da possibilidade de reiteração do processo de simbolização nela inscrita, que a *Filosofia da aritmética* falará em "conceitos próprios", "conceitos simbólicos" e "signos" de números, designando com isso simbolizações de primeiro, segundo e terceiro graus, em que os conceitos "próprios" originam-se na intuição, os "simbólicos" têm fundamento nos "próprios" e os signos nos simbólicos. É no plano dos "signos", o mais afastado da intuição, que a aritmética pode tornar-se uma pura mecânica, quando ela opera com signos em vez de operar com conceitos, e se torna então um puro cálculo, quer dizer, uma "dedução de signos a partir de signos" (PA, p.258). Ora, esses "métodos simbólicos" não são privilégio da aritmética. Em 1891, a lógica de Schröder, inspirada na "lógica inglesa da extensão", é vista por Husserl como um simples cálculo, como um procedimento cego com signos, governado por regras reproduzidas mecanicamente, como uma "técnica de signos" (AL, p.14-5).

Os métodos simbólicos são submetidos a duas avaliações distintas por Husserl. Em primeiro lugar, há todo um elogio do simbolismo. Sem a possibilidade de representações simbólicas, "não haveria vida espiritual elevada, ainda menos ciência" (PA, p.349). É exatamente esse o caso da aritmética, que não opera com conceitos próprios de números, mas apenas com conceitos simbólicos. Todas as representações de números que temos além dos primeiros da série é simbólica e só pode ser simbólica. "Se nós tivéssemos de todos os números representações próprias como temos dos primeiros da série, então não haveria aritmética, pois ela seria completamente supérflua" (PA, p.191). A simbolização torna-se necessária pela finitude de nossa capacidade de representação, e apenas um entendimento infinito poderia ter a representação própria de todos os números, apenas esse entendimento poderia unificar uma infinidade de elementos em uma representação explícita. Visto sob o horizonte de nossa finitude, o simbolismo é inevitável e a aritmética não consiste senão em uma soma "de meios artificiais para ultrapassar as imperfeições essenciais de nosso entendimento" (PA, p.192). A essa caracterização do simbolismo em geral, é preciso acrescentar a apreciação positiva do cálculo. Quando o matemático quer deduzir números desconhecidos a partir de números dados, ele pode operar de duas maneiras. Por um lado, pode fazer uma operação essencialmente conceitual, onde as designações desempenham um papel subordinado. Por outro lado, pode operar apenas com os signos de números, deduzindo signos a partir de signos. Quando Husserl se pergunta qual desses dois métodos é o mais perfeito, é para responder que o segundo ultrapassa de longe o primeiro. O ponto de vista da resposta é essencialmente pragmático: a operação com puros

Crítica da razão na fenomenologia

signos tem um rendimento muito maior que a operação sobre conceitos e, desde então, é preciso concluir que o método dos signos sensíveis é "o método lógico da aritmética" (PA, p.257). O que significa dizer que a operação com signos é suficiente para produzir a verdade.

Todavia, esse elogio do cálculo é apenas um lado da questão. Se o cálculo é *o* método da aritmética, Husserl não deixa de mencionar os "perigos do simbolismo" (PA, p.357-8). E a numeração das virtudes do cálculo termina, surpreendentemente, pela observação de que por si só o cálculo não se confunde com o *conhecimento* aritmético (PA, p.259). O ponto de vista estritamente pragmático não é, assim, o único em função do qual o cálculo deve ser analisado. É preciso investigá-lo também por aquele ângulo que logo depois Husserl chamará de ponto de vista da "teoria pura". A razão do divórcio entre cálculo e conhecimento deve ser buscada na estrutura interna das simbolizações. Se, do ponto de vista estritamente geral, todas as representações por signos podem ser ditas "representações impróprias", se todas elas podem ser ditas "intencionais" enquanto reenviam de um conteúdo dado a outro não dado, a natureza desse reenvio não será sempre a mesma e, *ipso facto*, não será no mesmo sentido que elas serão representações. Na passagem de uma simbolização a outra mais elevada algo se perderá, e nessa perda estarão os "perigos do simbolismo".

Um signo conceitual designa, sempre, uma propriedade intrínseca de um conteúdo, servindo como signo desse próprio conteúdo. Essa propriedade ou marca distintiva pode ser de dois tipos. Por um lado, as marcas distintivas podem ser internas, quando elas são "determinações que estão incluídas enquanto conteúdos parciais na representação do conteúdo designado" (PA, p.342). Por outro lado, essas marcas distintivas podem ser externas, quando elas "são determinações relativas que caracterizam o conteúdo como um dos fundamentos de certas relações que repousam sobre ele" (PA, p.342). Um conceito "próprio" é formado por marcas distintivas internas, quer dizer, por conteúdos do próprio objeto designado. Nesse sentido, Husserl pode dizer que o conceito é um abstrato, isto é, um conteúdo formado por marcas distintivas que são não independentes em relação a um todo, que não é senão o objeto do conceito. O conceito é constituído de partes que, sendo não independentes em relação ao objeto, reenviam a este com necessidade de essência. No caso dos conceitos "próprios", portanto, existe não apenas uma afinidade de natureza entre o conceito e seu objeto, como uma conexão inevitável entre ambos (AL, p.131-2). E é por isso que o conceito poderá dar-me sempre uma informação sobre o objeto. O conceito simbólico, por seu lado, ainda mantém uma relação necessária com o objeto designado, como também o caracteriza. O conceito simbólico não é formado por marcas distintivas internas, mas pelas externas; as relações que designam essas marcas distintivas, se não são partes do objeto como no caso das marcas distintivas internas, são ainda determinações exclusivas desse objeto (PA, p.194). Desde então, a relação do conceito com o objeto também será necessária e o conceito simbólico ainda me informará sobre o objeto ao qual ele remete. Ora, são exatamente esses dois fatores que desaparecerão, quando, em uma simbolização de terceiro grau, chegarmos aos puros signos. Agora, é essa relação essencial que desaparecerá, e o signo por si mesmo não me informará nada sobre o designado. No terceiro grau da simbolização, saímos do domínio dos "signos conceituais" para aquele

Crítica da razão na fenomenologia

dos "signos exteriores", quer dizer, para o domínio dos signos que Husserl define como os que mantêm uma relação puramente arbitrária com seu designado, que não têm nada a ver com o conteúdo nem com as propriedades do objeto, e que portanto apenas o designam, sem o caracterizarem (PA, p.341-2).

Ora, essa característica vai distinguir radicalmente o domínio dos signos daquele dos conceitos próprios ou simbólicos, a ponto de tornar apenas homônimas as noções de "representação" e de "intenção" em um caso e em outro. A distinção estabelecida aqui já será aquela que a *Primeira investigação* fará ao opor as significações aos índices (*Anzeigen*). Os "signos" com os quais lida o cálculo não são signos expressivos, mas meros "índices", quer dizer, conteúdos que motivam de forma *não evidente* a passagem a outros conteúdos, onde, nessa passagem, não há conexão visível, nenhum nexo de necessidade, mas apenas a associação, essa contínua transformação da coexistência em copertinência (LUII/1, p.23-6). No cálculo aritmético, os signos destacados de todo substrato conceitual são arbitrários em relação ao *denotatum* e não trazem em si nenhuma informação sobre os objetos de que trata a aritmética. É por isso que, uma vez restrita ao cálculo, a aritmética produz verdades, "se bem que não conhecimento" (PA, p.359). É esse o momento da transformação da ciência em técnica, tal como ele ecoará ainda na *Krisis*:[3] a ciência pode fazer descobertas úteis sem

---

3 Cf. Kr, p.46: "Agem agora apenas aqueles modos de pensamento e aquelas técnicas que são indispensáveis a uma técnica enquanto tal. Opera-se com letras do alfabeto, com signos de ligação e de relação (x, + , = etc.) e segundo as *regras do jogo* de sua coordenação; procede-se na realidade de um modo que não é substancialmente

contudo apreender o "entendimento íntimo" (IdIII, p.96). Agora, a ciência não merece mais o título de *Erkenntnis*, já que esse "é evidência, é verdade criada a partir da intuição e por isso inteiramente entendida" (IdIII, p.96). Compreendamos: se a ciência transforma-se em técnica, não é porque ela se *afasta* da intuição, o que toda ciência faz enquanto pensamento discursivo; a ciência transforma-se em técnica quando, ao operar com "signos exteriores", ela rompe com a possibilidade mesma de qualquer conexão que a ligue, mesmo de forma distante, ao objeto intuído, ao objeto do qual ela deveria justamente trazer ensinamento.

É exatamente essa conceptualização do "cálculo" que estará subjacente à crítica da lógica de Schröder. Aqui, também, não se tratará para Husserl de negar as vantagens do cálculo lógico do ponto de vista pragmático, mas sim de recusar a equivalência tácita entre cálculo lógico e conhecimento lógico.[4] Que o lógico possa "calcular" não se discute, assim como não se discute que o matemático o possa. O que é inadmissível é que ele pretenda estabelecer uma equivalência entre "calcular" e "tirar uma consequência". O mero jogo regrado com os signos não é uma dedução, mas um "substituto exterior" do fato de tirar uma consequência e, assim, o cálculo não pode ser identifica-

---

distinto daquele do jogo de cartas ou do xadrez. O *pensamento originário* que confere propriamente um sentido a esse procedimento técnico e uma verdade aos resultados obtidos conforme as regras (que seja mesmo apenas a 'verdade formal' própria à *mathesis universalis* formal) está excluído daqui".

4 É Voigt quem acusa Husserl de desconhecer completamente as qualidades do cálculo. Husserl responde, colocando a questão nos seus devidos termos. Ver a polêmica com Voigt, em AL, p.101-22.

Crítica da razão na fenomenologia

do com uma *lógica* (AL, p.14-5), já que essa pura "técnica de signos" não é capaz de nos ensinar nada sobre "os processos mentais que deduzem". O que é censurável na "lógica inglesa" é a cegueira em relação à característica de *índices* dos signos com os quais ela opera, e que faz que inevitavelmente ela confira ao cálculo um estatuto que ele não pode ter.[5] Erro em que, aliás, a "lógica inglesa" não inova, já que a "lógica escolástica" já degenerara em uma "simples técnica da consequência", técnica que "é o germe a partir do qual se desenvolveu o soberbo edifício do cálculo lógico" (AL, p.15).

Desde então, é pelas peculiaridades do *signo exterior* com o qual ela trabalha que a técnica pode elaborar a ciência sem ter contudo uma "intelecção da essência da teoria em geral" e da "essência dos conceitos e leis" que a condicionam. É pelas características internas ao seu próprio discurso, e não apenas por "falta de reflexão", que ela não pode atingir uma intelecção de si, quer dizer, não pode ser teoria pura. Para que os direitos da teoria pura possam ser preservados, é preciso antes de tudo retornar dos *índices* ao conceitos. Todavia, o acerto de contas com o simbolismo técnico não é ainda o acerto de contas com

---

5 Cf. AL, p.31-2: "o trabalho próprio do cálculo é ser, para uma certa esfera de conhecimento, um método de dedução simbólica das consequências, portanto uma arte para substituir, através de uma designação apropriada das ideias, à dedução efetiva um cálculo, quer dizer, uma conversão e uma substituição regradas de signos por signos e, em seguida, em virtude da correspondência entre as ideias e os signos, para fazer emanar, a partir das fórmulas finais, os juízos desejados. E mesmo essa *correspondência*, que constitui uma parte do processo simbólico de dedução, não tem o caráter de uma designação linguística: pois a função dos signos, aqui, não é absolutamente a de acompanhar as *ideias como sua expressão*".

o simbolismo em geral, e a passagem dos "índices" aos "conceitos" exprime apenas o lado negativo da investigação. O lado positivo só começará com o início da "clarificação" dos conceitos, tarefa que, nas *Investigações*, já remete ao campo da crítica do conhecimento (LUII/1, p.1).

IV

No "Prefácio às *Investigações*" de 1913, ao analisar a pré-história da problemática das *Investigações*, Husserl reconhece que seu ponto de partida foram as questões "sobre a origem psicológica dos conceitos matemáticos fundamentais" (AL, p.373). De fato, tanto a ideia quanto o próprio projeto de uma "clarificação" das ciências remontam a Brentano, ao qual Husserl não se esquece de prestar homenagem.[6] A psicologia descritiva de 1874 já realizava a "análise da origem" quando partia das classificações conceituais dos fenômenos psíquicos e as submetia a uma verificação, reconduzindo-as à sua "origem" na percepção interna, dando então "claridade" a esses conceitos.[7] E, aqui, a análise da origem já tinha as duas funções que ela iria ter para Husserl: dar um conteúdo claro aos conceitos e, ao investigar os conceitos das ciências normativas, fundamentá-las através dessa clarificação.[8] Husserl já introduz a ideia de "clarificação" em *Sobre o conceito de número*, seu *Habilitationsschrift* de 1887. Como

---

6 Ver Husserl, Reminiscences of Franz Brentano, em McAlister, *The Philosophy of Brentano*, p.48, em que Husserl relembra sua admiração pela maneira como Brentano trazia de volta todos os conceitos "à sua fonte na intuição".

7 Ver Gilson, *La Psychologie descriptive selon Franz Brentano*, p.61 ss.

8 Ver Boer, *The Development of Husserl's Thought*, p.57.

Crítica da razão na fenomenologia

é explicado na "Introdução" a esse trabalho, o progresso da matemática introduziu no discurso científico uma quantidade notável de conceitos novos e misteriosos, sendo que a necessidade prática de construir a ciência adiou a reflexão sobre a natureza lógica desses conceitos. Agora, entretanto, essa reflexão já se tornou inadiável, impondo a "necessidade de clarificar, examinar e assegurar logicamente o adquirido", analisando seus conceitos fundamentais (PA, p.291). É essa "clarificação" que Husserl se propõe a fazer em relação ao conceito de número, investigando-o "quanto à *origem* e quanto ao *conteúdo*" (PA, p.295). A mesma tarefa é retomada de forma ampliada na *Filosofia da aritmética*, que, como Husserl o indica na "Apresentação do autor" (*Selbstanzeige*), tem como propósito não apenas investigar os métodos simbólicos da aritmética como também analisar seus "conceitos fundamentais" (PA, p.287).

Nas análises de então, investigar a origem dos conceitos significa "mostrar os fenômenos concretos nos quais, ou a partir dos quais, eles são abstraídos, e deixar clara a espécie desse processo abstrativo" (PA, p.119). A análise da origem envolve a descrição do processo de abstração que leva ao conceito e a descrição do fenômeno a partir do qual essa abstração se processa, quer dizer, a descrição da base da abstração, que não é senão o objeto do conceito, o seu *denotatum*. Como o processo de abstração é semelhante para todos os conceitos, a descrição do "fenômeno", a partir do qual a abstração procede, representa a etapa mais importante do processo. Esse procedimento permite "clarificar" o conteúdo do conceito, já que a investigação do objeto do conceito permite determinar quais de suas propriedades compõem as marcas distintivas desse conceito, que não são senão o "conteúdo" ou "significação" da representação conceitual. Por outro lado, a investigação permite determinar a validade do conceito, já que, mostrando que a determinado conceito corresponde efetivamente um objeto, ela terá fundamentado esse conceito. Como o conceito é uma re-presentação, uma intenção onde um conteúdo dado remete a outro não dado, a análise da origem nos conduz à intuição daquilo que é apenas visado pelo conceito. E, já aqui, o vivido da *validade* do conceito, quer dizer, o vivido correspondente ao fato de que aquilo que é intuicionado é também o que é visado pela significação conceitual, chama-se "consciência de *intenção preenchida*" (AL, p.146). Assim, a "análise do conceito de número cardinal, segundo a origem e o conteúdo", é uma clarificação da significação do conceito através de uma descrição do "fenômeno" que está na base da abstração do conceito. E, para Husserl, essa análise é inevitável por causa dos limites da definição. Esses limites surgem rapidamente quando se reflete, por exemplo, sobre a definição euclidiana de número. Segundo essa definição "universalmente conhecida", o número é uma "quantidade de unidades". Todavia, essa definição não nos faz avançar um só passo no conhecimento do conceito de número, já que não se sabe muito bem o que seja "quantidade" nem o que seja "unidade". E basta perguntar o que significam para que surjam as mais variadas respostas (PA, p.14-5). Essa diversidade de opiniões não é senão o testemunho dos limites das operações de definição: só se pode definir aquilo que é logicamente composto. Quando encontramos conceitos últimos, quer dizer, conceitos *elementares*, não há mais definição possível (PA, p.119). Foi por não ter levado em conta esse limite da atividade de definir que Frege se torna censurável aos olhos de Husserl, ao pretender estabelecer uma fundação da aritmética

Crítica da razão na fenomenologia

"a partir de uma série de definições formais" (PA, p.118). Ora, os conceitos de "quantidade" e de "unidade", a partir dos quais é definido o número, são exatamente conceitos elementares. Desde então, eles não são explicitáveis via definições, mas só podem sê-lo através de um retorno aos fenômenos a partir dos quais foram abstraídos. Esses conceitos devem ser "clarificados" por uma "análise da origem", que nos mostrará qual é afinal o conteúdo ou significação dos conceitos, bem como verificará sua legitimidade.

Assim, a *Filosofia da aritmética* vai definir o número como uma especificação do conceito de quantidade, e determinará a *origem* desse conceito no ato de coligar. Para saber quais são as marcas distintivas que formam o conteúdo do conceito de quantidade, quais são os elementos conservados pelo processo de abstração, é preciso considerar, antes de tudo, que o "suporte da abstração" não é formado por conteúdos singulares, mas por *todos*, e que esses apresentam como elemento necessário a *ligação* de seus membros. Dados dois todos de conteúdos heterogêneos, seus elementos podem ter ligações similares, e são essas ligações que formam "as bases da formação do conceito geral de quantidade" (PA, p.19). Assim, o conceito de quantidade é formado por reflexão sobre o modo de unificação dos conteúdos que, no caso da ligação que caracteriza os conjuntos, é a *ligação coletiva*. E esse tipo de ligação, por seu lado, tem particularidades especiais. Ao contrário das "relações primárias", a relação dita de "ligação coletiva" é tal que os elementos que ela sintetiza são ligados exclusivamente pelo ato psíquico que os mantém em conjunto, sem que nos conteúdos unificados haja qualquer ligação que possa ser notada (PA, p.73). Assim, a ligação coletiva é o resultado exclusivo de um ato de unificação tal que, para usar a linguagem posterior de Husserl, não tem um correlato objetivo. Desde então, é apenas um *ato subjetivo* que está na base da formação do conceito de quantidade, e a ligação coletiva só pode ser apreendida por reflexão sobre o ato psíquico que produz o conjunto.[9] Logo, se é um ato psíquico que forma a base da abstração do conceito de número, a filosofia da aritmética é, de direito, uma psicologia.[10]

Ora, nas *Investigações lógicas*, as tarefas da "clarificação" filosófica da lógica serão estritamente idênticas às da clarificação da aritmética, tais como essas se apresentavam em 1891. Tratar-se-á, em primeiro lugar, de dar um conteúdo preciso aos conceitos lógicos fundamentais e, em segundo lugar, de fundamentar esses conceitos, quer dizer, garantir a sua "validade". É o projeto brentaniano que permanece no horizonte e, em 1903, Bergmann ainda é criticado por não dar o merecido lugar "ao gênero de fundação psicológica que é de fato indispensável para elucidar o sentido dos conceitos e das leis puramente lógicas" (AL, p.224). Os conceitos lógicos que se trata de investigar são os conceitos primitivos, sejam aqueles pertencentes à classe das categorias significativas, sejam os

---

9 Cf. PA, p.77: "É por reflexão sobre o ato psíquico que realiza a unidade dos conteúdos ligados no conjunto que nós obtemos a representação abstrata da ligação coletiva, e é por meio dessa que formamos o conceito de quantidade, enquanto aquele conceito de um todo que liga partes de uma maneira simplesmente coletiva".

10 Assim, não é *a priori* que, em 1891, a "clarificação" remete à psicologia. É apenas no curso da investigação que a análise se mostra como *devendo ser* psicológica. Sobre isso, Husserl já advertia explicitamente em *Über den Begriff der Zahl*, quando afirmava que era o próprio trabalho iniciado que deveria mostrar a pertinência da psicologia para a análise do conceito de número. Cf. PA, p.295.

Crítica da razão na fenomenologia

pertencentes às categorias objetivas (LUI, p.243). São esses conceitos, de significação vacilante, que se trata de investigar, para dar-lhes um conteúdo preciso. Por outro lado, a clarificação será também a investigação da validade (*Geltung*) dos conceitos (LUI, p.240). Se na clarificação ultrapassamos a esfera das puras significações e fazemos que estas venham à coincidência com o objeto, o conceito de clarificação remete *ipso facto* à exigência de validade, já que um conceito é válido e efetivamente verdadeiro apenas se ele dá uma "expressão adequada" ao seu objeto (IdIII, p.26, 97). Assim, no jogo entre intenção e preenchimento, essas duas exigências serão levadas em conta. Por um lado, é o sentido de uma expressão ou o conteúdo de um conceito que é levado à "consciência clara" através de um retorno à intuição onde apreendemos aquilo que é "propriamente visado" pela significação (LUII/1, p.71). Por outro lado, como toda teoria, a lógica deve sua validade à acomodação da unidade significativa à objetividade significada, que nos é dada no conhecimento evidente (LUII/1, p.92).[11]

---

11 A "clarificação" parte das significações, mas não se limita portanto a ser uma análise de significações. Husserl defende-se dessa acusação no "Esboço de um Prefácio" de 1913: "Parece que tornou-se um *slogan*, tanto mais que figura também nas exposições destinadas aos principiantes, dizer que a fenomenologia tem o mesmo sentido que uma 'análise de significações', quer dizer, daquilo que se entende por conceito ou juízo, ou então, como o diz com delicadeza inimitável o autor de um livro surgido recentemente, que ela é 'uma análise um pouco diferenciada das significações das palavras' [...] Mas dizer que a fenomenologia é uma teoria da significação, ou mesmo, mais concretamente, que ela é uma certa análise eidética das significações, seria o mesmo que se tivesse dito, na época do início do cálculo infinitesimal, que essa disciplina é a teoria dos problemas das tan-

Mas não são apenas as tarefas da clarificação que permanecerão idênticas na *Filosofia da aritmética* e nas *Investigações lógicas*. A estratégia da clarificação também será a mesma, ela permanecerá equivalente a uma análise da origem. Tratar-se-á de investigar a "origem fenomenológica" dos conceitos, origem que não é senão a base a partir da qual os conceitos surgiram ou, como diz Husserl lapidarmente, origem que é a *fonte* de onde surgem os conceitos fundamentais da lógica pura (LUII/1, p.2). Desde então, remeter os conceitos à intuição para obter a desejada "claridade" é remetê-los à fonte ou origem de onde foram "abstraídos", origem que permanece como o objeto do conceito, como o seu *denotatum*. É por isso que o conceito de "claridade" se refere "a esse remontar-se à intuição impletiva, à 'origem' dos conceitos e das proposições na intuição das coisas mesmas" (LUII/2, p.68).

---

gentes" (AL, p.394). Em *Der wahrheitsbegriff bei Husserl und Heidegger*, Tugendhat limita a tarefa da "clarificação" à determinação do caráter fundamental das formações lógicas, quer dizer, à verificação do caráter não psicológico dos objetos lógicos. Assim, a pergunta que a clarificação deveria responder já estaria negativamente respondida pelos *Prolegômenos*, sendo que as restantes Investigações apenas fariam a determinação positiva do que seria esse conteúdo não psicológico. Ora, essa interpretação não resiste à letra das *Investigações lógicas*, nem à história do conceito de clarificação na obra de Husserl. A clarificação sempre terá como meta explicitar o conteúdo dos conceitos e, ao mesmo tempo, estabelecer a validade desses conceitos mostrando que eles efetivamente têm um *denotatum*. Ocorre que, no curso desse processo, ela poderá mostrar *também* que os conceitos lógicos não remetem a nenhuma esfera psicológica; a saber, se ela mostrar que esses conceitos não encontram seu "preenchimento" em atos psíquicos. Todavia, esse resultado complementar não define a sua finalidade. Ver Tugendhat, *Der wahrheitsbegriff bei Husserl und Heidegger*, p.15-8.

Crítica da razão na fenomenologia

Quais são, exatamente, as "coisas mesmas" nas quais os conceitos lógicos têm sua origem? Essas "coisas" em parte serão, assim como na *Filosofia da aritmética, atos subjetivos*. A clarificação será uma investigação sobre os modos de conhecimento (*Erkenntnisweisen*) que desempenham um papel na efetuação de proposições lógicas. Como todo pensar se realiza em atos, nesses atos está a fonte de todas as "unidades de validade" que se oferecem como objetos do pensamento ou como princípios e leis desses objetos, como teorias e ciências referidas a eles. Assim, é nesses atos que está a *fonte* das ideias puras cuja conexão em leis ideais a lógica quer expor, e cuja clarificação a crítica do conhecimento quer fazer (LUII/1, p.2). Isso não significa, porém, que as *Investigações* manterão inalterado o procedimento da análise de origem. Mesmo tratando-se ainda de um retorno aos atos subjetivos, estes apresentarão agora uma inovação que permanecia insuspeitada pela *Filosofia da aritmética*, e que representará uma alteração substancial na "base" a partir da qual os conceitos serão abstraídos: os atos passarão a ter *correlatos* e, desde então, os próprios atos já não poderão figurar como única base possível da abstração dos conceitos. As categorias lógicas, enquanto conceitos que são "independentes da particularidade de qualquer matéria de conhecimento", só podem surgir com referência às diferentes "funções do pensamento" (LUI, p.244). Mas essas "funções" têm agora uma envergadura distinta daquela que lhe atribuía a psicologia. Agora, dizer que os conceitos se originam nas "funções do pensamento" significará dizer que eles "só podem ter seu fundamento (*Grundlage*) concreto em atos possíveis do pensamento, ou em seus correlatos apreensíveis" (LUI, p.244).

V

Segundo a *Filosofia da aritmética*, o conceito de quantidade é uma categoria, quer dizer, ele faz parte daquele grupo de conceitos que são os mais gerais e vazios de conteúdo. O conceito de quantidade é usado com referência a vários conjuntos de objetos. Quando se inicia a investigação sobre a origem desse conceito, pergunta-se em primeiro lugar o que há de comum a quantidades de objetos, para poder surgir como a base a partir da qual é abstraído o conceito de quantidade. A análise mostra que esse algo "comum" não pode residir no conteúdo concreto dos objetos desses conjuntos, já que esses objetos podem variar livremente sem que com isso os conjuntos deixem de ser vistos como quantidade de objetos. Desde então, a única coisa que pode ser levada em consideração para a construção do conceito de quantidade é a "*ligação* dos objetos na representação unitária de seu conjunto" (PA, p.64). Essa conclusão parcial levanta necessariamente a questão da natureza dessa ligação. Ora, a relação dita de "ligação coletiva" não é uma relação primária, ela não é uma relação que esteja contida intuitivamente no conteúdo da representação do conjunto, como algum tipo de fenômeno parcial desse conjunto, que ligaria efetivamente vários membros na formação do conjunto. Ela é unicamente uma "relação psíquica", uma relação que deve sua existência apenas a um ato de ordem superior, e um ato tal que, naquilo a que ele se dirige, "não há unificação que possa ser notada" (PA, p.73). Desde então, o conjunto deve sua existência enquanto conjunto apenas ao ato psíquico que mantém juntos os seus elementos, e a relação oriunda do ato de ordem superior existe exclusivamente do lado do sujeito que opera o ato. Se o ato de ordem superior se dirige a uma determinada constelação

Crítica da razão na fenomenologia

de elementos, estes são objetos dos atos de primeira ordem, enquanto o ato de coligação enquanto tal não tem um objeto próprio, não tem um correlato; ele não remete a uma unidade objetiva, mas apenas testemunha uma relação psíquica. Não existe portanto um objeto de ordem superior que corresponda ao ato de ordem superior.

Ora, as *Investigações lógicas* vão recusar exatamente o pressuposto subjacente a toda essa argumentação. Esse pressuposto não é senão a tese brentaniana segundo a qual todos os fenômenos são *ou* físicos *ou* psíquicos. Era essa "evidência" que destinava de antemão a "ligação coletiva" a ser inevitavelmente uma "relação psíquica". Se a ligação coletiva não pode ser uma propriedade objetiva, é porque a percepção externa só me dá conteúdos visíveis; como a relação de ligação coletiva não é nada apreensível nos conteúdos, então ela só pode remeter ao sujeito. Na *Filosofia da aritmética*, toda a construção era baseada em uma alternativa: "As relações que unificam os objetos do conjunto e que nós chamamos ligações coletivas são relações primárias... ou devemos fazê-las entrar na classe das relações psíquicas?" (PA, p.71). Feita essa disjunção, mostrando-se que a ligação coletiva não está presente nos conteúdos conclui-se que *então* ela remete ao ato psíquico.[12] Estipulando como *real* apenas o

---

12 Cf. "Esboço de um Prefácio", no qual Husserl indica precisamente esse *a priori* que comandava as análises de 1891: "O coletivo não é uma unidade formada pelas coisas, fundada no conteúdo das coisas colecionadas; conforme o modelo prévio que me tinha sido dado escolarmente, segundo o qual tudo o que pode ser apreendido intuitivamente deve ser 'físico' ou então 'psíquico', ele não podia ser algo físico: portanto o conceito de coleção provém da reflexão psicológica no sentido de Brentano, da reflexão sobre o ato de colecionar".

perceptível pelos sentidos e relegando tudo o mais ao subjetivo, a *Filosofia da aritmética* cometia o erro condenado por Frege e só podia terminar em uma fundação "psicologista" da aritmética (LUI, p.169). Nas *Investigações*, o afastamento do pressuposto brentaniano permitirá uma nova decodificação dos atos de ordem superior. É verdade que as categorias não remetem a nenhuma marca distintiva interna ou externa dos objetos: elas não são nem propriedades intrínsecas, qualidades ou momentos inerentes a eles, nem designam formas reais de unidade que agrupariam objetos com outros objetos. A categoria não remete a nenhuma marca distintiva, não em sentido real (*realen*) (LUII/2, p.137). Sob esse aspecto, há o que censurar na *Filosofia da aritmética*, as categorias não remetem a nada de perceptível nos objetos, elas não encontram nenhum correlato objetivo na esfera da intuição sensível. Mas não se deve tirar desse fato a conclusão de que as categorias lógicas originam-se pela reflexão sobre atos psíquicos. Agora, essa conclusão é vista como um prejuízo errôneo que remonta a Locke.[13] Se as categorias não remetem aos "sentidos externos", elas não remetem também ao "sentido interno" porque não remetem aos sentidos *em geral*.

Desde então, a "clarificação" da lógica, quer dizer, a retomada do processo original de abstração a partir do qual chegamos aos conceitos lógicos fundamentais, às "categorias", não

---

13 Cf. LUII/2, p.139: "Há uma teoria que parece evidente, e que está universalmente difundida desde Locke, mas que é *fundamentalmente errônea*, que diz que as significações em questão, ou as significações nominais independentes correspondentes a elas – as *categorias lógicas*, como ser e não ser, unidade, pluralidade, totalidade, número, fundamento, consequência etc. –, surgem *mediante reflexão sobre certos atos psíquicos, ou seja, na esfera do sentido interno, da 'percepção interna'*".

Crítica da razão na fenomenologia

deverá mais buscar a origem dos conceitos nos atos psíquicos. Uma vez recusado o *a priori* empirista, Husserl poderá dizer que o "fundamento da abstração por meio da qual realizamos os referidos conceitos não se encontra nesses *atos enquanto objetos*, mas nos objetos desses atos" (LUII/2, p.141). Esses objetos correlatos aos atos de ordem superior não são nem físicos nem psíquicos, são objetos ideais (LUII/2, p.145). As categorias lógicas têm sua origem em propriedades objetivas, propriedades que remetem a uma teoria dos objetos que *Ideias I* caracterizará como uma ontologia formal (IdI, p.28). Todavia, Husserl afirma nas *Investigações* que os conceitos são clarificados remetendo-os à sua origem, e que essa origem está *ou* nos atos, *ou* nos correlatos (LUI, p.244). E, de fato, podem-se apontar exemplos de conceitos cuja clarificação deve ser feita tomando como fundamento da abstração um ato. É esse o caso do conceito de significação, que terá sua origem na essência intencional dos atos de significar (LUII/2, p.1), já que Husserl não reconhecia ainda, nas *Investigações*, um correlato do ato significativo, tal como ele reconhecerá posteriormente, com a introdução de um conceito noemático de significação.[14] Mas as categorias lógicas não estarão no mesmo caso, Husserl

---

14 Essa determinação da "significação" como essência do ato de significar será de certa forma embaraçosa para a economia das *Investigações*. Pois a significação surge ao mesmo tempo como objeto da lógica e como idealização de um ato subjetivo. Ora, essas duas caracterizações não são compatíveis. A determinação da lógica enquanto ciência ideal e a crítica ao psicologismo exigem que a significação seja independente da atuação subjetiva. Mas a determinação fenomenológica da significação como essência *do ato* de significar implica uma subjetivização da significação.

insistindo em que todas elas têm sua origem na essência dos objetos dos atos e não na essência dos atos. Para investigar a origem do conceito de número não devemos refletir sobre o ato de coligar, mas sim investigar a essência de seu correlato, do "coletivo", e assim para todas as demais categorias lógicas (LUII/2, p.141).

Entretanto, nas *Investigações*, a clarificação da lógica permanece apenas um programa. Husserl indica o significado dessa explicitação dos conceitos lógicos, delimita a meta a ser atingida e mostra onde devemos buscar a "origem" dessas categorias. Ao final das *Investigações*, o leitor sabe que a clarificação dos conceitos e, portanto, a sua fundamentação, deve remeter em primeiro lugar a uma descrição da essência dos objetos ideais, após o que deverá ser examinada a "abstração" que conduz dessa base às categorias, que receberão o seu "preenchimento", e portanto a sua validade, na coincidência entre a intenção puramente significativa dos conceitos e o dado na intuição dos objetos dos conceitos. Mas, uma vez formulado esse programa, a clarificação propriamente dita não será feita. O filósofo se limita a indicar o caminho sem, contudo, percorrê-lo. Sob esse aspecto, o projeto criticável da *Filosofia da aritmética* era pelos menos mais completo que o das *Investigações*, já que lá a "análise da origem" era não só proposta como efetivamente realizada. Ora, se nas *Investigações* a fundamentação da lógica permanece apenas uma meta, é porque a reinterpretação daquilo que deve funcionar como a "base" da abstração dos conceitos, quer dizer, a introdução dos "objetos ideais", vai levantar uma dificuldade que não existia para a *Filosofia da aritmética*, dificuldade cuja solução deverá necessariamente anteceder a própria explicitação da lógica.

VI

Essa dificuldade, Natorp já a indicava claramente na sua resenha dos *Prolegômenos*.[15] O que chama a atenção de Natorp é a sistemática oposição entre o real e o ideal ali estabelecida. Toda a crítica ao psicologismo vai no sentido dessa cisão. Os números são "diferentes das *representações* em que são representados"; o número não é representação do número, mas sim "*objeto* possível de atos de representação"; ele não pode ser considerado "como uma parte ou aspecto do vivido psíquico, ou seja, como algo real" (LUI, p.171). Husserl vai falar então em um "abismo insuperável" entre o ideal e o real, abismo que o empirista dissolve ao traduzir a idealidade na "dispersa multiplicidade dos vividos" (LUI, p.218). Aos olhos de Natorp, essa oposição sistematicamente estabelecida redunda em uma tensão não solucionada pela obra. Nela permaneceria não resolvida "a oposição do formal e do material, do *a priori* e do empírico, e com isso também do lógico e do psicológico, do objetivo e do subjetivo; ou, para dizer em uma palavra e com sua própria terminologia: do real e do ideal".[16] Ao final da longa trajetória dos *Prolegômenos*, o empírico, o psicológico, logo, o "real", permaneceria como um "resto irracional". Em consequência, Husserl não se perguntaria mais pela relação entre o real e o ideal, e permaneceria satisfeito com sua separação. E é exatamente isso que causa mal-estar ao leitor: Husserl toma o partido do ideal, mas o real permanece como um resto estranho, rejeitado, e *todavia*

---

15 Natorp, Zur Frage der logischen Methode, *Kant-Studien*.
16 Ibid., p.282.

não eliminado. Mas se é assim, conclui Natorp, entre "a existência supratemporal do lógico e sua efetividade (*Tthatsachlichkeit*) temporal no vivido psíquico precisa ser procurada uma ligação, uma ligação lógica".[17] Ao não empreender essa outra investigação, o livro desconcerta o leitor. Ora, essa censura de Natorp, se é válida para os *Prolegômenos*, não o é para as *Investigações*. Aqui, a carência apontada por Natorp é explicitamente colocada como problema a ser investigado, quando Husserl nota que a clarificação da lógica é inseparável das "questões fundamentais da teoria do conhecimento", e implica que se investigue como o em-si da objetidade chega à representação e à apreensão no conhecimento, e o que significa dizer que o objeto é dado "em si" no conhecimento (LUII/1, p.8). Diante dessa questão, a própria clarificação da lógica é secundária, *pois se ela agora exige uma intuição de objetos ideais,* é preciso perguntar antes como é possível essa consciência de uma objetividade, e como se elabora a evidência de que ela está dada no conhecimento. Agora, sem responder a essa questão, ficaria "não clara a própria essência da clarificação" (LUII/1, p.9). Esse problema não podia existir para a *Filosofia da aritmética,* já que ali a clarificação era uma atividade puramente reflexiva que não exigia nenhuma transgressão da esfera da imanência. Mas, uma vez criticado o psicologismo, torna-se inevitavelmente um problema: saber como é possível a intuição de um objeto *transcendente,* e como ele pode ser trazido à evidência.

É essa última questão que fará que posteriormente a "clarificação" passe a designar um duplo processo. Inicialmente definida como a passagem da significação conceitual à intuição

---

17 Ibid., p.283.

Crítica da razão na fenomenologia

do objeto em que a significação encontra seu "preenchimento", essa caracterização passará a ser vista como parcial. É que, a partir de agora, quando consideramos as relações entre significação e intuição, ainda não consideramos o trabalho principal da clarificação, "que reside do lado da intuição" (IdIII, p.102). Após a clarificação das significações pelo retorno à intuição, será necessária uma etapa de *clarificação da própria intuição*. Essa segunda etapa indica a necessidade de trazer o objeto visado sempre a uma maior claridade, a uma completa *Selbstgegebenheit* (IdIII, p.103). E, de fato, essa etapa tem que ser a fundamental do processo. Como a clarificação dos conceitos se passa no caminho que vai das significações às essências dos objetos significados, a exigência de clarificação dos conceitos é equivalente à exigência de elaboração de um sistema de ontologias. Todavia, quando a consciência de uma singularidade é imperfeita, a essência apreendida através dessa singularidade também é imperfeita. Assim, a qualidade da apreensão das essências está na estrita dependência da qualidade das intuições individuais que estão em sua base (IdI, p.156). É necessário então levar à claridade perfeita as singularidades intuídas para poder operar intuições eidéticas com claridade e elaborar, enfim, ontologias fundamentadas. Antes que se possa ter ontologias fundamentadas, será preciso investigar como a subjetividade pode ter acesso à transcendência e como o objeto transcendente pode ser dado com evidência. Em outras palavras, a pesquisa sobre a "origem" dos conceitos passará a pressupor uma investigação prévia sobre a "origem" dos objetos na subjetividade.

É por isso que a meta final das *Investigações*, a fundamentação da lógica pura como Doutrina da Ciência, não será o "tema maior" da obra. Esse "tema maior" não será a oposição entre o real e o ideal, não será a clarificação dos conceitos lógicos estritamente vinculada àquela oposição, "mas sim investigações descritivas sobre os vividos psíquicos aos quais todos os objetos ideais da lógica e da matemática estão de certa forma inseparavelmente relacionados" (PP, p.24). Vai exatamente nesse sentido a resposta de Husserl a Natorp. A paciente elaboração do ideal não exclui, mas sim exige, uma explicitação da subjetividade, quer dizer, da relação do ideal ao real, da identidade à multiplicidade, do objeto ao sujeito, logo, ela exige uma crítica da razão. Nos *Prolegômenos*, a separação entre o "motivo lógico" e o "motivo psicológico" é uma separação feita "na unidade de *um* problema" (AL, p.359). Assim, se existem dois motivos radicalmente opostos e em conflito, "não é por acaso que eles se reúnem em conjunto todos os dois, como ato de pensamento de um lado, como significação de pensamento e objeto pensado do lado oposto" (AL, p.360). É verdade que, nos *Prolegômenos*, permanece uma tensão não resolvida entre o lógico e o psicológico. Mas se, em vez de limitar-se à análise dos *Prolegômenos*, Natorp tivesse tido acesso a todas as *Investigações*, ele teria tomado consciência de que a crítica ao psicologismo, ao contrário de representar o surgimento de um problema não tematizado, tinha sido exatamente aquilo que tornara inevitável para a fenomenologia o empreendimento de uma crítica da razão. Uma vez afastado o psicologismo, os objetos lógicos surgem como objetidades que são em-si, quer dizer, que são o que são sejam ou não pensadas ou conhecidas (PP, p.25). Mas então é imediatamente necessário investigar a "correlação" entre esses objetos ideais e a esfera subjetiva da vida psíquica, é preciso perguntar como se comportam esses vividos para tornarem possível que a consciência seja consciência e consciência evidente desses objetos ideais (PP, p.26). Diante dessa nova questão, a fundamentação da lógica perde o posto de tema primeiro da fenomenologia. Agora, é apenas com a questão da correlação entre objetidade e subjetividade que se atinge "o tema próprio das *Investigações lógicas* e, com uma ampliação correspondente, de toda fenomenologia" (PP, p.26).

VII

Essa questão, nascida no domínio estrito das idealidades, será generalizada para as objetidades em geral, enquanto todas elas surgem como transcendências diante da consciência. De fato, o problema que se coloca em relação às idealidades não surge porque elas são idealidades, mas sim porque são transcendências. Desde então, "os mesmos problemas que surgiram a partir das idealidades lógicas e matemáticas precisavam manifestamente ser colocados para todas as objetidades, também para as objetidades reais" (PP, p.28). A fenomenologia já poderá formular sua questão assim como o fará *A ideia da fenomenologia*: o que está em questão é a possibilidade do conhecimento *em geral* (IdPh, p.19). O fenomenólogo não se pergunta apenas pela possibilidade de a consciência atingir (*treffen*) um objeto ideal, mas pela possibilidade de o conhecimento atingir um *ser transcendente* (IdPh, p.37). Essa questão, assim universalmente formulada, a fenomenologia é a única a tematizar. É por isso que, aos olhos de Husserl, Kant será duplamente censurável. Em primeiro lugar, porque deixa de colocar questões transcendentais em relação à lógica, atribuindo a ela "um *a priori* extraordinário", que a colocaria acima de tais questões (FTL, p.228). Se a lógica permanece não tematizada por Kant, é porque ele não apreende as formações lógicas como "um mundo próprio de objetos ideais", o que é a condição prévia para que se percebam os motivos da análise transcendental da lógica (FTL, p.230-1). Em segundo lugar, a questão do conhecimento não pode limitar-se à rubrica "conhecimento *científico*". Mas é exatamente a essa limitação que Kant submete a questão, ao circunscrevê-la, incompreensivelmente, pela análise da possibilidade dos juízos sintéticos *a priori*. Ora, sob o nome de "conhecimento", "nós nos ocupamos de uma série de vividos multiplamente diferenciados, que têm todos uma particularidade descritiva que designamos como intenção objetivante, como consciência de objeto" (EPI, p.377). Desde então, a limitação kantiana é absurda, já que os juízos sintéticos *a posteriori* "contêm o mesmo enigma que os juízos sintéticos *a priori*", já que eles não são juízos sobre vividos, mas sobre coisas e relações entre coisas (EPI, p.380). Se o enigma do conhecimento habita desde a simples percepção até a consciência científica em todas as suas formas, é nessa universalidade que ele necessariamente deverá ser colocado.

Mas essa generalização do problema é inseparável de sua hierarquização, onde o tratamento da questão em relação a uma esfera permanecerá subordinado a uma investigação prévia referente a outra. Será preciso começar pela esfera mais baixa, a referente à simples percepção ou à natureza pré-científica, para então passar à investigação da lógica e, enfim, da natureza científica. Por não respeitar essa hierarquia, Kant é novamente criticável. E a falha não será agora senão a consequência de sua miopia em relação à universalidade do problema do conhecimento. Ao colocar a questão crítica no plano dos juízos sintéticos *a priori* e, assim, no plano da natureza científica, Kant já

Crítica da razão na fenomenologia

começa por situar-se em um nível "muito elevado": a possibilidade transcendental da natureza no sentido da ciência da natureza e, portanto, essa própria ciência, pressupõe o problema transcendental da lógica, já que ele é necessariamente mediado pelo problema lógico-formal da ciência. Se Kant quisesse ser radical, "ele deveria antes de tudo decompor a problemática em problemática para a natureza pré-científica e em problemática para a natureza científica. Ele teria podido então (como o fez Hume) colocar previamente questões transcendentais *concernentes unicamente à natureza pré-científica*, tal como ela vem a ser dada 'ela mesma' exclusivamente na intuição que apreende pela experiência (não, portanto, na 'experiência' no sentido kantiano) e, somente após uma lógica formal transcendental, colocar questões transcendentais concernentes à ciência da natureza e à natureza *da qual ela se ocupa*" (FTL, p.234-5). Ora, essa hierarquização necessária das questões já era implicitamente indicada nas *Investigações*, quando Husserl caracterizava os atos categoriais como atos de ordem superior (LUII/2, p.48). Se a intuição de um objeto ideal é necessariamente *fundada* na intuição sensível, a explicitação do ato fundado supõe, como sempre acontecerá nas relações de *Fundierung*, a explicitação prévia do ato fundante. A investigação do Entendimento pressupõe a investigação prévia da Sensibilidade. As *Investigações*, ao introduzirem a questão crítica através das idealidades, não podiam limitar a análise apenas a elas, mas necessariamente precisariam adiantar elementos sobre a relação entre a subjetividade e a transcendência no plano da consciência sensível, no "grau mais baixo", e por isso fundamental. Elas já precisavam colocar em questão a possibilidade de uma consciência das objetividades reais. Exatamente essa questão – assegura Husserl –, as *Investigações lógicas* já levavam em consideração (PP, p.28).

Mas qual é a natureza dessa questão da possibilidade do conhecimento, tal como ela surge e recebe sua formulação nas *Investigações*? Se o conhecimento do objeto transcendente merece ser elucidado, é porque esse objeto não pertence à consciência, não é "parte real" do fluxo de vividos. É essa separação efetiva entre subjetividade e transcendência que, ao exilar o objeto no *exterior* da consciência, torna *ipso facto* enigmática a relação entre ambos. Assim formulada, a questão é de natureza cartesiana, tal como Husserl a descreverá depois (CM, p.115). E, efetivamente, o itinerário que vai da *Filosofia da aritmética* às *Investigações* seguirá a regra da "questão cartesiana": o ser da *cogitatio* é indubitável, a reflexão sobre o vivido não traz nenhum enigma, já que se trata de um conhecimento imanente; só no caso do conhecimento transcendente o problema se coloca, pois aqui haverá dificuldade em saber como se atinge um objeto que não se encontra no "quadro da consciência" (IdPh, p.5). Assim, a *Filosofia da aritmética* não precisava instaurar nenhuma reflexão crítica, porque ali a intuição se dirigia a conteúdos realmente imanentes à consciência. Se nas *Investigações* surge o problema, é porque os objetos ideais são transcendências reais frente aos atos que os visam. Dentro dessa perspectiva, é enigmático todo conhecimento de um objeto que não seja efetivamente imanente ao ato de conhecimento. Sendo assim, o problema da crítica do conhecimento parte da decodificação da oposição entre imanência e transcendência como uma oposição entre o "interior" e o "exterior". Ela utiliza os conceitos que, na *Ideia da fenomenologia*, serão atribuídos ao léxico do "principiante" (IdPh, p.5). Logo, o problema do conhecimento que surge nas

Crítica da razão na fenomenologia

Investigações será aquele que posteriormente Husserl atribuirá à "teoria tradicional do conhecimento". E, aqui, será preciso dar todo o seu peso à expressão "teoria tradicional": "O problema se põe para ela *na atitude natural*, e é nessa atitude que ele é tratado" (CM, p.115).

II
Crítica da representação

I

A "ideia pouco clara de ideia" é vista por Husserl como o defeito principal da "teoria do conhecimento inglesa" (LUII/1, p.128). E se a fenomenologia introduz o lema intencional —"toda consciência é consciência de algo" — com um sentido polêmico, esse sentido estará, antes de tudo, na recusa implícita que a intencionalidade traz da assimilação de toda consciência perceptiva a uma consciência de imagem ou de signo, quer dizer, na recusa do conceito clássico de representação. Esse conceito, enquanto explicação da relação entre a subjetividade e a transcendência, pode ser resumido na doutrina segundo a qual "fora" está a coisa, e na consciência uma imagem que a representa (LUII/1, p.421). Entre a subjetividade e a transcendência existiria um terceiro termo, a ideia quadro, encarregada de estabelecer a mediação. Desde então, afirmar que toda consciência é consciência de algo é afirmar, antes de tudo, que ela não é consciência de uma imagem, mas da própria coisa, e iniciar assim a demolição daquela evidência com a qual se iniciava a *Lógica de Port-Royal*.[1] Para afastar a teoria clássica da representação, Husserl apresentará duas ordens de argumentos. Em primeiro lugar, serão ressaltadas as dificuldades internas da teoria, a sua inconsistência congênita. Em segundo lugar, será mostrada sua incompatibilidade com as informações obtidas pela descrição da vida da consciência.

Quando damos direito de cidadania ao léxico da imagem, cada sujeito passa a ter apenas nele mesmo a experiência da natureza e, portanto, "não transcende jamais o que chamamos de suas imagens" (EPI, p.115). Sendo assim, é lícito perguntar quais as condições que tornariam legítimo afirmar que o sujeito está em presença de um análogo ou de uma imagem de algo, e não em presença da própria coisa. E, para Husserl, a cegueira dos filósofos da representação se manifestará, antes de tudo, pelo fato de nenhum deles se indagar sobre a natureza exata do predicado "ser imagem". Ora, um análogo é sempre um substituto de algo, um símbolo, e essa característica não é uma propriedade objetiva de nada. Ser imagem ou ser signo não é um "predicado real" de algum conteúdo, nada tem em si mesmo a propriedade de ser representante de outra coisa, "como se um objeto fosse imagem assim como é, por exemplo, vermelho ou esférico" (LUII/1, p.422). Desde então, não é por si mesmo que um conteúdo testemunha ser imagem de outro. Como na representação por imagem nós visamos o objeto sob o fundamento da imagem que aparece, deve-se perguntar como

---

1 Cf. Arnauld; Nicole, *La Logique ou l'art de penser*, p.63: "Como não podemos ter nenhum conhecimento disto que está fora de nós senão por intermédio das ideias que estão em nós, as reflexões que se podem fazer sobre nossas ideias são talvez o que há de mais importante na Lógica, porque se trata do fundamento de todo o resto".

Crítica da razão na fenomenologia

se sabe que a consciência se refere a um objeto estranho através de um conteúdo dado como *sua imagem*. Ora, como ser imagem não é um predicado real, esse saber exige que se tenha previamente a experiência da coisa. Entretanto, para responder a essa questão o filósofo da representação não pode recorrer à semelhança entre a imagem e a coisa, já que esse recurso exigiria a doação da própria coisa, e a sua consciência, por definição, só possui imagens. Além do mais, se ser imagem não é predicado real de nada, é preciso que a imagem se constitua *como imagem* em uma consciência intencional de um tipo determinado. Assim, o quadro só surge *enquanto imagem* para uma consciência que lhe atribui essa significação, quer dizer, que apreende como imagem um objeto primariamente dado de forma perceptiva. Logo, existe sempre uma consciência de objeto na origem da consciência de imagem. Desde então, a teoria da representação está condenada a suprimir-se enquanto teoria que limita a consciência à consciência de imagem ou então, para manter seu princípio, ela deverá admitir um regresso ao infinito. Pois se a apreensão de algo como imagem supõe já a consciência intencional de um objeto dado, se esse objeto for dito novamente uma imagem, o regresso ao infinito será inevitável (LUII/I, p.423). E as mesmas objeções valem para a teoria dos signos, já que ser signo também não é um predicado real, e requer os mesmos requisitos de toda consciência que se mostra como um ato fundado.

Por outro lado, quando se analisa o vivido subjetivo da espécie "percepção externa", como a percepção de uma mesa, "eu não apercebo algo que se assemelharia a complexos sensoriais subjetivos ou algo semelhante a imagens internas de [...], ou a signos de uma mesa, mas vejo precisamente a própria mesa"

(EPI, p.116). Do ponto de vista descritivo, assimilar a percepção a uma consciência de imagem ou de signo é confundir modos de consciência de estruturas absolutamente diversas. Assim, segundo as *Investigações*, é apenas às intenções e não aos conteúdos sensoriais que incumbe a tarefa de especificar os atos em diferentes tipos, como percepção, juízo, consciência de imagem etc. Se todos os atos têm relação com um objeto, essa relação é diferente de um tipo de ato a outro e identifica-se à natureza da intenção. É o caráter da intenção que é distinto na percepção, na representação por imagens ou na representação por signos (LUI/1, p.386). Desde então, é impossível estabelecer qualquer continuidade entre percepção e consciência de imagem, atribuindo-se-lhes apenas uma diferença de grau: entre ambas há uma diferença de essência. Sobre uma mesma base sensorial, pode erguer-se tanto uma percepção quanto uma consciência de imagem ou de signo, sendo que em cada um dos casos temos "modos de consciência ou de referência intencional a um objeto essencialmente distintos" (LUII/1, p.386). Como é o caráter da intenção o responsável pelo tipo de ato, esses caracteres sendo diferentes por essência, os atos aos quais eles correspondem também o serão.

Ora, se quisermos buscar alguma semelhança de família entre esses atos distintos poderemos encontrá-la entre a consciência de imagem e a de signo, mas não entre qualquer uma dessas e a percepção. É que existe uma certa homologia entre a consciência de imagem e a de signo, enquanto em ambas visamos um conteúdo através de outro, sendo que em um caso há semelhança entre os conteúdos e no outro uma relação arbitrária. É essa homologia que permite a Husserl tratar ambas como "representações simbólicas", se bem que a consciência

Crítica da razão na fenomenologia

de signo seja vazia e a de imagem, intuitiva. É que em ambos os casos temos intuição de uma coisa "sabendo que não é a ela que estamos dirigidos mas, por intermédio de uma apreensão fundada sobre ela, estamos dirigidos a uma segunda coisa, que é copiada ou designada por ela" (IdI, p.99).

Essa diferença entre os tipos de consciência reflete-se no modo de preenchimento característico de cada um deles. A consciência de signo, como forma de consciência vazia, não tem preenchimento propriamente falado, e aquilo que para ela faz as vezes de preenchimento tem a forma de uma pura relação de contiguidade. Na consciência de imagem, por sua vez, o preenchimento tem a forma de uma identificação por semelhança. "A representação por imagem tem manifestamente essa propriedade de, a cada vez que seu preenchimento se produz, o objeto que aparece como imagem identifica-se por semelhança com o objeto *dado* no ato que preenche... Aqui o preenchimento do semelhante pelo semelhante determina o caráter da síntese de preenchimento como sendo aquele de uma síntese imaginativa" (LUII/2, p.55). Ora, a distância em relação à percepção se marca pelo fato de que nesta o preenchimento se efetua pela presença da coisa "ela mesma". "Em oposição à imaginação, a percepção é, como dizemos habitualmente, caracterizada pelo fato de que nela o objeto aparece 'ele mesmo' e não simplesmente 'em imagem'" (LUII/2, p.56). Assim, a imaginação se preenche por uma síntese de semelhança, a percepção por uma síntese de identidade material.

Vê-se então em que errava a "teoria do conhecimento inglesa": ao não perceber que é a consciência que faz que algo seja visto *como imagem* ou *como signo*, ela já testemunhava que a admissão das "ideias" e a explicação "representativa" da relação entre a subjetividade e a transcendência não era senão o avesso de sua miopia diante da vida subjetiva e por conseguinte de sua cegueira em relação à intencionalidade, único terreno em que a investigação do conhecimento poderia encontrar seu lugar natural.[2]

II

"Todo fenômeno psíquico está caracterizado por aquilo que os escolásticos da Idade Média chamaram a inexistência intencional (ou mental) de um objeto, e que nós chamaríamos, se bem que com expressões não inteiramente inequívocas, a referência a um conteúdo, a direção a um objeto... ou objetidade imanente".[3] Esse texto célebre de Brentano define e caracteriza a intencionalidade segundo dois aspectos: por um lado, o fenômeno psíquico *dirige-se* a um objeto; por outro, o fenômeno *contém* um objeto intencional. Entre esses dois aspectos, é ao segundo que, em 1874, dirige-se preferencialmente a atenção de Brentano: é o fato de o fenômeno conter um objeto que lhe parece caracterizar melhor o domínio dos "fenômenos psíquicos"; é apenas mais tarde, depois da "crise da imanência", que o aspecto da *direção* a um objeto passará a desempenhar o papel fundamental na delimitação do fenômeno psíquico.[4] Dessas

---

2 Husserl não poderia ficar feliz com a interpretação de Ryle segundo a qual, com a intencionalidade, ele seguiria a tradição lockiana das ideias, tradição para a qual aquilo que o sujeito conhece, quando conhece, precisa ser uma ideia. Segundo Ryle, "A teoria da intencionalidade é uma tentativa *não de repudiar*, mas de modificar, elaborar e reformar a epistemologia da 'ideia'". Ver Ryle, Phenomenology, em Solomon (org.), *Phenomenology and Existentialism* , p.222.

3 Brentano, *Psychologie du point de vue empirique*, p.102.

4 Gilson, *La Psychologie descriptive selon Franz Brentano*, p.187.

Crítica da razão na fenomenologia

duas caracterizações, a "direção" refere-se antes à consciência, enquanto o "intencional" permanece mais um atributo do objeto. A intencionalidade define-se assim menos pela "direção" da consciência do que pelo "modo de ser" imanente do objeto na consciência. O objeto é dito intencional enquanto ele é imanente à consciência no sentido em que Husserl chamará posteriormente de "realmente imanente" e, enquanto tal, ele se opõe a um objeto efetivo na mesma linha em que a Escolástica. Desde então, o objeto está *no sujeito*, por oposição a um objeto real exterior a ele. É o que atesta uma nota de 1911, em que Brentano explica por que preferia o termo "intencional" à noção escolástica de "objetivo": não se deve utilizar o termo "objetivo" para designar o que é simplesmente pensado, já que os modernos utilizam essa expressão para designar o que existe efetivamente e não o que é *puramente subjetivo*.[5] Ora – nota Spiegelberg –, para a Escolástica, o termo "intencional" também designava um modo de existência, e Brentano, ao determinar a intencionalidade simultaneamente pela imanência do objeto e pela direção da consciência a algo, estaria na encruzilhada entre a Escolástica e os modernos, para os quais a "direção" da consciência ao objeto é muito mais significativa na definição da consciência do que a imanência do conteúdo ao ato. Todavia, deve-se notar também que o essencial para Brentano é a imanência do objeto no ato e que, quando ele começar a falar posteriormente em "referência a algo como a um objeto", o termo "intencionalidade" também desaparecerá.[6] Aceitando como

---

5 Brentano, op. cit., p.187.

6 Spiegelberg, Intention and Intentionality in the Scholastics, Brentano and Husserl, em McAlister, *The Philosophy of Franz Brentano*, p.118-22.

verdadeiras essas interpretações, que concordam pelo menos no privilégio da imanência do objeto para definir o principal da intencionalidade brentaniana no período da *Psicologia do ponto de vista empírico*, levanta-se imediatamente a questão de saber quais são as relações entre esse objeto intencional imanente e o objeto efetivo, tanto mais que essa relação definia a "teoria do conhecimento" escolástica.

São Tomás separava a *intentio* da coisa conhecida e a definia como uma "certa semelhança" da coisa entendida concebida no entendimento.[7] A *intentio* era assim uma imagem cognitiva através da qual a *res* era conhecida, desde que não se atribuísse a essa "semelhança" e a essa "imagem" um significado estritamente pictórico. Desde então, as *species* não são o diretamente conhecido, mas aquilo através do qual o objeto é conhecido, e o conhecimento do mundo é mediato enquanto ele se faz através das *species*.[8] Ora, em Brentano é exatamente essa função cognitiva da *intentio* que vai desaparecer. Se ele aceita a diferença entre a existência intencional e a existência efetiva do objeto, o objeto intencional não será mais *imagem* da coisa, quer dizer, não será aquilo através do que se tem conhecimento dos objetos. Assim, as qualidades sensíveis, que são simples fenômenos e enquanto tais têm uma existência puramente intencional,

---

7 Aquino, *Suma contra los gentiles*, t.II, lv.IV, cap.11, p.680: "Dico autem *intentionem intellectam* id quod intellectus in seipso concipit de re intellecta. Quae quidem in nobis neque est ipsa res quae intelligitur; sed est quaedam similitudo concepta in intellectu de re intellecta, quam voces exteriores significant".

8 Stein, Husserl's Phänomenologie und die Philosophie des hl. Thomas von Aquino. Versuch einer Gegenuberstellung, em Husserl, *Jahrbuch für Philosophie und phänomenologischer Forschung*, p.335.

existem apenas no espírito como objetos imanentes e não nos informam positivamente sobre nenhuma qualidade do mundo exterior. Desde então, se podemos admitir que os "fenômenos" físicos são efeitos causados por objetos efetivos, esses efeitos não são imagens de suas causas, mas apenas *signos* de que existe um conteúdo igual a X que os causou: "Podemos dizer que existe algo que, em tais ou tais condições, torna-se a causa de tais e tais sensações; podemos igualmente demonstrar que devem encontrar-se aí relações análogas àquelas que apresentam as manifestações espaciais, as grandezas, as formas. Mas é preciso limitar-se a isso. Em si e para si o que é real não aparece, e o que aparece não é real".[9] A intencionalidade tem vigência entre a consciência e o objeto imanente, não entre a consciência e o objeto efetivo, que não figura mais no termo da intenção. A ruptura entre objeto intencional e objeto real já estava inscrita na intencionalidade brentaniana, desde o momento em que ele a apresentava sob o patrocínio explícito da Escolástica. Mas, se ele não conserva da Escolástica o caráter estritamente representativo do objeto intencional, este permanecerá contudo como um terceiro termo. O que existe não aparece, o que aparece não é o que realmente existe. Se o objeto intencional não é imagem, mas apenas signo de algo, ele não nos induzirá mais à retórica da *adequatio*, ele não será mais aquilo através do qual se conhece o real. Mas, se ele perde sua função de mediador, não perde a de *intermediário*: sinalizador de uma realidade ausente, se o objeto intencional não nos informa nada sobre ela, ele ainda remete à realidade, como o sinal ao sinalizado.

---

9 Brentano, op. cit., p.40.

Na *Filosofia da aritmética*, ao discutir o conceito de relação, Husserl remete o leitor à distinção entre fenômenos físicos e fenômenos psíquicos, indicando que esses termos devem ser compreendidos no sentido que Brentano lhes emprestava (PA, p.67-8). Se toda relação é um fenômeno complexo que de certa forma envolve fenômenos parciais, o modo pelo qual se faz esse envolvimento não é sempre o mesmo. Ao lado das relações primárias, deve-se reconhecer um outro tipo de relação, onde a relação envolve os fundamentos relacionados *intencionalmente*, "quer dizer, da maneira especificamente determinada segundo a qual um 'fenômeno psíquico' envolve seu conteúdo" (PA, p.68). Em 1891, Husserl aceita a caracterização dos fenômenos psíquicos feita por Brentano, bem como a definição da intencionalidade pelo modo de inclusão do objeto, pela inexistência do objeto no ato, à qual ele recorre explicitamente para determinar a inclusão em questão (PA, p.68). Dentre as duas caracterizações dadas por Brentano para definir a intencionalidade, Husserl enfatiza aqui a imanência do objeto no ato, "a in-existência intencional, que funciona em Brentano como a primeira marca, e a mais decisiva, da separação dos fenômenos psíquicos em relação aos fenômenos físicos" (PA, p.70). É apenas nos *Estudos psicológicos* de 1894 que surge de forma mais explícita a caracterização da intencionalidade como "direção" da consciência a um objeto. Aqui, "intencionar" significa *tender* por meio de conteúdos dados a conteúdos não dados (AL, p.143). Ora, como apenas os conteúdos dados são imanentes aos atos, a intencionalidade, ao ser caracterizada como uma direção, passa a implicar *ipso facto* que o objeto intencional não seja imanente ao ato. A partir de agora as intuições serão atos que não apenas intencionam seus objetos, como também os

Crítica da razão na fenomenologia

contêm neles mesmos como conteúdos imanentes. Assim, em uma percepção temos a intuição de uma parte do objeto e, através dela, intencionamos o objeto completo. A parte intuída é imanente ao ato, mas não o objeto intencionado enquanto tal. Em 1894, essa nova decodificação do ato intencional vem ligada à aclimatação de uma atividade da consciência que era desconhecida por Brentano e pelo Husserl da *Filosofia da aritmética*. Essa atividade ou "participação psíquica", como Husserl a chama agora, é aquela presente quando, por exemplo, depois de intuir alguns arabescos, tomamos consciência de que se trata de símbolos designando palavras (AL, p.153). É essa atividade psíquica que faz a diferença entre simplesmente apreender um conteúdo e apreendê-lo como *representante* de um outro. É essa "participação psíquica" – a que Husserl posteriormente dará o nome de *Sinngebung* – que está na origem do ato intencional, enquanto nesse, através de conteúdos dados, visamos um conteúdo não dado e que não é mais imanente ao ato. Todavia, esse objeto intencional transcendente permanece com um estatuto indeterminado nos *Estudos psicológicos*. E se ele representa um desvio em relação a Brentano e à *Filosofia da aritmética*, isso não significa que ele testemunhe uma crítica de princípio à ideia de um objeto imanente ao ato. E isso, não apenas porque a intuição permanece definida como um ato em que o objeto é imanente; mais do que isso, porque a própria intencionalidade remete à intuição e o objeto transcendente, por definição, torna-se imanente ao ato quando ocorre uma síntese de preenchimento (AL, p.139, 145). Assim, não é por princípio que Husserl recusa o princípio da imanência, e se existe um objeto intencional que parece subverter a equação entre intencionado e imanente, trata-se de uma subversão transitória, destinada a suprimir-se. Ora, o próprio fato de, na passagem da intenção à intuição, o objeto transcendente tornar-se imanente indica que esse não é o único tributo que Husserl ainda paga a Brentano. Sem indicar que o objeto intencional estabelece uma sinalização a qualquer objeto efetivo, ele todavia ainda admite a oposição entre a "coisa fenomenal" e a "coisa transcendente",[10] e é porque o objeto intencional é apenas fenomenal que ele pode, na passagem à intuição, tornar-se conteúdo imanente à consciência. Ora, enquanto se mantém a possibilidade de um objeto imanente e se mantém a ruptura entre a "coisa fenomenal" e a "coisa transcendente", mantém-se aberto o próprio campo a partir do qual torna-se possível perguntar qual a relação entre o objeto imanente e o objeto transcendente. E a essa pergunta, uma vez feita, a tentação é grande de responder que o objeto imanente "representa" o transcendente. Desde então, enquanto não se faz uma crítica de princípio da imanência dos objetos nos atos, a chance é muito grande de que a intencionalidade torne-se o sucedâneo moderno da "teoria do conhecimento inglesa".

III

É bem verdade que, nas *Investigações*, Husserl considera a delimitação dos fenômenos psíquicos feita por Brentano a "mais notável" e, filosoficamente, a "mais importante" (LUII/I,

---

10 Cf. AL, p.148: "Devemos antes de tudo distinguir a coisa fenomenal e a coisa transcendente. Ao conceito de uma unidade objetiva, tendo partes e marcas distintivas feitas de tal maneira que coexistam independentemente de nossa consciência, não corresponde naturalmente nenhuma intuição, pois isso seria uma contradição".

Crítica da razão na fenomenologia

p.364). Mas agora esses textos de exaltação são invariavelmente seguidos de restrições que terminarão por diferenciar substancialmente os respectivos conceitos de intencionalidade. Assim, é verdade que a famosa definição brentaniana da intencionalidade nos apresenta uma caracterização essencial e indiscutível (LUII/1, p.368). Porém, a fórmula de Brentano parece para Husserl tecida com expressões que já testemunham uma interpretação muito particular, e que já sugerem que o seu conceito de intencionalidade não escapará das mesmas objeções que se podem dirigir contra a teoria clássica da representação. Toda consciência é consciência de algo, certamente. Mas isso nos autorizaria a dizer que os objetos "entram na consciência", "são recebidos na consciência", ou então que os vividos intencionais "contêm em si algo como objeto"? Essas expressões indicam que o filósofo decidiu, previamente, fazer do objeto intencional algo presente no interior da esfera psíquica. Nas *Investigações*, é justamente essa equação entre objeto intencional e objeto subjetivo que retém a atenção de Husserl. Quando dizemos que os objetos "entram na consciência" ou que os vividos intencionais "contêm em si algo como um objeto", essa linguagem nos expõe a um duplo risco. Em primeiro lugar, ao risco de interpretar a intencionalidade como um processo real (*real*) ou uma relação real entre a coisa e a consciência, como se a atividade intencional fosse comensurável à da caneta que escreve em um papel, e designasse um processo natural como outro qualquer. Em segundo lugar, as expressões de Brentano nos obrigam a interpretar a relação intencional como tendo vigência entre duas coisas que se encontram realmente (*reell*) na consciência, "um ato e um objeto intencional, assim como dois conteúdos psíquicos encaixados um no outro" (LUII/1, p.371). É certo que falar em intencionalidade é falar em referência a um objeto; mas não é menos certo que prejulgamos da natureza dessa referência ao decodificá-la segundo o léxico dos todos e das partes reais. E esse segundo risco torna-se mesmo inevitável quando se utiliza a expressão "objeto imanente", ou a expressão escolástica "inexistência intencional ou mental de um objeto", expressões que necessariamente sugerem estarmos em presença de duas coisas da espécie vivido, ou então de duas coisas como um todo e uma parte. Ora, não existem essas duas coisas, mas apenas uma, o vivido, e a decomposição de minha representação do Deus Júpiter não mostrará esse objeto como uma parte de meu ato de representá-lo (LUII/1, p.373).

Tudo isso, porém, ainda não indica o que há de mais profundamente censurável no objeto intencional imanente de Brentano, e o que faz dele um sucedâneo da "ideia" tão ao gosto da "teoria inglesa do conhecimento". Para tanto, é preciso observar a ambiguidade fundamental desse objeto imanente. Por um lado, ele é o termo final da intenção, e assim o *objeto* da consciência. Mas, por outro, se ele não é mais imagem de um transcendente, ele ainda é signo de transcendências não efetivamente dadas, e *remete a elas*. Assim, o objeto imanente é ambíguo, já que ele se apresenta, *ao mesmo tempo*, como objeto e representação; ele pode remeter-nos tanto à apresentação subjetiva quanto a um objeto apresentado. Ora, é exatamente essa mesma ambiguidade que define, para Husserl, a "ideia pouco clara de ideia" da "teoria do conhecimento inglesa": esta também era simultaneamente objeto e representação. Por um lado, o *Ensaio* de Locke define a ideia como um objeto de percepção; por outro, essas ideias são também representações (*Vorstellungen*), elas são vividos e vividos intencionais, já que "toda ideia é ideia de

Crítica da razão na fenomenologia

algo, ela representa algo" (LUII/1, p.128). Desde então, em Locke misturam-se e confundem-se a representação e o representado, o objeto torna-se uma ideia e esta é representação de objeto. A ideia não é senão um objeto subjetivizado que simultaneamente tem a função de representação. Sendo assim, a ideia lockiana e o objeto imanente de Brentano são conceitos da mesma família, e não havia nenhuma diferença de essência entre a "consciência", que fazia sua aparição na *Psicologia do ponto de vista empírico*, e a *tabula* povoada de ideias do empirismo inglês.

Ora, esse acordo entre Brentano e Locke no plano das consequências não é senão o reflexo da comunhão de ambos no plano dos princípios. Pois o princípio que rege a *Psicologia* de Brentano não é senão princípio de imanência, o mesmo que já dirigia o *Ensaio* de Locke. Esse princípio não é senão o "prejuízo" introduzido pelo próprio Locke, segundo o qual "os objetos a que imediata e propriamente se dirige a consciência em seus atos [...] devem necessariamente ser conteúdos psíquicos, eventos reais (*reelle*) da consciência" (LUII/1, p.160). Segundo esse "prejuízo", era uma "evidência" que ia de si os atos subjetivos só poderem exercer-se sobre aquilo que era efetivamente dado na consciência, logo, apenas sobre objetos que fossem conteúdos reais da subjetividade. Desde então, o que fosse exterior à consciência só poderia ser objeto mediato do ato, "e isso simplesmente porque o conteúdo imediato do ato, seu primeiro objeto, funciona como representante (*Repräsentant*), como signo ou imagem do não consciente" (LUII/1, p.161). Ora, era esse mesmo prejuízo que ainda comandava as análises de Husserl em 1894, e que o fazia definir a intuição, quer dizer, o ato em que efetivamente um objeto é dado, como sendo necessariamente a apreensão de um conteúdo imanente (AL, p.138). Era também ele que fazia que um objeto intuído, quer dizer, imanente, pudesse passar por representante de um objeto não dado, objeto este que poderia, por sua vez, tornar-se imanente e, assim, "ideia" de um outro objeto.

Sendo assim, é a recusa do "prejuízo" empirista que permitirá redefinir a intencionalidade como *direção* a um objeto *transcendente*. Nas *Investigações*, a análise dos atos perceptivos vai decodificá-los como aqueles em que o sujeito "apreende" um conteúdo imanente e, através disso, percebe um objeto. Se há um conteúdo dado, ele não é o objeto da percepção, mas aquilo através do qual a consciência se dirige a um objeto. É agora que começa a ter vigência o esquema conteúdo/apreensão. E apenas as sensações e as apreensões podem então ser vistas como realmente contidas na consciência, como imanentes no sentido brentaniano da palavra. Através da apreensão, a sensação é interpretada e surge então a manifestação (*Erscheinung*) do objeto intencional do ato, que não é mais concebido como um objeto imanente. A partir de então, o prejuízo lockiano é testemunho de uma cegueira do filósofo quanto ao território da consciência que, todavia, ele se propusera a investigar. O princípio de imanência é o avesso do desconhecimento da intencionalidade, já que a redução dos objetos a dados imanentes é paralela à miopia quanto às apreensões que interpretam as sensações, paralela portanto ao desconhecimento dos atos intencionais que formam a essência da consciência.

Essa determinação do objeto intencional como transcendente ao ato levanta imediatamente a questão de saber qual é exatamente seu estatuto e natureza. Ora, à pergunta sobre qual seja esse objeto intencional transcendente, as *Investigações lógicas* parecem fornecer uma resposta precisa e imediata:

Crítica da razão na fenomenologia

"o objeto intencional da representação é o *mesmo* que seu objeto efetivo (*wirklicher*) e, conforme o caso, que seu objeto exterior, e é um contrassenso distinguir entre ambos" (LUII/1, p.425). Desde então, a crítica ao objeto imanente representaria *ipso facto* a determinação do objeto intencional como a *coisa da natureza*. A fenomenologia não apenas decidiria fazer do objeto intencional um objeto transcendente ao ato, como determinaria precisamente essa transcendência como sendo a do objeto natural, identificando objeto intencional e objeto real. É com base nesses textos que Levinas conclui que, nas *Investigações*, os correlatos dos atos intencionais pertencem ao "mundo dos objetos", e que portanto a atitude seguida então por Husserl seria "realista".[11]

Ora, essa determinação do objeto intencional como sendo a *coisa da natureza*, se bem que aparentemente fiel aos textos, tem o inconveniente grave de colocar a teoria fenomenológica do conhecimento no mesmo plano que a teoria do conhecimento de Lotze, à qual Husserl não devota nenhuma simpatia especial. A teoria de Lotze é uma teoria "metafísica" do conhecimento, exatamente o tipo de teoria da qual a fenomenologia expressamente quer se afastar. Nas *Investigações lógicas*, é uma questão metafísica não apenas o problema da existência como também o da natureza do "mundo exterior" (LUII/1, p.20). Desde então, é no

---

11 Levinas, *Théorie de l'intuition dans la phénoménologie de Husserl*, p.87: "A atitude das 'LogUnt'. é realista. Se bem que toda consciência seja aqui compreendida como consciência de algo – esse "algo" é concebível no exterior da consciência. Desde então, a análise imanente da consciência não encontra senão os dados hiléticos [...] e os atos, as intenções, enquanto os correlatos desses atos não pertencem à consciência, mas ao mundo dos objetos".

horizonte da tópica metafísica que Lotze se instala, ao referir-se constantemente à natureza dos espíritos e à natureza das coisas reais (AL, p.390). "Lotze pressupõe um mundo de coisas metafísico existente em si e, diante dele, um mundo representativo destinado a reproduzi-lo – pelo menos segundo as pretensões habituais do conhecimento – e que é aquele dos espíritos existentes no mundo, e ele se dá então ao trabalho, naturalmente em vão, de explicar por que existe no conhecimento um acordo entre esses dois mundos" (AL, p.390). Ora, a fenomenologia vai perguntar-se como é possível um saber sobre objetos reais, "que são transcendentes por princípio aos vividos em que são conhecidos" (LUII/I, p.20). Mas ela não poderá incorrer no contrassenso em que incorre Lotze, que é o de encarar a possibilidade do conhecimento como um enigma e, ao mesmo tempo, recorrer a pressupostos que remetem a esse mesmo enigma e determinar previamente esse transcendente como a coisa da natureza, como se para chegar a essa determinação não se precisasse antes ter resolvido exatamente a questão da possibilidade de todo conhecimento. É por isso que a questão metafísica do conhecimento pressupõe uma elucidação do conhecimento que é independente de toda "intenção" metafísica e que só a fenomenologia pode realizar (AL, p.279). Sendo assim, a teoria fenomenológica do conhecimento deve ser compreendida "não como uma disciplina que segue a metafísica, nem que coincide com ela, mas que a precede, como à psicologia e a todas as demais disciplinas" (LUI, p.224). Desde então, se a fenomenologia separa o mundo como objeto intencional do conjunto de vividos que formam a consciência, essa distinção não deve ser interpretada metafisicamente. Para a distinção estritamente "fenomenológica" entre consciência e objeto, é indiferente "a posição que se tome diante dos problemas sobre o que constitua o ser objetivo, o ser-em-si objetivo e verdadeiro do mundo ou de outro objeto qualquer, e como se determina o ser objetivo como 'unidade' em relação ao ser pensado subjetivo como sua 'multiplicidade', e igualmente o sentido em que se podem opor o ser imanente ao ser transcendente metafisicamente considerados etc. Trata-se aqui, antes de tudo, de uma distinção que está aquém de toda metafísica e que se encontra na porta da teoria do conhecimento, quer dizer, que não pressupõe respondida nenhuma das questões que somente a teoria do conhecimento deve resolver" (LUII/1, p.387). Esse conjunto de imposições reflete-se na exigência de que a fenomenologia analise a aparição das coisas, não aquilo que aparece nessa aparição (AL, p.280), o que determina, *ipso facto*, que as coisas reais e objetos reais não sejam objetos da fenomenologia.[12] Nessas condições, Husserl incorreria em contradição ao identificar o objeto intencional à coisa da natureza, já que a possibilidade mesma de fazer tal identificação implicaria transformar em um dado fenomenológico o que ele antes proibira de figurar no discurso da fenomenologia.

Ora, não é essa identificação que Husserl está fazendo nas *Investigações*, e para mostrá-lo basta levar em consideração o contexto em que a afirmação é feita. A afirmação de que percebemos o transcendente, de que o objeto intencional é o objeto efetivo da percepção, é feita no interior de uma discussão mais

---

12 Cf. ZB, p.4: "Assim como a coisa efetiva, o mundo efetivo não é nenhum dado fenomenológico, e assim também não o é o tempo do mundo, o tempo real, o tempo da natureza".

geral sobre a teoria das imagens e dos objetos imanentes aos atos (LUII/1, p.421). Dentro desse contexto, a afirmação da identidade entre o objeto intencional e o objeto efetivo tem por finalidade, em primeiro lugar, recusar a imanência do objeto intencional e, em segundo, recusar o esquema da intencionalidade escolástica, em que a remissão da consciência ao objeto intencional é o prelúdio de uma remissão do objeto intencional ao objeto real. É para reafirmar essa dupla recusa que o objeto intencional é dito objeto *efetivo* da representação, sem que isso signifique que Husserl estaria identificando o objeto intencional à "coisa da natureza". O que Husserl quer afastar é a ideia de uma distinção ontológica entre objeto intencional e objeto efetivo. Essa distinção era feita por Twardovski, que é aqui o alvo contra o qual Husserl se dirige.

Twardovski parte das distinções de Brentano e as reconduz à função estritamente cognitiva que elas desempenhavam na escolástica, devolvendo ao objeto imanente a função de informar sobre um objeto efetivo que não é dado na representação. Desde então, a distinção feita por ele entre "conteúdo" e "objeto" da representação não é senão a distinção entre objeto intencional e objeto efetivo, com o primeiro sendo imanente e o segundo transcendente à representação.[13] E Twardovski insiste em que, entre um e outro, não se trata de estabelecer apenas uma diferença lógica, mas sim uma diferença real. Pois o conteúdo sempre existe, se bem que o objeto não exista necessariamente; as propriedades do objeto não são as propriedades do conteúdo; representações de conteúdos diferentes (a estrela da manhã, a estrela da tarde) podem ter a mesma extensão. Logo,

---

13 Twardovski, *On the Content and Object of Presentations*, p.1-2.

Crítica da razão na fenomenologia

é uma distinção ontológica que deve ser estabelecida entre o objeto intencional e o objeto efetivo da representação.[14] Ora, apesar de definir inicialmente o "conteúdo" como um "quadro mental do objeto", Twardovski não deixa de notar, no final de seu livro, que essa caracterização representa apenas uma solução da "psicologia primitiva". Mas, de qualquer forma, a inadequação dessa solução pictórica não deve ofuscar a verdade segundo a qual "precisa haver uma relação entre o conteúdo e o objeto, por meio da qual um objeto pertence a esse conteúdo particular, e pela qual o conteúdo é um conteúdo que corresponde a um objeto particular e não a outro".[15] O abandono da solução da "psicologia primitiva" não é o abandono da exigência "representativa", e o objeto permanecerá sempre representado *através* do conteúdo.[16] Desde então, tratar-se-á apenas de sofisticar aquela solução inaceitável, sem jamais colocar em questão a exigência a que ela já respondia.

Em diversos textos Husserl comenta essa distinção entre "conteúdo" e "objeto", distinção que ele não deixará de considerar "pouco clara" e "insuficiente" (DR, p.17). Essa distinção entre objeto intencional imanente e objeto transcendente parece impor-se como solução natural às dificuldades decorrentes daquelas representações, que Bolzano chamava de representações "sem objetos", como a representação de um quadrado redondo. Ora, no momento em que, em nome da intencionalidade, recusa-se a existência das "representaçoes sem objeto", seria preciso compatibilizar duas evidências conflitantes: 1) toda represen-

---

14 Ibid., p.27.
15 Ibid., p.64.
16 Ibid., p.16.

tação refere-se a um objeto; 2) não é a toda representação que corresponde na verdade um objeto, como na representação de um quadrado redondo. Ora, esse paradoxo parece solucionado desde que se distinga entre o objeto efetivo e o objeto representado, afirmando então que não existem representações sem objetos *imanentes*, mas que existem representações sem objetos *efetivos* (AR, p.301). Além das vantagens de proporcionar essa solução política do paradoxo, mais dois argumentos parecem vir em apoio da distinção: 1) se a representação é uma relação entre o eu e um objeto, a existência da relação exige a existência de ambos os membros relacionados, enquanto o objeto nem sempre existe; 2) essa diferença seria diretamente constatável nas representações por imagens ou por signos, onde o objeto seria manifestamente distinto do conteúdo (AR, p.420). Ora, Husserl não deixa de retomar contra Twardovski as objeções de princípio à admissão de objetos imanentes aos atos. Essa "imagem espiritual" através da qual a consciência se refere ao objeto é uma "ficção teórica" (AR, p.305). A teoria interpreta absurdamente o representar (*Vorstellen*) como o puro ser-aí de um conteúdo na consciência, quando esse representar é na verdade um vivido intencional que visa ao objeto, e o visa ou como "ele mesmo", ou como "imagem" ou como significado. A ideia de que toda representação de um transcendente exige a mediação de um objeto imanente é uma "construção *a priori*". Se em vez de elaborá-la Twardovski tivesse feito realmente uma investigação descritiva, ele teria tomado consciência de que o objeto é visado através da apreensão de um conteúdo sensível que produz o aparecer do objeto. Ao não fazer essa análise, ele termina por confundir a relação entre ato e conteúdo com a relação entre ato e objeto, e confunde assim uma relação real com

Crítica da razão na fenomenologia

uma relação ideal (AR, p.425). Todavia, agora esse "retorno do recalcado" da representação faz-se em função de uma dificuldade precisa, que exige não apenas uma crítica de princípio, mas também uma investigação complementar. Existe uma dificuldade em compatibilizar duas evidências contraditórias: por um lado, como não é pensável uma representação sem objeto representado, não existem representações sem objeto; por outro, como a nem todas as representações corresponde um objeto efetivo, existem representações sem objeto. Diante desse "paradoxo das representações ditas sem objeto", a fenomenologia desempenharia o papel de teoria preguiçosa se, ao lado das objeções de princípio, ela não oferecesse também uma solução positiva do problema. Desde então, para recusar definitivamente a intencionalidade "representativa", Husserl deverá mostrar que 1) ela não soluciona efetivamente o problema que se propusera a solucionar; e 2) que a fenomenologia pode apresentar uma solução do "paradoxo", que não exige nenhuma distinção entre o objeto intencional e o objeto efetivo da representação.

À parte as dificuldades notórias da teoria – qual o "quadro espiritual que corresponde aos conceitos de literatura, arte e ciência?" (AR, p.305) –, Twardovski não pode solucionar efetivamente a questão. Por um lado, o objeto imanente seria aquele em relação ao qual é verdadeiro dizer que "toda representação representa um objeto". Por outro, objeto efetivo é aquele em relação ao qual se diz que "não é a toda representação que corresponde um objeto". Ora, feita essa separação, a dificuldade continua existindo, já que as duas proposições contraditórias, "toda representação representa um objeto" e "nem a toda representação corresponde um objeto", permanecem podendo ser aplicadas a um e ao mesmo objeto, por exemplo a Berlim, tal como ela é agora e tal como ela seria se lhe ocorresse o mesmo que a Sodoma e Gomorra (AR, p.306). Mas a objeção maior que se pode fazer à teoria do objeto imanente é a de trazer em si mesma a própria dificuldade que ela deveria resolver. Pois se o objeto intencional é, no sentido próprio, imanente à representação, então a sua existência é tão autêntica e necessária quanto a existência da própria representação. Se aceito que toda relação exige a existência dos membros relacionados, a existência da representação implica a existência necessária de seu objeto imanente, e desde então o teórico, preocupado em livrar-se do quadrado redondo, termina por atribuir-lhe uma existência indubitável, já que não há razão para que a existência subjetiva seja uma existência *menor* que qualquer outra (AR, p.310, 421).[17] Diante dessa duplicação problemática e inútil dos objetos, pode-se resolver o "paradoxo das representações sem objeto" de maneira mais simples e mais efetiva. Essa solução, Husserl a apresenta sucintamente na *Carta a Marty*, de 7 de julho de 1901: "Toda representação R representa um objeto e *esse mesmo* objeto que ela representa é efetivamente verdadeiro, quando o juízo de existência afirmativo E(R), cujo sujeito de representação é R, é verdadeiro, e esse objeto não é efetivo quando o juízo é falso. Efetivo não significa exterior à consciência, mas verdadeiro, e o objeto verdadeiro é imanente quando a representação intenciona algo de imanente; ele não

---

17 Na verdade, essa objeção, que Husserl julga forte, sobrevoa as teses de Twardovski, na medida em que este não se esquece de sublinhar que as propriedades do objeto imanente não são as propriedades do objeto efetivo. Logo, a afirmação da existência do objeto intencional não é a afirmação da existência, mesmo subjetiva, de um quadrado redondo. Ver Twardovski, op. cit., p.23.

Crítica da razão na fenomenologia

é imanente quando ela é dirigida a algo de exterior, seja físico ou psíquico" (AR, p.420). Dentro desse contexto, a expressão "objeto *puramente intencional*" não designa a existência do objeto como imanente ao ato, designa apenas a existência da representação e a não existência de seu objeto. Na pura representação, o objeto está presente no modo representativo do visar, mas o próprio objeto não existe, nem na representação nem fora dela. Quando se diz que a representação não tem apenas um objeto intencional, mas também um objeto efetivo, diz-se na verdade que a representação não apenas representa seu objeto como também que esse objeto existe. Tanto uma casa quanto um centauro, tanto o objeto efetivo quanto o objeto não efetivo de uma representação são os objetos *representados* pela representação. O objeto representado é aquele a que a representação visa: ele não é nada de imanente à consciência, mas sim o próprio objeto, que é verdadeiro ou efetivo quando o juízo de existência referido à representação é válido (AR, p.421).

São todas essas distinções que estão presentes nas *Investigações*, ali onde Husserl aparentemente estaria identificando o objeto intencional à coisa da natureza. Na verdade, afirmar que "o objeto intencional da representação é o *mesmo* que seu objeto exterior", não significa determinar o objeto intencional com a "coisa da natureza", mas sim afirmar, contra Twardovski, que não existe uma diferença entre objeto imanente e objeto efetivo. A identificação entre objeto intencional e objeto efetivo visa a afastar a interpretação do objeto intencional como objeto imanente, assim como prevenir-nos contra o esquema intencional escolástico, em que a remissão da consciência a um objeto intencional é apenas o prelúdio de uma remissão do objeto intencional ao objeto efetivo. É para reafirmar essas duas verdades que o objeto intencional é dito objeto efetivo da representação, sem que isso signifique que o objeto intencional seja a "coisa da natureza", assim como o interpretava Levinas. Afirma-se a identidade entre objeto intencional e objeto efetivo para afirmar que o objeto intencional é o próprio objeto da representação, e não um termo intermediário através do qual se chegaria ao objeto representado no sentido próprio da palavra. Trata-se de negar que o objeto intencional seja um *mediador* percebido apenas secundariamente, enquanto a intenção autêntica seria dirigida a outro objeto. Assim, afirmar a identidade entre objeto intencional e objeto efetivo significa apenas dizer que não há diferença entre *objeto intencional* e *objeto visado* pela representação. É por isso que, logo após afirmar aquela identidade, Husserl acrescenta: "O objeto transcendente não seria *o objeto desta representação* se ele não fosse *seu objeto intencional*" (LUII/1, p.425). Quando se identifica objeto intencional e objeto efetivo se está identificando "objeto intencional" e "objeto da representação", ao contrário de Twardovski, que separava o objeto intencional do objeto visado. É exatamente por dirigir-se contra Twardovski que as *Investigações* estabelecerão as distinções posteriormente retomadas na *Carta a Marty*: quer se represente uma coisa física, quer um quadrado redondo, ambos são o transcendente e o visado pela representação, quer dizer, o seu objeto intencional; se o objeto é "puramente intencional", isso não significa, naturalmente, que ele exista apenas na *intentio* (portanto como sua parte real), ou que exista nela alguma sombra dele; significa que existe a intenção, o "visar" a um objeto de tais qualidades, mas não que exista o objeto. Se, por outro lado, existe o objeto intencional, então não existe apenas a intenção,

Crítica da razão na fenomenologia

o visar, mas *também* o "visado" (LUII/1, p.425). Essa caracterização do objeto como "puramente intencional" destina a relação intencional a estabelecer-se *aquém* de qualquer relação à "coisa da natureza", e portanto *aquém* de qualquer decisão "realista" ou não sobre o estatuto da realidade e seu modo de existência. Quando represento Júpiter, o objeto intencional dessa representação não existe nem "na consciência" nem *extra mentem*. Mas essa circunstância, precisamente, não tem o menor significado para o representar enquanto tal, e não impede que exista realmente o representar Júpiter. Por outro lado, se represento a árvore no jardim, um objeto natural e existente, isso também não significa nada para o representar. "Se existe o objeto intencional, nada muda do ponto de vista fenomenológico. Para a consciência, o dado é essencialmente o mesmo, quer o objeto intencional exista, quer ele seja fictício ou mesmo um contrassenso" (LUII/1, p.373). Dentro desse contexto, a afirmação de que o objeto intencional é o objeto efetivo tem, antes, a função de prevenir a confusão entre a manifestação e aquilo que se manifesta, entre as partes reais da consciência e seu objeto intencional. Ela apenas reafirma a ideia de que "não vemos sensações de cor, mas coisas coloridas, não ouvimos sensações de som, mas a canção da cantora" (LUII/1, p.374). Por si só, a identificação entre objeto intencional e objeto efetivo não identifica o objeto intencional à "coisa do mundo".

Mas qual é, nessas condições, o estatuto desse objeto intencional, sobre o qual o filósofo decide que ele é transcendente à consciência, sem contudo decidir-se a identificá-lo a um mundo de objetos? Ao afirmar a existência do objeto intencional, é a existência do quê, precisamente, que está sendo afirmada? Desse objeto, a única informação que se tem é a de que ele não é um conteúdo imanente à consciência, e que portanto não tem o "modo de ser" do vivido. Mas qual seria então o "modo de ser" do objeto intencional? Ora, as *Investigações* não podem responder a essa questão: para a análise fenomenológica lá praticada, quer dizer, para a consideração fenomenológica real (*reell*), o objeto não é nada (LUII/1, p.412). Se a análise fenomenológica deve limitar-se à consideração dos componentes reais da consciência, a determinação do objeto intencional como transcendente à subjetividade prescreve, inevitavelmente, que a fenomenologia não possa adiantar nada sobre ele, já que, estando no exterior da consciência, ele estará fora do campo das afirmações fenomenologicamente legitimáveis. Se a única transcendência que a fenomenologia conhece é a "transcendência real", se a única imanência que ela reconhece é a "imanência real", à qual ela limita sua análise, a determinação do objeto intencional como transcendente, ao colocá-lo "fora" da consciência, coloca-o também fora da análise fenomenológica, para a qual ele não poderá ser senão *nada*. É por isso que a *afirmação do objeto intencional* não será senão a *afirmação dos vividos* a ele referidos. Na relação intencional, está presente o vivido que constitui o representar um objeto, mas *apenas ele*. Se o vivido intencional tem por característica referir-se a um objeto, isso não supõe a presença do objeto, mas apenas a presença de vividos intencionais. "Se está presente este vivido, está implicado em sua essência que se verifique, *eo ipso*, a 'referência intencional a um objeto', que haja *eo ipso* um objeto 'intencionalmente presente'" (LUII/1, p.372). A afirmação do objeto intencional é portanto equivalente à afirmação do vivido a ele dirigido; "o objeto é visado, quer dizer, é vivido ao visá-lo" (LUII/1, p.373). Não há assim, *stricto sensu*, uma afirmação do objeto intencional, mas apenas dos vividos. "Para a consideração fenomenológica real (*reell*), a própria objetidade não é nada; falando em termos gerais, ela é transcendente ao ato. Indiferentemente a com que sentido e com que razão se fale de seu 'ser', se ele é real ou ideal, se ele é verdadeiro, possível ou impossível, o ato está 'dirigido a ele'" (LUII/1, p.412). E à pergunta sobre como o transcendente pode ser objeto intencional de um ato no qual ele não está, a fenomenologia dá uma resposta que lhe parece "plenamente satisfatória", e que não é senão a repetição da equivalência entre a *afirmação do objeto* e a *afirmação do ato*: "O objeto é intencional, quer dizer, existe um ato com uma intenção caracterizada de modo determinado, que nessa determinação constitui justamente aquilo que chamamos a intenção dirigida a esse objeto" (LUII/1, p.412-3).

Ora, essa expulsão do objeto intencional para fora do território da análise é uma consequência inevitável daquilo que, em 1900, constituía o "método" da fenomenologia.

III
O método das investigações

I

Por duas vezes, nos anos 1903 e 1913, Husserl comenta as *Investigações lógicas*, censurando a maneira como ali ele apresentava as relações entre a fenomenologia e a psicologia. Por um lado, o "Prólogo à primeira edição" afirmava que a nova disciplina chamada fenomenologia tinha sua origem nas insuficiências da fundamentação psicológica das ciências, o que fazia supor que a fenomenologia se definia, antes de tudo, como uma antipsicologia (LUI, p.VII). Por outro lado, todavia, a "Introdução" apresentava a fenomenologia como uma "psicologia descritiva", e embaralhava as cartas anteriormente lançadas. Essa ambiguidade, que Husserl lamentará depois (AL, p.396), não será em parte senão o reflexo terminológico da característica desconcertante das *Investigações* para o público leitor. Depois de passar pelos *Prolegômenos*, os antipsicologistas se surpreendem com as restantes Investigações, onde o autor trata apenas de atos subjetivos, e não podem ver nisso senão uma incompreensível recaída no psicologismo anteriormente criticado. Os adeptos de uma fundamentação psicológica da lógica, por seu lado, após serem duramente criticados, também não veem na sequência do livro senão psicologia, só que agora uma psicologia antiquada e "escolástica", e não podem compreender a arrogância inicial nem o arcaísmo que se lhe segue. Para os dois partidos, portanto, aquém de suas preferências teóricas, a obra só podia causar mal-estar e dar a impressão de ser contraditória. O que um e outro não podiam compreender era a relação entre o primeiro e o segundo volume da obra ou, o que é a mesma coisa, eles não podiam compreender o sentido preciso do antipsicologismo *husserliano*. Husserl penitencia-se por ter cometido o "erro" de caracterizar a fenomenologia como uma "psicologia descritiva". "É que existe uma grande diferença entre o fato de estabelecer novas posições teóricas sendo movido por necessidade a mais interna e consagrando-se unicamente às exigências das coisas, e o fato de ter reflexivamente o sentimento claro do sentido particular e do estatuto dessas posições, e do sentido particular do método empregado" (AL, p.356). As análises efetivas e o método empregado não remetiam mais a nenhuma "psicologia descritiva", mas a reflexão do autor sobre seu próprio trabalho fazia que ele incorresse em erros de avaliação. Para Husserl, as *Investigações lógicas* surgem agora como estando na situação típica das obras que inauguram um novo tipo de filosofia: revolucionária aos olhos do autor, ela mistura o antigo ao novo e, na primeira edição, não chega ainda a um "domínio completo" de sua própria *démarche* (AL, p.374). Sendo assim, não é surpreendente que o próprio autor tenha interpretado mal o "sentido de suas intenções e dos modos de investigação no essencial trilhados corretamente no quadro dos problemas escolhidos" (AL, p.375).

Na redação da obra, o autor recai em seus "antigos hábitos de pensamento", e não desenvolve sempre as distinções que ele já tinha reconhecido serem necessárias e isso, particularmente, no que se refere à relação entre "a psicologia descritiva e a fenomenologia" (AL, p.395).

Em 1903, a denominação da fenomenologia como uma "psicologia descritiva" já parece a Husserl completamente inadequada. Não apenas devemos prevenir-nos de designar sem mais a fenomenologia como uma psicologia descritiva, como também é preciso reconhecer que, "no sentido próprio e estrito, ela não o é" (AL, p.280). "Assim como a física, a ciência da natureza no sentido habitual, é uma ciência empírica dos fatos materiais, da mesma forma a psicologia é a ciência empírica (ciência da natureza) dos fatos espirituais" (AL, p.279). Ora, as descrições desenvolvidas nas *Investigações lógicas* não eram psicológicas, já que elas não versavam sobre vividos ou classes de vividos de pessoas *empíricas*. Elas não se referiam a *pessoas*, não se referiam ao *eu* ou ao *outro*, não falavam de *meus* vividos ou de vividos *dos outros*. "A descrição fenomenológica considera o que é dado em sentido o mais estrito, o vivido tal como ele é nele mesmo [...] ela afasta as apercepções em virtude das quais a aparição e aquilo que aparece entram em correlação com o eu para o qual existe um aparecer" (AL, p.280). Limitando-se à análise do dado, domínio ao qual não pertence justamente o *eu*, ela não podia confundir-se com nenhuma psicologia descritiva que, ao admitir esse "objeto empírico", faz já suposições que ultrapassam o conteúdo daquilo que é verdadeiramente dado, mesmo ali onde ela pensa fazer apenas descrições. A fenomenologia não é portanto uma psicologia descritiva; se ela vai descrever atos subjetivos, a subjetividade anônima à qual ela se dirige não se confunde com a *psique* do homem natural, e o antipsicologismo dos *Prolegômenos* é plenamente preservado nas restantes investigações. Se o autor errou, foi por não ter acentuado suficientemente essa distância entre o fenomenológico e o psicológico e por atribuir à fenomenologia uma designação em si mesma descabida.

Ora, essas restrições de 1903 ainda não deixam vislumbrar o anátema de princípio que, em 1913, Husserl lançará sobre as *Investigações*. No "Esboço de um Prefácio", ele não deixará de retomar as observações de 1903: a fenomenologia não é psicologia descritiva, ela elimina toda "apercepção psicológica", ela não se dirige a "estados de um ser psíquico real", e, nesse sentido, há nela uma verdadeira refutação do psicologismo (AL, p.395-6). Todavia, agora essa série de textos que retomam os *leitmotives* de 1903 se cruzará com outra, onde as restrições às *Investigações* não se limitarão a apontar certas infelicidades da apresentação literária da obra, nem a defasagem entre a teoria e a prática que fazia que a fenomenologia fosse indevidamente apresentada como uma psicologia descritiva. É verdade que a fenomenologia não é psicologia descritiva. Mas agora é verdade também que, por não ser uma psicologia empírica nem por isso ela deixava de ser uma *psicologia racional* (AL, p.404). Sendo assim, a relação da fenomenologia à psicologia empírica era a mesma da "teoria pura do espaço, a teoria pura do tempo e do movimento, a mecânica racional *a priori* (as disciplinas de uma física racional tomadas em conjunto) à física empírica" (AL, p.404). A consequência inevitável disso é que se deve reconhecer agora que, na verdade, as *Investigações lógicas* não ultrapassavam radicalmente o psicologismo, "sob sua forma mais essencial e mais universal" (AL, p.405). As avaliações de

Crítica da razão na fenomenologia

1903 ainda eram excessivamente otimistas: agora, não parece mais verdadeiro que apenas por não se dirigir à subjetividade individual a fenomenologia não se dirigisse mais, *ipso facto*, a uma subjetividade ainda psicológica. Desde então, em qual sentido, precisamente, as *Investigações* eram antipsicologistas, em qual sentido elas permaneciam presas ao psicologismo e abrigavam um método que fazia abortar na origem o projeto fenomenológico?

II

Na "Apresentação das *Investigações lógicas* pelo autor", publicada em 1900, Husserl caracteriza a fenomenologia como uma "psicologia puramente descritiva", e indica que esse título lhe cabe enquanto ela se opõe à psicologia genética (AL, p.204). Essa oposição entre psicologia descritiva e psicologia genética, Husserl a herda de Brentano, que já contrapunha ambas quanto aos objetivos e quanto aos métodos. Essa distinção entre os dois tipos de psicologia ainda não é claramente estabelecida na *Psicologia do ponto de vista empírico*, na qual Brentano introduz a psicologia sob o patrocínio das ciências da natureza, em cujo método ela deve inspirar-se. Aqui, colocar-se sob o "ponto de vista empírico" é antes de tudo basear-se na experiência, assim "como as ciências da natureza",[1] e seguir um procedimento análogo ao seu. O psicólogo deverá *descrever* os fenômenos psíquicos e classificá-los. Mas a sua tarefa não se limita a isso: após a descrição, ele deverá estabelecer ainda o essencial da ciência psicológica, quer dizer, estabelecer as leis que comandam a

---

1 Brentano, *Psychologie du point de vue empirique*, p.48.

Carlos Alberto Ribeiro de Moura

coexistência e a sucessão dos fenômenos psíquicos. Seu procedimento será então análogo ao de qualquer cientista que procura estabelecer leis de fenômenos: ele fará a indução de leis as mais gerais, deduzirá dessas leis particulares e as verificará pela experiência.[2] A meta última da *Psicologia* de 1874 é justamente estabelecer uma psicologia explicativa ou genética como ciência, não uma psicologia descritiva e científica. No interior desse projeto, a psicologia descritiva, encarregada de estabelecer as características dos fenômenos psíquicos, precisa preceder a psicologia genética encarregada de estabelecer as leis dos fenômenos. Mas a psicologia descritiva enquanto tal é apenas um estágio preparatório à verdadeira psicologia, sempre explicativa, e não goza de nenhuma autonomia em relação a essa.[3] Sendo uma disciplina preparatória à psicologia genética, a psicologia descritiva procede diferentemente dela, sem propriamente opor-se a ela, e toda sua finalidade se esgota nessa função de preâmbulo da verdadeira psicologia científica. Os historiadores do pensamento brentaniano datam no ano de 1889 o momento em que Brentano passa a ver na psicologia descritiva uma disciplina independente e autônoma em relação

---

2 Cf. Ibid., p.88: "O que podemos fazer de melhor para determinar as leis dos fenômenos psíquicos complexos será tomar como modelo o método que se usa nas ciências da natureza e, particularmente, em fisiologia, para resolver os casos complexos. Mas, nas ciências da natureza, o cientista não se contenta em deduzir de leis superiores a lei de um fenômeno complexo: ele dedica-se a verificar a lei assim deduzida, fazendo apelo à experiência e à indução direta. Da mesma forma, o psicólogo deverá buscar pela via indutiva a confirmação da lei que ele terá encontrado pelo método dedutivo".

3 Ver Gilson, Franz Brentano on Science and Philosophy, em McAlister, *The Philosophy of Franz Brentano*, p.76.

Crítica da razão na fenomenologia

à psicologia genética, começando então a enfatizar as diferenças metódicas entre ambas, diferenças já inscritas na *Psicologia* de 1874 mas ainda não sistematicamente confrontadas. Ora, essa autonomia da psicologia descritiva está na estrita dependência de uma nova função que ela assume no entretempo: ela não terá mais como finalidade apenas preparar o terreno de investigação da psicologia genética, mas deverá ter como tarefa fundar as leis universais das ciências normativas – exatamente a tarefa que ela terá para Husserl. Na perspectiva dessa nova função da psicologia, o método das ciências naturais, portanto o método da psicologia explicativa, passa a ter uma aplicabilidade limitada: como método indutivo, ele não pode fundar leis que são *a priori*.[4]

Em oposição ao procedimento da psicologia descritiva, a psicologia genética será empírico-indutiva ao estabelecer leis como "fatos gerais", será explicativa ao deduzir leis particulares de leis superiores, e será também necessariamente psicofísica, ao ter que levar em consideração o elo que une os fenômenos físicos aos fenômenos psíquicos.[5] Ora, sendo explicativa, a psicologia genética poderá sempre lançar mão de hipóteses, assim como qualquer outra ciência, para elucidar a origem e a causa de determinados fenômenos. É o que ela faz ao postular "forças" na origem das sensações, ou um "inconsciente" para explicar a causa de certos processos. Esses conceitos hipotéticos não podem ser imediatamente verificados na intuição, e

---

4 Ver Boer, The Descriptive Method of Franz Brentano: Its Two Functions and their Significance for Phenomenology, em McAlister, op. cit., p.101. Cf. também Gilson, *La Psychologie descriptive selon Franz Brentano*, p.73-82.

5 Gilson, *La Psychologie descriptive selon Franz Brentano*, p.30.

aqui a psicologia genética opõe-se frontalmente à psicologia descritiva: esta só admite conceitos que remetam à intuição, condição essencial para que ela seja o domínio da "análise da origem". Husserl retoma essas oposições de Brentano. A *Filosofia da aritmética* é apresentada como um conjunto de "investigações psicológicas" (PA, p.287), e o autor sublinha que se trata aqui de investigações de psicologia descritiva. Essa psicologia descritiva já é compreendida por oposição à psicologia explicativa ou genética, e é por isso que Husserl rejeita qualquer hipótese de uma atividade psíquica inconsciente, já que a "experiência interna", única autoridade na questão, "não nos ensina nada sobre um tal processo criador" (PA, p.42). As *Investigações lógicas* sistematizarão a oposição entre duas psicologias ao confrontarem de maneira geral a fenomenologia às "ciências explicativas". Aqui, a ciência é definida como uma sequência de proposições fundamentadas segundo uma ordem que lhes dê unidade sistemática ou, o que é a mesma coisa para Husserl, a ciência é definida por envolver teorias (LUI, p.15), já que uma teoria compõe-se de verdades ligadas de forma dedutiva. Desde então, se a ciência é uma "explicação pelos fundamentos", nenhuma ciência é possível sem teorias (LUI, p.255), já que *"Explicar, no sentido da teoria,* é tornar concebível o singular pela lei universal e esta, por sua vez, pelo princípio fundamental" (LUII/1, p.20). Ora, as ciências empíricas são ciências apenas enquanto envolvem teorias, diferenciando-se das ciências "puras" por não serem redutíveis a meras teorias, e pelo fato de que nelas toda teoria é apenas uma suposição: as ciências empíricas não dão explicações através de princípios certos, mas apenas através de princípios prováveis (LUI, p.255). A psicologia genética, ciência empírica como qualquer

Crítica da razão na fenomenologia

outra, está implicitamente considerada nessa classificação e nessa crônica de procedimentos, e é nela que Husserl está pensando quando adverte que a teoria do conhecimento, quer dizer, a fenomenologia, "não é, propriamente falando, uma teoria" (LUII/1, p.20). Desde então, a fenomenologia não elaborará "explicações" no sentido da teoria, e a "explicação" a que ela visa não deverá jamais ser confundida com a estratégia de conhecimento presente nas "ciências teóricas". Ora, analisando os atos subjetivos sem ser uma psicologia explicativa, a fenomenologia só pode surgir como um novo nome da antiga psicologia descritiva e, nesse contexto, é plenamente justificável que a "Apresentação das *Investigações lógicas* pelo autor" a caracterizasse assim (AL, p.204).

Dentro desse quadro, em que consiste o antipsicologismo das *Investigações*? A essa questão, Husserl parece dar uma resposta clara ao caracterizar a fenomenologia como "psicologia descritiva" e opô-la à "psicologia genética". O projeto das *Investigações* não se definiria por recusar a psicologia *em geral*, mas por recusar a psicologia *explicativa*, e Husserl não estaria, mais uma vez, senão retomando um *leitmotiv* brentaniano. De fato, nos *Prolegômenos*, Husserl caracteriza como "psicologista" a tentativa de fundar a lógica na psicologia genética, e a crítica a Stuart Mill é uma instância da crítica mais geral a essa pretensão da "psicologia explicativa". Pois é exatamente uma psicologia genética que comanda as análises de Mill: quando ele vê o princípio de contradição como uma generalização do fato empírico de que dois atos opostos de crença não podem coexistir (LUI, p.79), ele constrói uma lei lógica através de uma *indução* e pretende, absurdamente, derivar uma lei universalmente válida de fatos de experiência. Procedendo assim, Mill "naturaliza as ideias", reduz

129

leis do pensamento a "leis naturais que governam o pensamento", e, fazendo as leis ideais e supratemporais dependentes de fatos empíricos, destina-nos ao relativismo e ao ceticismo. Mesmo supondo-se estabelecida a lei empírica de Mill, lei segundo a qual duas proposições contraditórias não podem coexistir no entendimento humano, essa lei padecerá de limitação congênita a todas as ciências empíricas, ela será uma regra apenas provável, não universalmente válida. Uma lei empírica não é senão uma "generalização vaga da experiência", uma afirmação sobre "regularidades aproximativas de coexistência e sucessão" (LUI, p.61), e isso necessariamente: a indução nunca nos oferece mais do que probabilidades, não existem leis exatas nas ciências de experiência. Desde então, fundar a lógica na psicologia explicativa representa contrabandear para ela o caráter inexato e provisório das ciências empíricas. O psicologista confunde causas empíricas com fundamentos e, desde então, caracteriza um juízo como "necessário" quando ele é "naturalmente condicionado": se uma lei da natureza é ao mesmo tempo uma lei lógica, o juízo é verdadeiro desde que seja empiricamente necessário, o que significa admitir que a verdade de um juízo depende de causas naturais, quer dizer, de fatos psíquicos que "causam" o juízo. Esse *quid pro quod*, exatamente, Husserl não se cansa de denunciar e criticar nos *Prolegômenos*: a causa de um juízo e o modo pelo qual de fato ele se origina não nos informam nada sobre sua verdade, e "não se devem confundir os 'pressupostos' e 'bases' *psicológicos* do *conhecimento* da lei com os pressupostos, os fundamentos ou premissas *lógicos* da *lei*; não se deve confundir, por conseguinte, a dependência psicológica (por exemplo, na gênese) com a fundamentação e justificação lógica" (LUI, p.75).

Crítica da razão na fenomenologia

Assim, é verdade que o antipsicologismo das *Investigações* remete à crítica da "psicologia explicativa ou genética". Mas é verdade também que essa resposta, correta no essencial, é todavia insuficiente e parcial. Pois, afinal, no "Prólogo à primeira edição" das *Investigações*, Husserl adverte o leitor de que a tentativa de uma "nova fundamentação da lógica" ali delineada teve sua origem nas dificuldades que ele via no projeto de sua *Filosofia da aritmética* (LUI, p.VI). Ora, a *Filosofia da aritmética* não era um ensaio de psicologia genética, mas sim de psicologia descritiva, e é essa psicologia que Husserl acusa aqui como insuficiente para fundamentar as ciências *a priori*. O psicologismo ao qual ele fundamentalmente se dirige é menos o psicologismo *à la* Stuart Mill que o psicologismo que ele mesmo praticava em 1891.[6] A palavra "psicologismo", antes de ser unívoca, tem, ao contrário, vários significados, e aquele que reenvia especificamente à psicologia genética, mesmo merecendo um comentário extenso da parte de Husserl, não é o seu alvo privilegiado. O próprio Brentano, ao atribuir à psicologia a tarefa de fundar as normas das ciências, condicionara o sucesso do projeto à exclusão da psicologia explicativa, já que uma ciência indutiva não poderia pretender fundar normas universalmente válidas. Assim, ele protesta diante das *Investigações*, por entender que Husserl o colocara no mesmo contínuo que Stuart Mill: se o psicologismo – "esse termo inventado por Husserl" – "consiste em contestar o valor universal do conhecimento e em

---

6 Cf. LUI, p.VIII: "No que se refere à franca crítica que fiz da lógica e teoria do conhecimento psicologistas, recordarei as palavras de Goethe: 'Contra nada somos mais severos do que contra os erros abandonados'".

supor que outros seres que não o homem possam ter ideias diametralmente opostas às nossas [...] Nesse sentido eu não sou psicologista e sempre rejeitei e combati o mais claramente um subjetivismo de tal forma absurdo".[7] Ora, a *Filosofia da aritmética* também não procedia como Stuart Mill; Husserl não pretendia ali reduzir leis da aritmética a leis psicológicas. Não é portanto *esse psicologismo* que tem maior importância para Husserl, e o verdadeiro significado de seu antipsicologismo deve ser buscado nas dificuldades que a própria psicologia descritiva apresenta ao seu projeto. Apenas em relação a ela se poderá discernir a originalidade do antipsicologismo husserliano, quer dizer, aquilo em que ele se distancia também de Brentano.

Ora, as dificuldades que apresenta a psicologia descritiva enquanto disciplina encarregada de fundamentar as ciências são facilmente detectáveis no interior da *Filosofia da aritmética*. Segundo o *leitmotiv* intuicionista de Husserl, todos os conceitos devem ter sua origem na intuição (PA, p.79). Mas a recondução dos conceitos à sua origem, à "base" a partir da qual eles são abstraídos, apresenta uma dificuldade sobre a qual Husserl emudece em 1891. Essa dificuldade refere-se aos conceitos gerais, quer dizer, aos conceitos das ciências *a priori*,

---

7 Brentano, op. cit., p.297. Cf. ibid., p.298: "Ainda hoje existem psicólogos que desconhecem o caráter próprio da evidência, e confundem validade lógica e necessidade genética de um pensamento, seja para um indivíduo, seja para o conjunto do gênero humano. De minha parte, tanto em meus cursos quanto em meus escritos, sempre distingui da maneira mais categórica entre a legitimidade no sentido da necessidade natural e no sentido da correção lógica. Nem antes de mim, nem depois de mim, ninguém, nem mesmo Husserl, afirmou essa distinção com mais energia".

Crítica da razão na fenomenologia

que são conceitos universalmente válidos. Como todo conceito, os conceitos gerais são marcas distintivas do objeto funcionando como signos desse objeto. São essas marcas distintivas que formam o conteúdo ou a significação do conceito. Nos conceitos gerais, essa significação é universal. Todavia, a universalidade cabe à significação do conceito apenas enquanto nos mantemos no plano do puramente conceitual: quando passamos às propriedades ou marcas distintivas tais como elas se apresentam concretamente na "base" da abstração, a universalidade se esvai, já que essa base é sempre um *fato individual*. Na percepção da base da abstração, não há um universal, mas apenas um indivíduo ou uma pluralidade de indivíduos que formam a extensão do conceito. O projeto de uma análise da origem exige que se obtenha o universal a partir de um indivíduo. Mas como é possível formar um conceito *universalmente válido* sobre a base da intuição de um indivíduo? Como conciliar a validade universal de um conceito com sua origem em um indivíduo? Essa questão, uma vez levantada, implica duas alternativas para o filósofo. Ou ele admitirá que os conceitos gerais não podem ser reconduzidos à intuição, e abandonará o projeto de fundamentar as ciências *a priori*, ou tentará essa fundamentação, mas a manutenção de seu projeto implicará um risco patente para a objetividade das ciências *a priori*, já que a universalidade de seus conceitos estará comprometida ao serem eles fundados na intuição de um fenômeno individual. Em 1900, é essa defasagem entre a universalidade dos conceitos matemáticos e a individualidade dos atos psíquicos aos quais eles devem ser reconduzidos que faz que Husserl levante suspeitas sobre a pertinência da psicologia descritiva como disciplina encarregada de fundamentar as ciências, tal como ela se apresentava na *Filosofia da aritmética*: "Essa fundamentação psicológica não conseguiu nunca me satisfazer em certas questões... assim que se passava das conexões psicológicas do pensamento à unidade lógica do conteúdo do pensamento (à unidade da teoria), era impossível estabelecer uma verdadeira continuidade e claridade. Por isso, cada vez me inquietava mais a dúvida de princípio sobre como a objetividade da matemática e de toda ciência em geral suportaria uma fundamentação psicológica de lógica" (LUI, p.VII). Dentro desse quadro, o projeto das *Investigações* define-se como uma tentativa de escapar da alternativa entre abandonar a fundamentação das ciências ou destruir sua objetividade. Husserl manterá o projeto psicológico descritivo de fundamentar as ciências por um retorno à origem dos conceitos na intuição. Todavia, abandonará o prejuízo aristotélico, que era o de Brentano, e que tacitamente comandava a *Filosofia da aritmética*, segundo o qual a única forma de existência admissível é a existência individual. O resultado positivo do abandono desse prejuízo será a introdução das essências no discurso filosófico, objetos *universais* onde se buscará a "base" da abstração dos conceitos. A partir de agora, o filósofo não retornará aos atos psíquicos, objetos individuais, mas à essência dos atos – objetos universais –, ou à essência dos correlatos, quando estiver nestes a "origem" dos conceitos. Se fundamentar os conceitos das ciências em atos psíquicos é um psicologismo intolerável, que abala a objetividade da ciência, é porque esses atos são objetos individuais. No momento em que se retorna, não aos atos mas à essência dos atos, a universalidade da "base" da abstração dos conceitos garante a continuidade entre o conceito e sua origem e, desde então, a objetividade da ciência está preservada, e não há mais "psicologismo". Ora, o antipsicologismo das *Investigações*, para

Crítica da razão na fenomenologia

Husserl, define-se muito mais por essa correção à psicologia descritiva, representada pela introdução das essências, do que pela crítica à psicologia genética. Para ele, "Toda a refutação do psicologismo repousa sobre o fato de que as análises, em particular da 6ª *Investigação*, mas também das outras investigações, têm a pretensão de serem análises eidéticas (*Wesensanalysen*), portanto análises ideais (*Ideenanalysen*) apoditicamente evidentes" (AL, p.395). Assim, é por estabelecer uma diferença entre *eidos* e *fato* que as *Investigações* não são psicologia descritiva no sentido em que o era a *Filosofia da aritmética*. É essa distinção que Husserl se penitencia por não ter sublinhado suficientemente, fazendo que os leitores interpretassem seus escritos no sentido da velha psicologia descritiva. E talvez por ser eidética, a fenomenologia nem mesmo mereça o nome de "psicologia descritiva", já que essa disciplina se define como uma ciência empírica, enquanto as descrições fenomenológicas não se referem a fatos empíricos (AL, p.280). Desde então, se a psicologia é ciência de fatos individuais, a fenomenologia não é uma psicologia descritiva, assim como não é uma psicologia genética.

Assim, são três figuras do "psicologismo" que combatem as *Investigações*, duas das quais presentes na *Filosofia da aritmética*. Em primeiro lugar, Husserl recusa a fundamentação das ciências *a priori* através da psicologia "explicativa", como o fazia Stuart Mill e como ele mesmo jamais fez. Em segundo lugar, ele recusa o psicologismo enquanto desconhecimento da existência de correlatos dos atos de ordem superior, e que destinava todos os conceitos científicos a terem sua origem nos atos psíquicos e não nos objetos desses atos. Em terceiro lugar, há a recusa do psicologismo representado pela psicologia descritiva, quando esta buscava a origem de conceitos que poderiam ter sua origem em atos, não na essência dos atos, mas nesses atos enquanto fatos individuais. Ora, a introdução dos correlatos dos atos, uma vez admitida, levanta uma questão prévia de crítica do conhecimento que adiará *sine die* a explicitação propriamente ontológica desses objetos. Desde então, as *Investigações* resumem-se de fato a uma investigação dos próprios atos psíquicos, ou antes, da essência desses atos, com o duplo propósito de "clarificar" os conceitos que têm neles sua origem e de investigar a possibilidade de um conhecimento de objetos. As *Investigações* se limitarão portanto a um ensaio de psicologia descritiva, se bem que eidética ou, como dirá Husserl, elas se limitarão a um ensaio de "psicologia racional" embora descritiva e não dedutiva, e se relacionarão à antiga psicologia descritiva assim como a física pura à física empírica (AL, p.404-5). Ora, essa determinação da fenomenologia nascente como uma psicologia descritiva, se bem que eidética, inflexionará decisivamente o método das *Investigações*.

III

Husserl delimita o conceito de consciência e de ato psíquico a partir da oposição entre fenômenos físicos e psíquicos (LUII/I, p.345). No plano psicológico, a consciência pode ser definida como a "unidade fenomenológico-real (*reell*) dos vividos de um eu", onde esses vividos são acontecimentos reais (*realen*) que, alterando-se e entrelaçando-se entre si, "formam a unidade real (*reell*) da consciência do indivíduo psíquico correspondente" (LUII/I, p.347). Dessa caracterização psicológica da consciência pode-se passar à caracterização propriamente fenomenológica quando, eliminando "toda referência a uma

Crítica da razão na fenomenologia

existência empírico-real (*reales*) (aos homens ou aos animais da natureza)" (LUII/I, p.348), apreendemos esses vividos como essências e não como fatos. Agora, "o vivido em sentido psicológico-descritivo se converte então em vivido no sentido da fenomenologia pura" (LUII/I, p.348). A consciência fenomenológica distancia-se da consciência psicológica apenas como o eidético distancia-se do empírico, e para que o filósofo atinja o território da fenomenologia basta que ele se dirija aos vividos apreendidos com "pura universalidade de essência" e não aos vividos "empiricamente apercebidos" como vividos de homens, como fatos reais (LUII/I, p.2). Assim, o jogo entre conteúdo e apreensão, já detectável no "modo de apreensão científico-psicológico", no plano da existência natural, transforma-se em um resultado fenomenológico desde que eliminemos o real-empírico e apreendamos ideativamente esse jogo, decifrando suas relação essenciais (LUII/I, p.382).[8] A "percepção interna" não será portanto um meio para o conhecimento fenomeno-

---

8 Cf. LUII/I, p.398-9: "Passemos agora da atitude da psicologia e da ciência empírica à da ciência ideal fenomenológica. Nós excluímos todas as apercepções e posições de existência das ciências empíricas e consideramos o interiormente experimentado ou intuído em qualquer forma (por exemplo na pura imaginação), segundo seus componentes puros de vividos, e como mera base exemplar de ideações: nós intuímos neles ideativamente essências gerais e conexões essenciais, espécies ideais de vividos de diferentes graus de generalidade, e conhecimentos essenciais idealmente válidos, que valem *a priori* com generalidade incondicionada para os vividos *idealiter* possíveis da espécie correspondente. Assim obtemos as intelecções da fenomenologia pura (e aqui dirigida aos componentes *reais*, cuja descrição é parte de uma ciência completamente ideal, livre de toda 'experiência', quer dizer, de toda posição simultânea de uma *existência* real".

lógico. A experiência interna é um ato que põe existências, e não pode, assim, ser um instrumento de constatações eidéticas. A fenomenologia só poderá proceder por intuições ideadoras, que apenas tomam seu ponto de partida na intuição interna, e eliminam toda posição de uma existência real, toda apercepção psicológica ou científica (LUII/1, p.440).

Ora, essa "purificação" que a fenomenologia representa em face da psicologia – muito diferente daquilo que será posteriormente a purificação "transcendental" – e que se resume a afastar a consciência fenomenológica da consciência psicológica, assim como uma consciência eideticamente considerada se distancia de uma consciência empírica, terá consequências em relação à determinação da circunferência que, por assim dizer, delimita a fronteira encarregada de separar o território da consciência de tudo o que lhe é exterior. No plano psicológico, a consciência é delimitada pelos vividos, assim como pelas partes ou momentos abstratos dos vividos, desde que esses sejam conteúdos reais (*reelle*) da consciência (LUII/1, p.347). Apenas esses conteúdos reais fazem parte da esfera da subjetividade. Para a consciência psicológica, tudo o que não pode ser comentado segundo o léxico dos conteúdos reais permanece fora de seu território. Se a "purificação" fenomenológica se resume, pois, a uma transição do fato ao seu *eidos*, a consciência fenomenológica que se atinge através dela não poderá ser senão um duplo "puro" da consciência psicológica, que não alterará em nada as fronteiras desta. Após a passagem da consideração psicológica à consideração fenomenológica, a análise dos atos se faz segundo o mesmo código que antes. "Assim, por exemplo, no caso da percepção externa, o momento da sensação de cor, que constitui um componente real (*reales Bestandstück*) de um ver

Crítica da razão na fenomenologia

concreto (no sentido fenomenológico da manifestação perceptiva visual), é um conteúdo 'vivido' ou 'consciente', assim como também o é o caráter do perceber, como a totalidade da manifestação perceptiva do objeto colorido. Ao contrário, esse próprio objeto, ainda que seja percebido, não é vivido ou consciente; da mesma forma não o é a coloração nele percebida" (LUII/I, p.348). A esfera da consciência tem sua fronteira delimitada pela esfera do fenômeno ou manifestação (*Erscheinung*), e deve ser radicalmente separada da esfera dos objetos que aparecem. Husserl nos previne agora contra toda tentativa de diluir essa separação rígida, separação que posteriormente ele tributará a uma concepção dogmática do objeto. A cor vista, que aparece com o objeto como uma de suas propriedades, se existe de algum modo não existe como o vivido; ela tem apenas algo que lhe *corresponde* na manifestação perceptiva e que é um componente real desta – a sensação de cor (LUII/I, p.349). Entre a esfera da manifestação e aquela daquilo que se manifesta, há uma distância que não pode ser apenas de ponto de vista, como se estivéssemos diante de um mesmo conteúdo analisado segundo ângulos diferentes. Essa confusão, facilitada pela equivocidade da palavra "fenômeno" (*Erscheinung*), que permite aplicá-la seja ao vivido seja ao objeto que aparece, desfaz-se "assim que nos damos conta fenomenologicamente daquilo que, do objeto que aparece, encontra-se realmente no vivido do fenômeno. O fenômeno da coisa (o vivido) não é a coisa que aparece (coisa que supostamente está 'diante de nós' em seu próprio ser). Como pertencentes à conexão da consciência, vivemos os fenômenos; como pertencentes ao mundo fenomenal, aparecem para nós as coisas. Os próprios fenômenos não aparecem, eles são vividos" (LUII/I, p.350). Entre a manifestação e aquilo que se manifesta existe uma separação real, o objeto não está *nas* manifestações, mas é exterior a elas, os predicados da manifestação não são os predicados daquilo que se manifesta (LUII/1, p.351). Diante da esfera das manifestações, o objeto é completamente transcendente, ele está "fora" delas – em um "fora" que, posteriormente, Husserl chamará de "místico" (PP, p.431). Nessas condições, a "consciência fenomenológica" das *Investigações* delimita-se, através do conceito de imanência real (*reell*), por oposição a uma transcendência real. Aqui, a transcendência real designa o fato de o objeto de conhecimento não ser realmente contido no ato através do qual ele é conhecido, enquanto a imanência real aponta para o ato, para a *cogitatio* e para a totalidade das partes e momentos reais desta (IdPh, p.35). É porque a consciência se delimita pela imanência, e porque a imanência significa imanência real, que Husserl considerará o termo "conteúdo" (*Inhalt*) "completamente próprio" para descrever os habitantes da consciência. "Tudo o que em um todo pode ser considerado como parte que o constitui realmente na verdade, pertence ao conteúdo do todo. No uso habitual do termo psicológico-descritivo 'conteúdo', o ponto de referência tácito, ou seja, o todo correspondente, é a unidade real da consciência. O conteúdo desta é o conjunto total dos vividos presentes e, por conteúdos no plural, entendem-se esses próprios vividos, isto é, tudo o que constitui como parte real (*reeller Teil*) o respectivo fluxo fenomenológico da consciência" (LUII/1, p.352-3). Essa conceptualização da consciência através da "imanência real", que termina por fazer do objeto algo efetivamente separado (*wirklich auseinander*) do conhecimento (IdPh, p.37), é característica do ponto de vista das *Investigações*. Será esse ponto de vista que, na *Ideia da fenomenologia*, Husserl atribuirá ao "primeiro estágio da reflexão filosófica", no qual o "principiante" identifica sem mais o imanente ao que está "em mim" e o transcendente ao que está "fora de mim" (IdPh, p.5). Para a fenomenologia de 1901, se a crítica da psicologia empírica não permite mais falar de um *eu* e assim não permite mais falar de uma imanência psicológica, a recusa da *reale Immanenz* não será ainda a recusa da *reelle Immanenz* (IdPh, p.5), e a inadequação da oposição entre o "em *mim*" e o "fora de *mim*" não implicará ainda uma recusa da oposição entre o *interior* e o *exterior*. E se Husserl afirma nas *Investigações* que a fenomenologia evita a oposição entre interior e exterior, é apenas enquanto essa oposição é interpretada metafisicamente (LUII/2, p.180). O fenomenólogo não vai decidir sobre a *natureza* do objeto transcendente, ele não oporá imanência e transcendência como se opõe o interior ao exterior metafisicamente considerados, assim como Descartes opunha a consciência à *res extensa*, decidindo de antemão sobre seu ser em si. Mas se "metafisicamente" essa oposição não é válida, "tecnicamente" ela ainda o será, e é por isso que o fenomenólogo poderá insistir em que os conteúdos da consciência são apenas os vividos que formam suas partes reais, e jamais os objetos, que permanecerão sempre realmente separados e exteriores à consciência, sem atribuir a isso qualquer interpretação metafísica.[9] Esse resultado é uma consequência

---

9 Cf. LUII/1, p.386-7: "Já expusemos em que sentido afirmamos que toda multiplicidade da consciência reside nos conteúdos. Conteúdo é portanto o vivido, o que constitui realmente a consciência; a própria consciência é a complexão dos vividos. Mas o mundo não é jamais um vivido do sujeito pensante. Vivido é o visar-o-mundo, o próprio mundo é o objeto visado. É indiferente para essa distinção – advirto-o expressamente mais uma vez – a posição que se tome diante das ques-

inevitável da "purificação" fenomenológica, tal como Husserl a exerce, por exemplo, em relação aos atos ou vividos intencionais: dados na esfera psicológica, eles tornam-se *puramente fenomenológicos*" quando a ideação elimina "toda apreensão e posição de existência psicológico-empírica"; mas, uma vez efetuado esse passo, entra em consideração para o fenomenólogo apenas "o conteúdo fenomenológico-real (*reell*) desses atos" (LUII/I, p.369), a esfera da imanência real que define o campo da consciência fenomenológica assim como já definia o da consciência psicológica. Quer a subjetividade seja psicológica, quer seja "pura", ela terá sempre o objeto no exterior de si, ela sempre se definirá como uma "imanência real" por oposição a uma "transcendência real".

IV

Nas *Investigações lógicas*, Husserl já opõe uma análise elaborada na "atitude natural" à análise propriamente fenomenológica (LUII/I, p.7). Aqui, todavia, a "atitude fenomenológica" opõe-se à "atitude natural" apenas enquanto uma atitude reflexiva opõe-se a uma atitude objetiva, apenas enquanto a

---

tões de saber o que constitua o ser objetivo, o ser em si verdadeiro e efetivo do mundo ou de qualquer outro objeto, e como se determine o ser objetivo enquanto 'unidade' frente ao ser pensado subjetivo com sua multiplicidade, e igualmente o sentido em que se possa opor o ser imanente ao ser transcendente metafisicamente considerados etc. Aqui trata-se, antes, de uma distinção anterior a toda metafísica, e que está na porta da teoria do conhecimento, por conseguinte, que não supõe a resposta a nenhuma das questões que apenas a teoria do conhecimento deve resolver".

Crítica da razão na fenomenologia

investigação dos atos opõe-se à investigação dos objetos apresentados (LUII/I, p.10). Se a atitude natural é aquela em que a investigação se dirige aos objetos, a atitude fenomenológica se distingue dela antes de tudo pelo "*habitus* antinatural da reflexão" (LUII/I, p.11). A atitude fenomenológica é determinada apenas pela conversão dos próprios atos em objetos, atos que permaneciam anônimos na "atitude natural". É em função dessa oposição que surge o primeiro modelo da "ingenuidade" da atitude natural: essa atitude é "ingenuamente objetiva" enquanto nela o olhar se dirige aos objetos e apenas "vive" nos atos intencionais, em vez de refletir sobre eles. Agora, se os objetos são vistos, mas não os atos através dos quais eles aparecem ao sujeito, a ingenuidade é sinônimo da ausência de reflexão (LUII/I, p.42), e a fenomenologia é a neutralização de toda e qualquer ingenuidade.

Desde então, o resultado da nova "atitude" parece bem magro, já que ela não designaria senão um procedimento já praticado na *Filosofia da aritmética*, e que desde Locke fora chamado de "reflexão". E se é verdade que a análise reflexiva, como método da psicologia descritiva, deverá agora dar origem a uma intuição eidética dos atos, não é menos verdade que essa percepção de essência tomará seu ponto de partida na percepção interna e que a reflexão, enquanto tal, não parece remeter senão a um velho procedimento do empirismo inglês. Para caracterizar melhor a posição de Husserl em relação a esse tópico, vale a pena retomar alguns pontos de sua crítica a Locke. Por um lado, ao referir todos os objetos à subjetividade, o empirismo parece escapar da acusação de "ingenuidade", tal como a formula a fenomenologia quando contrapõe a reflexão à direção aos objetos. Por outro lado, entretanto, Husserl ainda caracteriza o empirismo inglês como "ingênuo", logo, como dirigido aos objetos. A partir desse segundo ponto de vista, o empirismo desconhece a natureza da subjetividade, assim como a desconhece o "homem natural", aquele que não "reflete". Para o fenomenólogo, todos os empiristas falavam da "reflexão", sem contudo fazerem uma análise efetiva dos atos, procediam "reflexivamente" sem contudo abandonar a "atitude natural". Em outros termos, a "reflexão" empirista permanecia presa nas teias da "atitude objetiva": ela estava presa à "invencível tendência" a trocar a atitude estritamente fenomenológica pela atitude objetiva, e a atribuir aos atos, às "manifestações", determinações próprias aos objetos, e a considerar, inversamente, os verdadeiros objetos como representações (LUII/1, p.10). Ora, é essa confusão, exatamente, a que define aos olhos de Husserl a "ideia pouco clara de ideia": ao mesmo tempo representação e representado, ela é um misto confuso do subjetivo e do objetivo, do ato e do objeto (LUII/1, p.128). Do ponto de vista da fenomenologia, portanto, a reflexão tradicional era apenas nominal, na medida em que ela se estabelecia sobre um *quid pro quod* entre ato e objeto. Assim, se o empirismo inglês se propunha tanto quanto a fenomenologia a uma explicitação da consciência, essa meta se apresentava falseada desde o início. Ora, a confusão entre ato e objeto, por seu lado, não é senão uma consequência do princípio de imanência de Locke, da "evidência" segundo a qual todos os objetos aos quais a consciência se dirige precisam necessariamente ser conteúdos imanentes à consciência (LUII/1, p.160). Esse princípio, por sua vez, não surge como uma "evidência" senão porque ele está estritamente vinculado à "atitude natural": ele não exprime senão o privilégio tácito da análise *objetiva* que sempre inflexiona o olhar em direção a objetos, e que faz que aquilo que é anali-

Crítica da razão na fenomenologia

sado sob o nome de subjetividade não seja senão uma constelação de objetos subjetivizados. Desde então, no empirismo, o retorno à subjetividade não é paralelo a uma verdadeira análise da consciência, que permanece tão desconhecida quanto para o homem natural. A redução de tudo ao psicológico é contemporânea ao desconhecimento da *psique*, quer dizer, ao desconhecimento dos atos intencionais que anonimamente fazem que apareçam objetos. Não transformando em objeto da investigação os próprios atos, a reflexão do empirismo de fato não acede à consciência e não se desvencilha da atitude natural. É por isso que, aos olhos de Husserl, a "reflexão" que agora define a atitude fenomenológica surge como um procedimento inédito, apenas homônimo daquele da tradição e que, enquanto tal, pode caracterizar uma disciplina nova, a única que efetivamente abandona a atitude natural.

Definido pela reflexividade, o método fenomenológico terá sua jurisdição delimitada ainda por um imperativo que já foi caracterizado como a "redução", tal como esta surgiria nas *Investigações*.[10] Entretanto, o que se chamou de "redução fenomenológica" não é senão aquilo que Husserl chama de "princípio de ausência de pressupostos" (LUII/1, p.19). Esse princípio, ele o apresenta como indissociável de toda investigação referente à teoria do conhecimento "que pretenda seriamente ser científica". Husserl oferece, na verdade, duas versões daquilo que significa a "ausência de pressupostos" para a fenomenologia. Essas duas versões serão complementares, mas de alcance

---

10 Cf. Boehm, Basic Reflections on Husserl's Phenomenological Reduction, *International Philosophical Quarterly*, esp. p.186.

desigual, e ambas representarão limitações à esfera daquilo que pode ser objeto de um enunciado fenomenológico legítimo. A primeira versão do princípio, a mais fraca, vincula-se à oposição entre a psicologia descritiva empírica e a psicologia descritiva pura, e não é senão uma decorrência da caracterização da fenomenologia como uma psicologia descritiva, porém eidética. Se a fenomenologia é uma disciplina eidética, as existências reais não poderão ser objetos da investigação que ela empreenderá, e o fenomenólogo não poderá fazer afirmações sobre elas. A fenomenologia julgará sobre essências, e fazer afirmações sobre essências não é fazer afirmações sobre existências. É por isso que a fenomenologia não conterá "desde o princípio nem em todos os seus passos ulteriores a menor afirmação sobre existências reais (*reales Dasein*)" (LUII/I, p.21). Não podendo afirmar nada sobre existências, a fenomenologia não poderá ter como premissa nenhuma afirmação das ciências que se dirigem a elas. Desde então, não deve funcionar nela, como premissa, "nenhuma afirmação metafísica, física e, especialmente, psicológica" (LUII/I, p.21), afirmações que remetem sempre a existências e não a essências. Nesse nível, é um "pressuposto" toda afirmação sobre existências reais e a fenomenologia será sem pressupostos enquanto ela se mantiver fiel aos enunciados sobre essências.

A segunda versão do princípio não se vincula à oposição entre psicologia empírica e psicologia pura, mas à oposição entre psicologia descritiva e psicologia explicativa, com a qual Husserl contrasta a fenomenologia, ao enfatizar que a teoria do conhecimento "não é, propriamente falando, uma teoria", quer dizer, não faz explicações (LUII/I, p.20). Desse novo ponto de vista, o princípio de ausência de pressupostos não remete à exclusão

Crítica da razão na fenomenologia

de afirmações sobre existências, mas à "exclusão rigorosa de todos os enunciados que não possam ser realizados fenomenologicamente de forma completa e total" (LUII/1, p.19). Essa nova exigência refere-se à intuitividade dos objetos sobre os quais falará a fenomenologia e, agora, será um "pressuposto" todo enunciado sobre conteúdos não intuitivos. Desde então, o "princípio de ausência de pressupostos" exigirá que as "verdadeiras premissas" da fenomenologia residam "em proposições que satisfaçam à exigência de que aquilo que elas enunciam admita uma legitimação *fenomenológica adequada*, por conseguinte o preenchimento através da evidência no sentido rigoroso da palavra" (LUII/1, p.22). Agora, o princípio vincula-se ao projeto de uma psicologia descritiva, que se define por admitir apenas proposições formadas por conceitos diretamente verificáveis na intuição, ao contrário da psicologia "explicativa", que, trabalhando com hipóteses e "processos ocultos" (LUII/1, p.384), admite em seu discurso conceitos que não remetem a intuições.

Ora, a força e o poder limitador do princípio de ausência de pressupostos, tal como se apresenta em sua segunda versão, está radicado no tipo de intuição e de evidência que ele exige. Husserl não se restringe a pedir intuitividade aos conteúdos sobre os quais a fenomenologia pode falar. Ele pede que esses conteúdos sejam passíveis de intuição *adequada* (LUII/1, p.22). Se toda percepção está caracterizada pela intenção de apreender seu objeto como "corporalmente presente", não é em toda percepção que essa intenção se encontra efetivamente realizada. É apenas quando a percepção é "adequada" que o objeto é apresentado corporalmente no "sentido rigoroso", já que essa percepção "não atribui a seus objetos nada que não esteja representado intuitivamente e dado realmente no próprio vivido de percepção e, inversamente, os representa e põe tão intuitivamente quanto de fato eles são vividos com e na percepção" (LUII/1, p.355). Assim, a percepção adequada opõe-se à inadequada enquanto esta envolve uma *interpretação* que atribui ao objeto percebido determinações que não são efetivamente dadas. A percepção inadequada é aquela "cuja intenção não encontra seu preenchimento no conteúdo presente, mas pelo contrário constitui através dele a presença corporal de algo transcendente, como sempre unilateral e presuntivo" (LUII/2, p.239). Na percepção adequada – "ou intuição no sentido mais rigoroso" (LUII/2, p.239) –, o próprio conteúdo é simultaneamente o objeto da percepção; ele não remete a nada de outro, como acontece com a percepção inadequada, onde inevitavelmente separam-se o conteúdo e o objeto da percepção. Ora, essa definição determina que só possam ser objetos de uma percepção adequada os conteúdos realmente imanentes à consciência. Apenas os vividos podem ser objetos de uma intuição no sentido "mais rigoroso", e apenas sobre eles se pode ter a evidência "no sentido rigoroso da palavra", tal como a exige o princípio de ausência de pressupostos (LUII/1, p.22). "Se pertence à essência da percepção adequada que o próprio objeto intuído resida efetiva e verdadeiramente nela, isso pode ser expresso de outra forma dizendo: *apenas a percepção dos vividos efetivos próprios é indubitável, evidente*" (LUII/2, p.240).

Desde então, o princípio de ausência de pressupostos determina, na realidade, que a fenomenologia só possa estabelecer proposições sobre a esfera dos vividos, sobre a esfera da "imanência real". Exigir para os enunciados fenomenológicos a evidência no "sentido rigoroso" representa estabelecer como um

Crítica da razão na fenomenologia

"pressuposto" toda e qualquer afirmação sobre conteúdos que sejam transcendentes à consciência. É por isso que, após estabelecer que os objetos intencionais não são imanentes à consciência, como o julgava Brentano, o fenomenólogo não poderá afirmar nada sobre eles. O princípio de ausência de pressupostos fará agora que os objetos intencionais não sejam objetos da investigação fenomenológica, já que sobre eles não se poderá, por definição, enunciar nada passível de legitimação adequada. É por isso que, para a consideração fenomenológica real (*reell*), o objeto intencional só poderá surgir como *nada* (LUII/1, p.412). Para ela, a afirmação do objeto intencional não poderá ser senão a afirmação dos vividos a ele referidos, ela deverá limitar-se a dizer que "o objeto é visado, quer dizer, é vivido o visá-lo" (LUII/1, p.373). "O objeto é intencional, quer dizer, existe um ato com uma intenção caracterizada de modo determinado que nessa determinação constitui justamente aquilo a que chamamos a intenção dirigida a esse objeto" (LUII/1, p.412-3). O método da fenomenologia a destina agora a ser apenas uma noética, e é por causa dele que as *Investigações* estabelecem uma equivalência entre "conteúdo fenomenológico", "conteúdo real" e "conteúdo descritivo". O *fenomenológico* refere-se apenas aos componentes reais (*reelle*) dos vividos, quer dizer, "à totalidade de suas partes, sejam concretas ou abstratas, ou, com outras palavras, à totalidade dos vividos parciais que o compõem realmente" (LUII/1, p.397). O objeto intencional enquanto tal não remeterá agora ao domínio da fenomenologia.[11]

---

11 Na segunda edição das *Investigações lógicas*, Husserl admite em diversas passagens que os objetos "modificados" fazem parte do domínio descritivo da fenomenologia (LUII/1, p.11, 16, 397; LUII/2, p.236).

Carlos Alberto Ribeiro de Moura

Husserl introduz o "princípio de ausência de pressupostos" sob o patrocínio explícito de Descartes. O princípio é evocado para que a investigação sobre o conhecimento possa ser "científica", não se limite a uma "opinião" sobre seu tema, mas ofereça sobre ele um "saber evidente" (LUII/1, p.19). E é o movimento da dúvida cartesiana que Husserl retoma ao contrapor a percepção inadequada à adequada: "Posso duvidar da verdade de uma percepção inadequada, que oferece um mero perfil; o objeto intencional não é imanente ao ato que aparece; a intenção existe, mas o próprio objeto que está destinado a preenchê-la definitivamente não é um com ela. Como poderia ser evidente para mim que ele existe? Por outro lado, não posso duvidar da percepção adequada, puramente imanente; justamente porque nela não permanece nenhum resto de intenção que necessite preenchimento... nessa percepção o objeto não é meramente *suposto como existente*" (LUII/2, p.240). Para ser científica, a investigação deve ser dirigida pela evidência, e para ser

---

Contudo, esses acréscimos da segunda edição, que são correções elaboradas em 1913 segundo o espírito de *Ideias I*, não perdem a característica de enxertos exteriores às *Investigações*. E isso é inevitável, tendo em vista os princípios que presidiram à reelaboração do texto, tal como Husserl os expõe no "Prólogo à segunda edição" (LUI, p.XI) e que implicam reformas parciais sem contudo modificar o fundo. Husserl se preocupa em corrigir certas consequências, sem entretanto reelaborar a obra inteira para compatibilizá-la com o novo ponto de vista. Essa situação fica particularmente patente no caso do objeto intencional: Husserl afirma em notas e adendos que ele pertence ao domínio da fenomenologia, mas todas as prescrições metódicas, que permanecem as mesmas de 1900, proíbem o seu ingresso no discurso filosófico. São esses acréscimos posteriores que fazem da segunda edição das *Investigações* um texto compósito e, como no objeto intencional, até mesmo francamente inconsistente.

Crítica da razão na fenomenologia

dirigida pela evidência ela precisa limitar-se à imanência. Em 1901, Husserl aceita como indo de si a equivalência cartesiana entre o *evidente* e o *imanente*. Em 1907, ele retomará esse tema. A dúvida cartesiana, ao isolar a esfera dos vividos como sendo aquela dos dados absolutos e indubitáveis, associa necessariamente o "dado no sentido verdadeiro" à imanência no sentido de "imanência real" (IdPh, p.33). Todavia, agora essa suposição de que a única doação absolutamente evidente seja aquela dos momentos realmente contidos nos atos é caracterizada por Husserl como um "erro funesto" (IdPh, p.36). Assim, se se quiser caracterizar o princípio de ausência de pressupostos como a "redução fenomenológica" presente nas *Investigações*, é preciso acrescentar que essa redução significa ainda uma "limitação à esfera da imanência real", uma limitação à esfera da *cogitatio*. E é preciso acrescentar que a verdadeira redução será definida como o contrário de uma limitação e que com ela não se "perderá" nada (IdI, p.119-20).

V

Por que, em 1913, Husserl dirá que as *Investigações lógicas* não ultrapassavam o psicologismo "sob sua forma mais essencial e mais universal" (AL, p.405)? Em 1900, Husserl pensa ter afastado suficientemente o psicologismo, ao recusar-se a fundar as ciências *a priori* nos atos subjetivos tomados como fatos individuais. Se é "psicologismo" fundar normas em fatos, o fenomenólogo afasta esse perigo ao buscar a "origem" de conceitos lógicos na essência dos atos e não mais nesses atos enquanto fatos. Em 1900, a "subjetividade fenomenológica" não é mais uma subjetividade psicológica na exata medida em que é eideticamente apreendida. Não sendo mais uma constelação de fatos individuais, de vividos particulares que remetem a um eu, essa subjetividade fenomenológica já era uma consciência "em geral", um conjunto de essências *universais* que não se referiam em nada a um indivíduo, a uma *psique* no sentido da psicologia. Aos olhos do Husserl de 1913, a subjetividade das *Investigações*, mesmo não sendo mais uma subjetividade empírica, não deixa por isso de ser uma subjetividade psicológica, e a fenomenologia, ao não ser uma psicologia descritiva empírica, não entra na cena filosófica senão como uma psicologia racional (AL, p.404). Ora, a razão e a legitimidade desse diagnóstico posterior é facilmente detectável no interior das *Investigações*, desde que se atente para·as consequências da definição inicial da fenomenologia como uma psicologia descritiva, se bem que eidética, e para o modo pelo qual Husserl opõe a psicologia descritiva à psicologia genética. Pois, assim como os princípios metódicos da fenomenologia nascente estão ligados à sua caracterização como uma psicologia descritiva, é também essa psicologia descritiva que está na origem do "método" pelo qual Husserl chega à "consciência fenomenológica" que constituirá o território de sua investigação.

Comentando a crítica de Husserl à psicologia genética tal como ela era feita nos anos 1900, Boer sublinha – com razão – que as *Investigações lógicas* não pretendem recusar por princípio a ideia mesma de uma psicologia explicativa.[12] Husserl não questiona a validade da psicologia genética, mas apenas sua pertinência para a explicitação da lógica pura. O fenomenólogo não deverá tecer considerações que remetam à psicologia genética,

---

12 Boer, *The Development of Husserl's Thought*, p.220.

Crítica da razão na fenomenologia

considerações que não interessam em nada aos problemas que ele vai analisar. Mas isso não significa que a psicologia genética deixe de ter um território legítimo. É esse duplo movimento que surge, por exemplo, na crítica a que Husserl submete os "partidários modernos de Hume" (LUII/I, p.207). Cornelius afirma que, quando falamos das diferentes marcas distintivas de um conteúdo, o que visamos na realidade é a pertinência desse conteúdo a diferentes grupos de conteúdos semelhantes entre si, e por isso batizados com o mesmo nome. Ora, como ao falarmos de diferentes marcas distintivas o que visamos é o sentido do nome, podemos perguntar sempre se, efetivamente, é o mesmo sentido que visamos na frase "este som é fraco" e na frase "este som pertence a tal classe de semelhança". A essa questão, o fenomenólogo só pode dar uma resposta negativa: quando visamos o sentido da primeira frase não visamos o sentido da segunda. No entanto, isso não significa que o fenomenólogo recuse, por princípio, a tese combatida. Se o empirista argumenta que para falar da fraqueza de um som é necessária a presença de outros sons semelhantes ao primeiro no que se refere à fraqueza, o fenomenólogo não o recusa absolutamente, mas responde que de fato isso pode acontecer (LUII/I, p.209). É verdade que não visamos a pertinência do som a uma classe, é verdade que o sentido da expressão "este som é fraco" não reside na inserção de um conteúdo em uma classe de conteúdos semelhantes. Mas *pode ser* que não pudéssemos falar de sons fracos sem a atenção voltada à semelhança entre os sons fracos, *pode ser* que quando falamos deles exija-se a memória de sons fracos anteriormente vividos e que determinam o vivido atual. O fato de que esse conjunto de considerações possa ser verdadeiro não tem nada a ver com o sentido que visamos no momento e não nos traz nenhuma informação sobre aquilo que visamos. Mas essas considerações podem ser verdadeiras e "pode ser muito interessante investigar como o visar atual, que é um vivido peculiar e imediatamente dado, tenha podido *produzir-se* com seu conteúdo evidente, e o que lhe pertence no sentido genético, qual seria sua base fisiológica e psicológica no inconsciente e no não notado" (LUII/I, p.210). Assim, o fenomenólogo insiste apenas em que não devemos confundir o dado com suposições teóricas que o expliquem geneticamente. Ele não pretende afastar, por princípio, a legitimidade dessas suposições.

Ora, esse direito de cidadania concedido à psicologia genética ao lado da psicologia descritiva não é senão o reflexo da validade do "mundo" ao qual se dirige a investigação genética, e do modo pelo qual a fenomenologia delimita seu território de investigação diante do território sobre o qual se debruçará a psicologia "explicativa". Para a psicologia genética, o corpo é sempre um dos objetos de investigação. Ao procurar a gênese causal dos acontecimentos, ela deverá levar em consideração as causas fisiológicas e será sempre uma psicologia psicofísica (LUII/I, p.210). Para a psicologia descritiva, ao contrário, o apelo ao fisiológico, "por interessante que possa ser em sentido psicológico, não altera em nada o dado descritivo imediato, que é o que importa para a clarificação dos conceitos e conhecimentos" (LUII/I, p.200). "As diferenças de apreensão são antes de tudo diferenças descritivas; e as únicas que importam ao crítico do conhecimento são estas, não supostos processos ocultos e hipotéticos, que ocorrem nas profundezas inconscientes da alma ou na esfera dos processos fisiológicos. Somente elas admitem uma apreensão fenomenológica pura, eliminadora de todas as posições transcendentes, como o supõe

Crítica da razão na fenomenologia

a crítica do conhecimento" (LUII/1, p.384). Ora, se a gênese fisiológica "não importa" para a fenomenologia, não é porque ela seja falsa, mas apenas porque ela não interessa à investigação. A psicologia descritiva, limitando-se ao domínio dos fenômenos psíquicos, não recorre aos elementos fisiológicos e, ao descrever seu objeto, ela pode *abstrair* suas causas possíveis no mundo físico e no corpo. Aquilo que "não importa" à fenomenologia é deixado "fora de consideração". Se a fenomenologia, pois, vai abstrair a investigação das causas, é porque a consciência sobre a qual ela labora também não será senão um território atingido graças à *abstração* do corpo. E será sempre em termos de uma abstração – no sentido de deixar fora de consideração – que as *Investigações* se referirão ao modo pelo qual se atinge a esfera "puramente psíquica" à qual se dirigirá a fenomenologia. O eu dito "fenomenológico", idêntico à unidade sintética dos múltiplos vividos, surge quando "distinguimos o corpo do eu do eu empírico, e limitamos o eu psíquico puro ao seu conteúdo fenomenológico" (LUII/1, p.353). A consciência fenomenológica surge quando, analisando o eu empírico, "excluímos o corpo do eu, corpo que, como coisa física, aparece como qualquer outra, e consideramos o eu espiritual empiricamente ligado a ele, e que se manifesta como pertencente a ele" (LUII/1, p.361). Assim, para atingir-se a "subjetividade", tal como surge nas *Investigações*, basta um duplo movimento: em primeiro lugar, deixar fora de consideração, abstrair o corpo; em segundo lugar, apreender eideticamente a esfera psíquica resultante do primeiro processo.

Ora, se a consciência é obtida por abstração, a passagem do fato à essência não me dará senão o *eidos* de uma *camada do mundo*. Nas *Investigações*, o procedimento de Husserl assemelha-se ao de

Descartes, quando este fazia a segregação da alma em relação ao corpo. Eis por que a fenomenologia de 1900 incorrerá nos mesmos erros que posteriormente Husserl atribuirá a Descartes. A consciência sobre a qual ela labora é um *resíduo* do mundo, assim como a alma cartesiana será o resíduo da abstração do corpo (Kr, p.415). A consciência e o corpo formam uma unidade psicofísica, ambos são camadas pertencentes ao mundo, separados apenas metodicamente. Essa ideia de uma justaposição entre consciência e corpo, separados metodicamente por um processo de abstração, será característica do "modo de pensamento" que posteriormente Husserl atribuirá à atitude natural: a psique e a natureza física, na qual está incluído o corpo, separam-se como dois componentes de *um mesmo mundo* (Kr, p.216). E que a subjetividade faça parte do mesmo mundo que os corpos é algo de que Husserl não duvida em 1900: "o eu e seus conteúdos de consciência também pertencem ao mundo" (LUII/1, p.29). Desde então, essa subjetividade alcançada por uma abstração metódica é ainda uma *região* interior ao mundo e não a verdadeira subjetividade transcendental, "que não é mais uma pura região abstrata no interior do mundo" (IdI, p.74, 394). As *Investigações* permanecem presas ao erro de Descartes: a consciência fenomenológica não é senão um sucedâneo do *ego cogito* e, assim como este, não passa de uma *parcela do mundo* não sujeita à dúvida, separada do mundo mas parte dele, e que delimita apenas a esfera da psicologia pura (CM, p.63-4). A alma pura, por mais "purificada" do corpo que seja, ainda remete apenas a uma região mundana. A fenomenologia de 1900 não podia assim libertar-se do psicologismo "sob sua forma mais essencial e mais universal" (AL, p.405). A justa crítica ao "psicologismo lógico" ainda não era uma crítica ao "psicologismo transcendental": a consciência eideticamente apreendida ainda era uma região mundana (CM, p.70). A fenomenologia das *Investigações* não vai além de uma fenomenologia psicológica, uma fenomenologia para a qual é suficiente dizer que "*a referência à corporeidade*, portanto a algo que pertence ao mundo, *não entra expressamente no conteúdo conceitual* do julgar" (FTL, p.225).

IV
Subjetividade e transcendência

I

Husserl desenvolve, ao longo de textos esparsos do período de sua maturidade, o esboço de uma história da "crítica da razão", cuja análise não é desprovida de interesse para a compreensão das *Investigações lógicas*. O diagnóstico da fenomenologia transcendental sobre os ensaios de crítica da razão elaborados pela tradição, sua análise dos parâmetros em função dos quais a própria questão crítica era interpretada, a indicação por Husserl das dificuldades que, a partir de 1907, ele passa a ver nas teorias do conhecimento oferecidas pela história, podem ser instrutivas para o entendimento da fenomenologia de 1900. Como essa fenomenologia era pré-transcendental, ela ainda apresentava uma teoria do conhecimento tradicional e, desde então, não é gratuito supor que os juízos de Husserl sobre a tradição possam ser reveladores de dificuldades presentes também na fenomenologia das *Investigações*. Normalmente, enfatiza-se que, aos olhos da fenomenologia transcendental, toda teoria do conhecimento elaborada pela tradição incorre em um círculo vicioso na própria colocação de seu problema, ao pressupor premissas transcendentes – como a subjetividade mundana – quando toda transcendência está em questão.[1] Essa objeção, que Husserl efetivamente dirige à "teoria tradicional" do conhecimento (CM, p.116), é todavia extrínseca a esta, ao censurar-lhe uma dificuldade lógica apenas detectada e solucionada através das lentes da subjetividade transcendental. Entretanto, a objeção de círculo vicioso não é a única que Husserl dirige à tradição, e a história husserliana da filosofia permite entrever a indicação de uma outra dificuldade, dessa vez propriamente interior à maneira pela qual essa tradição necessariamente deveria encaminhar a solução do problema do conhecimento.

Husserl vincula o surgimento da crítica da razão, enquanto tema filosófico autônomo, à dissolução da razão clássica, quer dizer, ao declínio do projeto de uma filosofia universal para além da dispersão dos saberes positivos. O que caracteriza a filosofia moderna é a unificação das ciências em sua origem comum na *mathesis*.[2] A partir de certo momento, não foi mais possível reescrever as *Regulae*. Exatamente a partir do momento em

---

1 Cf. por exemplo, Boer, *The Development of Husserl's Thought*, p.403: "O que deve ser provado é pressuposto no processo, pois a consciência psicológica é concebida como parte do mundo, e assim já pressupõe o mundo". Cf. também, Tugendhat, *Der wahrheitsbegriff bei Husserl und Heidegger*, p.197: "Se compreendermos os atos fenomenológicos como atos de um eu, que já é parte do mundo objetivo, então já fazemos uso desse mundo objetivo na explicitação da legitimidade do conhecimento de um mundo objetivo".

2 Cf. Kr, p.10: "*Um ideal definido, o de uma filosofia universal*, e de um método adequado, constitui o início, por assim dizer, *a fundação originária da época moderna em filosofia* e de todas as suas linhas de desenvolvimento".

Crítica da razão na fenomenologia

que, percebendo que o método – universal de direito – de fato só tinha sucesso no âmbito das ciências positivas, perdeu-se a fé na filosofia universal e aceitou-se como resultado inevitável a fragmentação da razão. O método pretensamente universal, válido para as ciências, não podia ser aplicado com sucesso à metafísica, "ao âmbito dos problemas filosóficos no sentido específico" (Kr, p.8). De Hume a Kant, ocorre então uma "curiosa mudança" em todo o pensamento: a filosofia "torna--se problema para si mesma", e a questão da possibilidade da metafísica traz implícita em si a questão da possibilidade "de toda problemática racional" (Kr, p.9). Se as ciências positivas surgem na cena inicial desse drama como inatacáveis, sua situação se alterará, já que a pergunta pela possibilidade da metafísica termina por implicar uma pergunta pela possibilidade das próprias ciências. A implosão do ideal clássico, e a consequente cisão entre ser e razão, fazem que as ciências terminem por entrar em uma crise particular, relativa ao sentido de sua própria verdade. O mundo da experiência não testemunha mais a favor da razão, e essa própria razão torna-se agora enigmática. "Finalmente o problema do mundo, vindo *conscientemente* à luz, o problema das conexões profundas e essenciais entre a razão e os entes em geral, o *enigma de todos os enigmas*, devia tornar-se um tema autônomo" (Kr, p.12).

Todavia, se esse tema de investigação nasce dos escombros da razão clássica, é apenas enquanto "tema autônomo". Porque, enquanto tema em geral, ele preexiste à sua vida independente no âmbito do próprio classicismo, figurando ali como um problema ao lado de outros. Pois, afinal, aquilo que a modernidade chamará de teoria do entendimento ou da razão, de crítica da razão e problemática transcendental, não ganha sentido apenas

161

após a dissolução da *mathesis*, mas antes "tem suas raízes de sentido nas *Meditações cartesianas*", que inauguram uma problemática desconhecida pela antiguidade (Kr, p.85). Ora, o que importa aos olhos de Husserl é que a pré-história da crítica da razão no cartesianismo determinará a sua história posterior, e fará que sobreviva nela a marca da interpretação particular do problema que lhe deu Descartes. A decodificação que Descartes faz da questão, por seu lado, é vinculada à transformação da significação "mundo" a partir de Galileu. Galileu, ao considerar o mundo a partir da geometria, abstrai dele tudo o que se refere aos sujeitos, e é dessa abstração que resultam as "puras coisas corpóreas". É apenas agora que se "delineia a ideia de uma natureza concebida como um mundo de corpos realmente circunscritos em si" (Kr, p.61). É essa nova ideia de natureza que determinará uma alteração na significação antiga de "mundo": "Ela divide-se por assim dizer em dois mundos: natureza e mundo anímico... Os antigos tinham investigações e teorias isoladas sobre os corpos, mas nenhum mundo fechado de corpos como tema de uma ciência universal da natureza. Eles também tinham investigações sobre a alma humana e animal, mas não podiam ter uma psicologia no sentido moderno, uma psicologia que, apenas quando tinha diante de si uma natureza universal e uma ciência natural, podia perseguir uma universalidade correspondente em um campo próprio, em si tão circunscrito quanto o das ciências naturais" (Kr, p.61). A revolução galileana não se limita a fundar uma nova física: sob o fundo da nova concepção da natureza, é a própria significação "mundo" que se altera, e o dualismo cartesiano que se antecipa.

É sob o peso desse dualismo que, quando for chegado o momento, a formulação da questão crítica sofrerá uma infle-

Crítica da razão na fenomenologia

xão particular. Se o mundo divide-se em "um sentido que era antes ignorado" em *Natur* e *Geist*, em uma natureza em si e em um modo de ser (*Seinsart*) diferente dela – a esfera psíquica –, quando surgem os "problemas da razão" essa separação levará a "dificuldades sempre maiores" (Kr, p.62-3). É dentro desse quadro que se instala a questão cartesiana do conhecimento. Uma vez admitido que tudo o que é para mim o é em virtude de minha consciência, conclui-se então – "muito compreensivelmente" – que tudo o que existe e vale para mim "existe e vale no interior de minha própria consciência, e esta última, em sua consciência do mundo, assim como em sua atividade científica, não sai dela mesma" (CM, p.115). Desde então, todas as distinções epistemológicas se operam na própria esfera da consciência. É agora que surge o "grande problema": é preciso perguntar como esse jogo que se desenvolve na "imanência da vida da consciência" pode adquirir uma "significação objetiva". É esse "o problema cartesiano que deveria ser resolvido pela *veracitas* divina" (CM, p.116). Aos olhos de Husserl, o problema assim colocado já traz em si as marcas da revolução galileana. Os prejuízos acarretados pela cisão entre natureza e espírito farão que a "fundamentação absoluta do conhecimento" seja identificada a uma conclusão realista da alma pura a um mundo *extra-anímico* (EPI, p.330). Uma vez incorporada a teoria dualista, o cartesianismo identifica a imanência à esfera psíquica e a transcendência à *res extensa* exterior à primeira. Desde então, a análise dos modos pelos quais o *ego* chega a formular um conhecimento objetivo é identificada à investigação de como se chega a um conhecimento *que transcende metafisicamente o ego* (Kr, p.85). É o dualismo que incita a interpretar a questão do conhecimento como sendo a de uma transgressão do psíquico

163

ao extrapsíquico e, portanto, do interior ao exterior. É ele que colabora para que a questão do conhecimento assuma a forma: como sair da ilha de minha consciência? (CM, p.116).

Nas *Meditações cartesianas*, Husserl indica que é através de um único e mesmo movimento que se apreende a subjetividade como abstraída do corpo, se lhe atribui um exterior, e passa-se a investigar a questão do conhecimento como sendo aquela da correlação entre uma interioridade e uma exterioridade, quer dizer, passa-se a investigar a questão tal como ela se coloca na atitude natural (CM, p.115). Essa formulação da questão é aquela da qual Descartes não pode escapar por ter-se enganado "sobre o sentido autêntico de sua *epoché* transcendental e da redução ao eu puro" (CM, p.116). A decodificação da questão como sendo aquela de saber "como sair da ilha de minha consciência" é determinada pelo modo como se apreende a subjetividade que conhece: determinando-a pela mera abstração do corpo, eu me apreendo como *homem natural*, "eu já efetuei a apercepção do mundo espacial, já me apreendi como estando eu mesmo no espaço, no qual já tenho um exterior a mim" (CM, p.116). Essa apercepção do mundo *intervém no próprio sentido da questão* (CM, p.116). É ela que faz a questão do conhecimento ser a de uma passagem da imanência real à transcendência real, na medida em que toma como óbvio – o que é inevitável a partir de sua apreensão da subjetividade – que a consciência tem um *exterior*. A teoria do conhecimento não se pergunta se teria sentido um exterior ao universo da consciência, e sua única questão será passar de uma "imanência fictícia a uma transcendência fictícia" (CM, p.118; Kr, p.413-5).

Ora, as *Investigações lógicas* apresentam esses dois componentes que Husserl censura no cartesianismo. A "consciência

Crítica da razão na fenomenologia

fenomenológica" é ali determinada por uma mera abstração do corpo, ela surge quando, analisando o eu empírico, "excluímos o corpo do eu, corpo que, como coisa física, aparece como qualquer outra, e consideramos o eu espiritual empiricamente ligado a ele" (LUII/I, p.361). Por outro lado, se a fenomenologia se pensa como neutra em relação a qualquer oposição metafísica, ela permanecerá determinando a oposição entre subjetividade e transcendência como uma oposição entre o interior e o exterior, eximindo-se apenas de considerar a natureza dos termos opostos. Por isso, a teoria do conhecimento das *Investigações* permanecerá dentro do quadro conceitual cartesiano. Seu problema será aquele de Descartes, tal como Husserl o formula em *A ideia da fenomenologia*, colocando o acento menos sobre os pressupostos metafísicos que sobre o tema da evidência, tema em relação ao qual as *Investigações* permaneciam decisivamente presas ao cartesianismo. Agora, o problema do conhecimento se formula na linguagem do "principiante" e se caracteriza pela associação entre a evidência e a imanência real. É indubitável o "ser da *cogitatio*", a reflexão sobre o vivido não suscita nenhum "mistério". Se o conhecimento dos vividos não levanta nenhuma questão crítica, é porque se trata de um conhecimento imanente. A questão da possibilidade do conhecimento só se coloca no caso em que o conhecimento é transcendente. Só surge a dificuldade de saber como a consciência atinge seu objeto quando esse objeto não se encontra no quadro da consciência, na esfera da imanência real que é idêntica à esfera da evidência autêntica. Agora, o imanente se opõe ao transcendente como o interior ao exterior e a questão crítica recebe necessariamente a formulação: "como o vivido pode, por assim dizer, sair para além dele mesmo?" (IdPh, p.35). A imanência

165

no sentido cartesiano determina de antemão o sentido da questão, que será sempre o de perguntar como se dá essa passagem, comunicação e correspondência entre o interior e o exterior.

Sobre essa questão assim formulada, a fenomenologia madura emitirá dois juízos. Por um lado, Husserl dirá que a questão é nela mesma um contrassenso.[3] Por outro lado, ele dirá que o problema assim colocado é insolúvel (IdPh, p.37). Que a questão seja um "contrassenso", trata-se sem dúvida de uma avaliação feita a partir de um ponto de vista posterior. Mas que ela seja "insolúvel", é algo que se pode documentar a partir dos próprios termos em que o problema é colocado. O enigma não reside em *que* (*dass*) o conhecimento seja transcendente, mas no *como* (*wie*) ele possa sê-lo (IdPh, p.36). Se a relação à transcendência é obscura, a solução do enigma exige que essa relação seja *dada* à evidência, que ela seja passível de exame. Ora, se um dos termos da relação não é dado, a própria relação não pode ser objeto de investigação. Se o objeto "é e permanece, algo de transcendente, se o conhecimento e o objeto são efetivamente exteriores um ao outro, então não há certamente nada para

---

3 Cf. CM, p.116: "É compreensível que, no domínio de minha consciência, no encadeamento de motivos que me determinam, eu chegue a certezas, e mesmo a evidências obrigatórias. Mas como pode esse jogo, desenvolvendo-se na imanência da consciência, adquirir significação objetiva? Como a evidência (*clara et distincta perceptio*) pode pretender ser mais que um caráter de consciência em mim? É esse [...] o problema cartesiano que devia ser resolvido pela *veracitas* divina [...] O que a reflexão transcendental da fenomenologia tem a dizer sobre isso? Nada menos do que afirmar que todo esse problema é absurdo, é um contrassenso (*Widersinn*) no qual o próprio Descartes precisava incorrer, porque ele se enganou sobre o sentido autêntico de sua *epoché* transcendental e da redução ao ego puro".

Crítica da razão na fenomenologia

ver-se [...]" (IdPh, p.37). Agora, resta apenas o recurso ao Deus cartesiano, resta uma "inferência a partir de algumas pressuposições transcendentes" (IdPh, p.37). Mas isso, aos olhos de Husserl, "é precisamente pura loucura" (IdPh, p.37). No entanto, sem o concurso das "pressuposições transcendentes", não há nenhuma esperança de solução para uma questão posta nos termos de Descartes. Se posso compreender facilmente como uma imagem concorda com a coisa, o fato de que a imagem seja imagem eu só compreendo se tenho acesso diretamente à coisa, estabelecendo então uma comparação dela com sua imagem. "Mas como o conhecimento pode sair para além de si mesmo em direção ao objeto, e também tornar-se indubitavelmente certo dessa relação? Como compreender que o conhecimento, sem perder sua imanência, não apenas possa atingir seu objeto, como também possa legitimar essa capacidade de atingi-lo? A existência e possibilidade de tal legitimação pressupõem que, em relação a um conhecimento do grupo daqueles que estão em questão, ele opere aquilo que é exigido aqui. E apenas se esse é o caso podemos compreender a possibilidade de conhecimento. Mas se a transcendência é um caráter essencial de certos objetos de conhecimento, que ocorre então"? (IdPh, p.83). As alternativas da "teoria tradicional" do conhecimento são apenas duas: ou o recurso às "pressuposições transcendentes", ou o impasse completo. Ora, as dificuldades da fenomenologia das *Investigações* são exatamente as de um cartesianismo que quis economizar a ideia do Perfeito.

II

Nem a mera significação, nem a mera intuição, mas apenas a unidade entre ambas merece o nome de "conhecimento". É na unidade entre intuição e significação que surge a versão fenomenológica da *adequatio*, como adequação entre coisas e significações (LUII/2, p.5). Mas essa "definição" de conhecimento necessita de uma correção, em conformidade ao espírito das *Investigações*: não se dirá que significação e coisa se relacionam, mas sim que se relacionam os vividos de significação e de percepção, vividos cujos correlatos objetivos não são realmente imanentes (LUII/2, p.25). O conhecer se define portanto como um caráter de ato mediador entre o vivido de significação e o vivido de intuição. Com a associação entre a intuição e a significação vazia, surge a consciência de preenchimento, que se revela na adequação entre a essência intencional do ato intuitivo e a essência significativa do ato de significar. As expressões "conhecimento do objeto" e "preenchimento da intenção significativa" designam o mesmo fato, ora visto do lado do objeto, ora do lado dos atos. Como do ponto de vista fenomenológico existem apenas os atos, é apenas em relação ao preenchimento que se descreverá a "referência cognoscitiva".

Essa caracterização inicial do conhecimento não redunda em limitá-lo à relação entre conceito e objeto, entre significação e coisa, como se ele se definisse apenas entre o discurso e o mundo. Como muitas das distinções de Husserl, a oposição entre o significativo e o intuitivo se presta a um uso puramente funcional. Assim, o jogo entre intenção e preenchimento não se estabelece apenas entre significações e intuições, mas já no interior da própria esfera intuitiva, quer dizer, na esfera daqueles atos que devem preencher outras intenções. As intuições também são intenções que necessitam de preenchimento. A parte vista de um objeto de percepção externa está dotada de intenções que aludem a complementos; "toda percepção e toda conexão de percepções é construída a partir de componentes que devem ser entendidos em função desses dois pontos de vista, intenção e preenchimento" (LUII/2, p.41). Desde então, toda intenção perceptiva é "um tecido de intenções parciais fundidas na unidade de uma intenção total. O correlato desta última é a coisa, enquanto os correlatos das intenções parciais são partes ou momentos da coisa. Apenas assim se pode entender como a consciência pode ir além do verdadeiramente vivido. Ela pode, por assim dizer, visar para além, e a intenção pode preencher-se" (LUII/2, p.41). Essa reinserção do esquema intenção/preenchimento no interior da própria percepção, que é um ato intuitivo, indica que o ato perceptivo, por si só, já pode designar um conhecimento, compreendido aqui também como uma unidade entre intenção e preenchimento, como uma síntese entre ambos. Definido inicialmente apenas na relação entre significação e intuição, o conhecimento pode agora situar-se também em um plano anterior à linguagem. A "consciência de coisa" já pode ser um conhecimento. Ora, essa consciência de coisa representa o grau primeiro e fundamental em relação ao qual a fenomenologia deve investigar a possibilidade do conhecimento.

Segundo as *Investigações lógicas*, a teoria do conhecimento ou "crítica da razão" deve responder à questão de saber como o em-si da objetividade vem à representação e, dessa maneira, "torna-se por assim dizer subjetivo" (LUII/1, p.8). Em 1901, o conceito fundamental através do qual Husserl pensa elucidar essa "possibilidade do conhecimento" é o de "representação aperceptiva" (*apperzeptiven Repräsentation*). Com esse conceito, ele designa a relação intencional em que a consciência, na apreensão (*Auffassung*) de conteúdos expositivos (*darstellenden Inhalten*), dirige-se ao objeto transcendente. Segundo o Husserl de então, a fenomenologia geral não coincide com a teoria do conhecimento, mas esta é parte daquela. A fenomenologia pura do conhecimento é um subconjunto da "fenomenologia pura dos vividos em geral" (LUII/1, p.2). Essa divisão entre uma fenomenologia dos vividos em geral e uma fenomenologia dos vividos de conhecimento reflete-se, na estrutura das *Investigações lógicas*, na passagem da 5ª à 6ª Investigação, passagem da teoria da intencionalidade em geral à teoria do conhecimento, passagem da consideração da mera "direção" da consciência a uma objetividade à investigação concreta do "encontro" (*Trifftigkeit*) entre consciência e objeto, passagem da análise das modalidades de referência intencional da consciência a um objeto à investigação de sua "ligação" na *Repräsentation*. A análise geral da consciência intencional é, assim, um pressuposto da teoria fenomenológica do conhecimento.

Ora, em relação a essa teoria, deve-se investigar como a fenomenologia cumpre sua tarefa respeitando os princípios metodológicos que ela mesma se atribui. O "princípio de ausência de pressupostos" exclui a transcendência real – e portanto todos os objetos intencionais – do domínio da fenomenologia, limitando a teoria do conhecimento à percepção e análise dos vividos de conhecimento, únicos objetos da investigação fenomenológica, enquanto esta for dirigida pelo *leitmotiv* cartesiano da evidência adequada. Como então se estabelece a teoria fenomenológica do conhecimento se ela tem como única esfera de investigação o campo dos vividos, e não pode falar nada sobre os objetos aos quais a consciência intencionalmente se refere? A interioridade da consciência deve fornecer os elementos para explicitar o "encontro" entre subjetividade e objetividade, per-

Crítica da razão na fenomenologia

manecendo no próprio domínio da imanência e sem nenhum recurso ao objeto excluído da investigação. Esse elemento puramente imanente, capaz de assegurar que a consciência "atinge" seu objeto intencional, será a *intuitividade* enquanto característica interna ao próprio ato intencional. Será ela a encarregada de mostrar que o objeto "meramente intencional" é também um objeto efetivo, um objeto realmente "atingido" pelo ato intencional, realmente "dado" à subjetividade. Esse itinerário é inevitável, já que, diante do projeto de explicitar como o objeto vem à representação, o método exige uma limitação ao "fenomenologicamente dado". Uma "crítica da razão" que apreende o conhecer como atividade subjetiva com pretensão à validade objetiva explicita o conhecimento como uma concordância entre o visar um objeto e esse próprio objeto. Introduzindo-se nessa teoria do conhecimento o princípio de ausência de pressupostos cartesianamente interpretado, para essa teoria o objeto não pode significar senão o vivido de sua *Selbstgegebenheit*. Desde então, a formulação especificamente fenomenológica do problema do conhecimento determinará que essa teoria investigue a conexão sintética do visar não preenchido de um objeto com a *Selbstgegebenheit* desse objeto, apreendida como *apercepção intuitivamente preenchida*. A teoria do conhecimento das *Investigações lógicas* terá como tarefa analisar a estrutura de intuitividade ligada ao ato intencional. Nesse ato, há um momento que representa o objeto e o mostra como efetivamente atingido pela consciência intencional, ao contrário do caso em que essa objetividade é considerada apenas enquanto visada. Ora, para apreender esse momento e o seu funcionamento, é preciso retomar, por um instante, a análise dos elementos que compõem o ato intencional.

III

Em todos os atos intencionais, Husserl distingue entre matéria e qualidade, como dois de seus componentes essenciais, quer dizer, componentes estritamente necessários para que um ato possa ser ato intencional. A qualidade é aquilo que determina o ato como sendo ou meramente representativo, ou volitivo, ou afetivo etc. [...] A matéria é aquilo que faz o ato ser representação, volição ou juízo *deste* objeto e não de outro. "O conteúdo no sentido de matéria é um componente do vivido de ato concreto, componente que este pode ter em comum com atos de qualidade muito diferente" (LUII/1, p.411).[4] Mas esse conteúdo, que pode ser o mesmo em diferentes representações, não designa exatamente o fato de todas dirigirem-se a um mesmo objeto intencional. Ou antes, ele não designa apenas isso. A matéria não apenas determina que o ato se dirija a tal objeto e não a tal outro, como também o modo com que o ato representa seu objeto. Assim, as representações "triângulo equiângulo" e "triângulo equilátero" referem-se ao mesmo objeto intencional, mas cada uma refere-se a ele de um modo distinto, cada uma apresenta matérias distintas. A matéria é aquele componente do ato que lhe confere uma referência objetiva tal

---

4 Cf. LUII/1, p.412: "Recordemos a expressão usual em que o *mesmo conteúdo* pode ser ora conteúdo de uma mera representação, ora conteúdo de um juízo, em outros casos conteúdo de uma pergunta, de uma dúvida, de um desejo etc. Quem se representa que *talvez existam seres inteligentes em Marte*, representa o mesmo que quem enuncia *existem seres inteligentes em Marte*, e que quem pergunta *existem seres inteligentes em Marte?*, ou que quem deseja *tomara que existam seres inteligentes em Marte!* etc.".

Crítica da razão na fenomenologia

que, através dele, determina-se não somente qual o objeto da representação como também em que sentido ele é representado (LUII/1, p.415), com quais marcas distintivas, segundo quais relações ele vem à representação. Como a qualidade e a matéria são elementos dos quais nenhum ato pode carecer, a unidade entre ambos pode ser dita *essência intencional* do ato (LUII/1, p.417). Todavia, qualidade e matéria, sendo componentes essenciais dos atos, não chegam a esgotar todo o conteúdo descritivo presente neles. Ao lado dos componentes essenciais, Husserl vai discriminar ainda os componentes não essenciais dos atos. As novas diferenciações são necessárias, já que atos com mesma qualidade e mesma matéria, logo atos de mesma essência intencional, podem ainda ser descritivamente distintos. "Por exemplo, uma representação da fantasia, qualificada como mera imaginação, se altera não *essencialmente* em relação ao aspecto considerado, quando aumenta ou diminui a plenitude (*Fülle*) e a vivacidade (*Lebendigkeit*) dos conteúdos sensíveis que contribuem a compô-la; ou, referindo-nos ao objeto: quando o objeto aparece ora com maior claridade e distinção, ora se dissipa em uma confusão nebulosa, empalidece em suas cores etc." (LUII/1, p.419). Se atos da mesma essência intencional podem distinguir-se em razão de diferentes graus de claridade, é porque há ainda um outro componente responsável por essa diferenciação. Ora, esse novo componente será essencial para a explicitação dos atos de conhecimento.

Todo conhecimento remete a uma identificação entre o objeto visado e o objeto intuído. O conhecer é um ato identificador cujo momento principal está na união sintética entre a intenção significativa e a intuição. Se podemos dizer que os objetos dos atos se identificam, deve-se dizer que esses próprios atos vêm à coincidência. Os elementos que contam essencialmente na identificação são as matérias: são elas que "coincidem" na identificação (LUII/2, p.64). Mas, se todo conhecimento é uma identificação, nem toda identificação é um conhecimento. Para que haja conhecimento, é essencial uma desigualdade de valor entre os membros sintetizados, e essa desigualdade não pode ser de responsabilidade da matéria. Pois se o conhecimento admite graus de perfeição mantendo-se a mesma matéria, essa matéria não pode explicar as diferenças de perfeição, "nem portanto definir a essência peculiar do conhecimento frente a qualquer outra identificação" (LUII/2, p.65). Ora, para explicitar a "essência peculiar do conhecimento", será preciso introduzir aquele componente que excedia a essência intencional dos atos. Será esse componente o encarregado de diferenciar o preenchimento da "mera identificação". O preenchimento, ao contrário da mera intenção, oferece-nos a coisa de modo direto, ou relativamente mais direto que a intenção. No preenchimento vivemos o "isto é ele mesmo". Por isso o preenchimento comunica algo de novo à intenção, ele a aproxima mais diretamente da "coisa mesma". O preenchimento, por ser dirigido teleologicamente a um fim do conhecimento, designa sempre uma relação de aumento, cuja meta ideal é a apresentação adequada do próprio objeto de conhecimento. Como essa aproximação a um fim do conhecimento não está presente em toda identificação, nem toda identificação é um preenchimento. Assim, existem infinitas expressões aritméticas de idêntico valor numérico, que permitem caminhar de identificação a identificação ao infinito; como essas identificações não se orientam em direção a um fim do processo, em nenhuma delas há preenchimento. O mesmo ocorre na percepção de uma

Crítica da razão na fenomenologia

coisa, em que os ganhos e perdas se compensam em cada momento de percepção. A percepção só surge como conhecimento enquanto a síntese total de uma série de percepções representa um aumento de conhecimento frente a cada membro isolado dessa série, sem que se chegue nunca, entretanto, a uma apresentação adequada (LUII/2, p.67).

No preenchimento, portanto, a intuição traz algo de novo ao ato intencional. Esse algo de novo, distinto da qualidade e da matéria, mas que pode ser visto como um complemento da própria matéria, é a plenitude (LUII/2, p.69). Ela designa o momento de intuitividade do ato, e suas diferenças determinam o caráter de conhecimento do ato. É a reunião da essência intencional com a plenitude que Husserl denominará de essência cognoscitiva do ato. Assim caracterizada, a plenitude é o momento interior aos atos, responsável por serem eles intuitivos, já que é através dela que um ato se dirige de forma mais direta à "coisa mesma". É ela também que vai diferenciar, portanto, os atos que apenas "se dirigem" a um objeto daqueles que dão efetivamente o objeto à presença e os tornam "por assim dizer subjetivos". Em um ato intuitivo, mesmo que ele não seja puramente intuitivo mas necessite ainda de preenchimento, o visado vem à presença, ao contrário de um ato puramente signitivo que, sendo puramente vazio, apresenta-me apenas a direção a um objeto sem antecipar em nada sua presença. A consciência de coisa, sendo um ato complexo que envolve intenções signitivas, imaginativas e puramente perceptivas, será uma consciência que *efetivamente* me apresenta a coisa graças aos componentes intuitivos envolvidos na intenção total. É por isso que a explicitação da plenitude dos atos intuitivos é equivalente à explicitação da maneira pela qual a fenomenologia pretende comentar a diferença entre o mero visar e o "encontro" efetivo entre a subjetividade e a transcendência. Ora, a explicitação da plenitude nos reconduz à investigação das diferenças internas entre os atos intuitivos e os não intuitivos. É aqui que está o ponto essencial: "A intenção signitiva apenas reenvia ao objeto, a intuitiva o torna representado no sentido estrito, ela traz algo da plenitude do próprio objeto" (LUII/2, p.76). Se a representação signitiva não é, propriamente falando, uma *Vorstellung*, é porque nela *não há nada de vivo do objeto*. O que significa, exatamente, uma representação "trazer algo da plenitude do próprio objeto", e como o fenomenólogo pode determinar isso?

A plenitude por si só, a plenitude completa e ideal, é a plenitude do próprio objeto, "como conjunto das determinabilidades que o compõem". Excetuando-se o caso da percepção adequada, em que o objeto intuído é imanente ao ato, não havendo assim distância entre representação e representado, não há jamais uma plenitude "completa e ideal". Nas percepções inadequadas, como a consciência de coisa, é preciso distinguir a plenitude do objeto da plenitude da representação, já que o objeto é por princípio transcendente ao ato que o representa. A plenitude da representação "é o conjunto das determinabilidades pertencentes à própria representação, através das quais ela apreende seu objeto como ele mesmo ou o presentifica" (LUII/2, p.76). A plenitude da representação é um momento próprio aos atos, que forma a parte positiva das intenções intuitivas. Sendo assim, a plenitude designa o "conteúdo intuitivo" dos atos. Esse conteúdo intuitivo é formado pelos "conteúdos expositivos ou intuitivamente representantes *em* e *com* a apreensão correspondente a eles... prescindindo sempre da qualidade do ato'" (LUII/2, p.78-9). O conteúdo intuitivo,

Crítica da razão na fenomenologia

considerado como conteúdo expositivo junto à apreensão, não é então senão o perfil (*Abschattung*) imaginativo ou perceptivo do objeto. Esse conceito pode ser analisado em seu "conteúdo próprio", "fazendo abstração das funções de imaginação ou percepção puras que lhes dão o valor de imagem ou perfil da própria coisa e, portanto, seu valor na função de preenchimento" (LUII/2, p.78). Ora, o conteúdo intuitivo, considerado sem levar em conta as apreensões, remete a um componente comum a todos os atos objetivantes, sejam eles intuitivos ou signitivos, e que é o "conteúdo representante" do ato. Quer o ato seja signitivo, quer seja intuitivo, ambos exigem, ao lado da qualidade e da matéria, um conteúdo representante, que será ou signitivo ou intuitivo. Mas todos os atos objetivantes têm três componentes: a matéria, a qualidade e o conteúdo representante. Nos atos intuitivos, esse conteúdo representante, juntamente com a apreensão objetivante, compõe o conteúdo intuitivo do ato. O conteúdo representante é, assim, o suporte da apreensão que o transforma em conteúdo intuitivo, em perfil imaginativo ou perceptivo de um objeto, que se refere "univocamente a conteúdos determinados do objeto correspondente" (LUII/2, p.78).[5] Em uma representação

---

5 Cf. LUII/2, p.78-9: "Por conteúdos expositivos ou conteúdos intuitivamente representantes entendemos aqueles conteúdos dos atos intuitivos que, através das apreensões imaginativas ou perceptivas, das quais eles são os suportes, referem-se univocamente a conteúdos determinados do objeto correspondente, expondo-os no modo de perfis imaginativos ou perceptivos. Mas nós excluímos os momentos de ato que os caracterizam assim. Como o caráter da imaginação reside na figuração analogizante, na representação em sentido estrito, o caráter da percepção também pode ser designado como apresentação (*Präsentation*), e então oferecem-se a nós nomes

intuitiva, mas não adequada, como a percepção de coisa, que é sempre um ato misto, pode-se distinguir entre o conteúdo puramente intuitivo do ato e seu conteúdo puramente signitivo. O primeiro designa o momento que corresponde, no ato, ao conjunto das determinabilidades do objeto que efetivamente se manifestam; o segundo designa os elementos do ato correspondentes às determinabilidades do objeto que são covisadas pelo ato, mas que não vêm propriamente à manifestação. Assim, na percepção de uma coisa distingue-se aquilo que vem efetivamente à manifestação, o "lado" do objeto, daquilo que não "cai" sob o fenômeno. Mas, como o que não é exposto permanece covisado pela representação, é preciso atribuir a esta um conjunto de componentes signitivos, que podem ser abstraídos quando se quer investigar apenas os componentes intuitivos, aqueles que dão ao conteúdo expositivo a sua referência direta aos momentos correspondentes do objeto. Em uma representação puramente signitiva, nenhuma determinabilidade do objeto intencional vem à exposição (*Darstellung*) no conteúdo do ato; essas representações puramente signitivas, que são as intenções significativas puras, são vistas por Husserl como casos limites das intuitivas, quando estas são completamente esvaziadas de seu conteúdo intuitivo (LUII/2, p.81). No caso de uma representação puramente intuitiva, ao contrário, não

---

distintos para os conteúdos expositivos em um caso e em outro: conteúdos analogizantes ou figurantes, e conteúdos apresentantes ou que expõem a coisa mesma. Também os designam corretamente as expressões conteúdos que perfilam perceptivamente e conteúdos que perfilam imaginativamente. Os conteúdos expositivos da percepção exterior definem o conceito de sensação no sentido habitual. Os conteúdos expositivos da fantasia são os fantasmas sensíveis".

haveria nenhum conteúdo signitivo, tudo nela seria plenitude, todo o exposto seria visado e todo visado exposto.

Desde então, a "plenitude da representação" remete ao conteúdo representante do ato, apreendido como perfil do objeto e transformado assim em conteúdo representante intuitivo desse objeto. Todavia, o conteúdo representante pode ser puramente signitivo, e essas análises ainda não nos informam em nome do que o conteúdo representante pode surgir, ou como representante intuitivo ou como representante signitivo. A essa questão, Husserl responde que o ato será intuitivo, signitivo ou misto segundo a forma como opera (*fungiert*) esse conteúdo representante (LUII/2, p.90).[6] Mas o que determina essa diferença de funcionamento do representante? Ela só pode radicar nas diferenças de funcionamento da apreensão, em um caso e em outro. Husserl dedica duas séries de textos ao conceito de apreensão nos quais ele enfatiza, por um lado, as semelhanças, por outro, as diferenças de seu funcionamento no plano da linguagem e da percepção. O conceito enquanto tal tem sua origem na análise dos atos significativos elaborada em 1894, na qual Husserl tomava consciência, pela primeira vez, dessa curiosa capacidade da consciência de apreender um conteúdo dado ora como uma coisa, ora como outra, ora como complexo sonoro, ora como palavra, ora como um conteúdo opaco, ora como um conteúdo que reenvia a outra coisa que a ele mesmo. Como existe uma diferença quando tomamos "simplesmente

---

6 Cf. LUII/2, p.90: "Todo ato objetivante concreto e completo tem três componentes: a qualidade, a matéria e o conteúdo representante. Segundo esse representante opera como puramente signitivo, ou puramente intuitivo, ou ambos, o ato é puramente signitivo, puramente intuitivo, ou misto".

um concreto A tal como ele é" e quando "o apreendemos como representante de um A qualquer" (AL, p.153), e como essa diferença não é tributária do próprio conteúdo apreendido, mas de nosso modo de apreensão, existe uma atividade da consciência que permanecia desconhecida pela tradição e que determina aquilo que, afinal, será apreendido pela consciência. A admissão dessa atividade depende apenas do "testemunho da experiência interna", que nos dá a convicção de que "nos dois casos existe um modo diferente de ocupação psíquica com ou sobre o conteúdo" (AL, p.154-5). Ora, essa atividade anônima, sobre a qual se toma consciência pela primeira vez na apreensão do signo *enquanto* signo, não é a única em sua classe. A percepção se efetua segundo um modelo análogo, um conteúdo imanente sendo apreendido de tal forma que ele remete a outra coisa. E aquilo a que ele remete parece estar positivamente dependente do modo de apreensão ao qual ele é submetido. Essa semelhança entre o plano de linguagem e o plano perceptivo é expressamente assumida por Husserl, que lhe dedica um parágrafo da 1ª Investigação. Como toda apreensão é "em certo sentido" um "compreender" e um "interpretar", há uma afinidade entre a apreensão na qual se realiza "o significar de um signo" e a "apreensão objetivante", na qual, por meio de uma complexão de sensações vividas, surge para nós "a representação intuitiva de um objeto" (LUII/1, p.74). É por essa afinidade que a apreensão objetivante é passível de um comentário que utiliza uma linguagem calcada sobre a apreensão do signo. Assim, uma consciência anterior a toda experiência, desprovida de toda "interpretação objetivante", pode sentir como nós, mas não pode intuir coisas; e podemos descrever essa situação dizendo que para ela "as sensações não *significam* nada", que para

Crítica da razão na fenomenologia

uma tal consciência as sensações "não valem como *signos* para as propriedades de um objeto, sua complexão não vale como signo do próprio objeto" (LUII/1, p.75).

Esse conceito de apreensão, calcado sobre o modelo da linguagem, parece surgir com poderes ilimitados. Pois, assim como depende apenas da apreensão a determinação de A como signo de B, parece depender apenas de "apreensão objetivante" que se apreenda um conteúdo como representante intuitivo deste ou daquele objeto. E não faltam textos de Husserl que reafirmam essa impressão. Diferentes objetos podem aparecer sob a base das mesmas sensações e, simetricamente, "diferentes atos podem perceber o mesmo e todavia sentir conteúdos diferentes" (LUII/1, p.381). Da mesma forma, em um contínuo perceptivo submetido ao tempo, as sensações são diferentes a cada momento, mas continuamos percebendo o mesmo objeto. Aqui, a apreensão parece determinar completamente o que percebemos, enquanto ela determina completamente como que nós interpretamos as sensações. No entanto, esses textos que sugerem um poder ilimitado da apreensão destinam-se antes a enfatizar a necessidade de se admitirem esses atos, e a mostrar que a percepção exige algo além de uma constelação de sensações.[7] Eles não se destinam a dar a verdade definitiva sobre a operação da apreensão. Da mesma forma, o funcionamento da apreensão na

---

7 Os textos que atribuem um poder ilimitado à apreensão estão no §14 da 5ª Investigação, onde Husserl polemiza com "um grupo de investigadores que negam pura e simplesmente" a delimitação da classe de vividos que ele caracteriza como ato ou vivido intencional. A afirmação do poder da apreensão se destina a enfatizar que "a própria apreensão não pode reduzir-se jamais a uma afluência de novas sensações" (LUII/1, p.380-1).

linguagem não será canônico para o funcionamento da apreensão em geral. Na verdade, "não está inteiramente em nosso arbítrio o *como que* (em qual sentido de apreensão) nós apreendemos um conteúdo" (LUII/2, p.92). Isso significa que a apreensão não é a responsável pela intuitividade do conteúdo representante, que não é ela que faz do conteúdo representante um representante *intuitivo* do objeto. A intuitividade desse representante encontra sua determinação em outro lugar. Esse outro lugar, Husserl o indica nos textos em que enfatiza a diferença entre o funcionamento da apreensão de um signo e o funcionamento da apreensão perceptiva. Qualquer conteúdo pode funcionar como representante em uma representação signitiva, já que a mesma significação pode ser concebida como aderida a qualquer conteúdo. No caso da intenção signitiva, a relação entre representante e representado é puramente arbitrária. É esse arbitrário que desaparece nas representações intuitivas. Como representante intuitivo de um objeto não é qualquer conteúdo que pode servir. Em outras palavras, não é qualquer conteúdo representante que pode funcionar como representante intuitivo de um objeto, e essa limitação antecede a ação da apreensão. No caso das representações intuitivas, a relação entre representante e representado não é *arbitrária*. Como a fenomenologia determina então os conteúdos que podem funcionar como representantes intuitivos? Ora, a resposta de Husserl a essa questão, além de infringir os princípios metodológicos que as *Investigações lógicas* se atribuem, vai condenar a fenomenologia às mesmas dificuldades da *Bildtheorie* anteriormente criticada: "De representante intuitivo de um objeto só pode servir um conteúdo que seja semelhante ou igual a ele" (LUII/2, p.92).

Crítica da razão na fenomenologia

A investigação da efetividade da relação entre subjetividade e transcendência, que deveria ser uma análise puramente imanente, explicitando o "encontro" entre a consciência e a objetividade unicamente em função da intuitividade interior aos próprios atos intencionais, não pode determinar essa própria intuitividade sem um recurso aos próprios objetos excluídos da investigação pelo princípio de ausência de pressupostos, e sem usar o léxico da semelhança que, ao exigir uma comparação entre o universo representativo e o universo representado, destina a fenomenologia às mesmas dificuldades da representação por ideias-quadro anteriormente banida pelo filósofo. E a "semelhança" retornará incessantemente aos textos de Husserl, como único conceito disponível para comentar a relação entre representação e representado. Ela ressurgirá quando Husserl for contrapor os atos signitivos aos intuitivos de forma "indireta", a partir das diferenças das sínteses de preenchimento (LUII/2, p.59). Seja nos atos intuitivos, seja nos signitivos, deve-se distinguir entre o conteúdo que é dado no fenômeno, mas não visado, e o objeto indicado, imaginado ou percebido. Mas, dentro dessa série, os conteúdos diferenciam-se em cada caso: os conteúdos signitivos comportam-se diferentemente dos perfis imaginativos ou perceptivos. Enquanto o sinal e o sinalizado não têm nada a ver um com o outro, existe uma co-pertinência interna (*innere Zusammengehörigkeit*) entre os perfis imaginativos e perceptivos e a "coisa mesma". Ora, essa "co-pertinência interna" será comentada em termos de "imagem" e "semelhança", e isso não apenas no caso dos atos imaginativos. É verdade que a imaginação se preenche pela síntese do semelhante pelo semelhante, e a percepção pela síntese da "coisa mesma". Só que esse "mesmo" do preenchimento perceptivo também remeterá a uma semelhança entre o representante e o representado que, não sendo uma semelhança no "sentido natural", como no caso da representação imaginativa, não deixará de ser uma "semelhança", nem deixará de exigir uma comparação impossível. Assim, o aumento de "plenitude" de uma representação não será senão o aumento de semelhança entre a representação e o representado. "Tanto mais 'clara' é a representação, tanto maior é sua 'vivacidade', tanto mais alto é o grau de figuração (*Bildlichkeit*) que ela alcança, tanto mais rica ela é em plenitude" (LUII/2, p.77). Como determinar esse coeficiente de plenitude das representações? "Teríamos que retornar às marcas distintivas do objeto representado: quanto mais essas marcas distintivas entram na representação analógica, e para cada indivíduo, tanto maior é o aumento da semelhança com a qual a representação (*Vorstellung*) representa (*repräsentiert*) em seu conteúdo essa marca distintiva, tanto maior é a plenitude da representação" (LUII/2, p.77). É verdade que Husserl tenta diferenciar a representação perceptiva da consciência de imagem: "o modo dessa representação por semelhança é distinto, segundo a representação apreenda o conteúdo esboçante (*abschattende*) como imagem ou como apresentação do próprio objeto" (LUII/2, p.117). Mas essa diferença somente indicada entre duas ordens de semelhança apenas sofistica a teoria, sem eliminar a exigência fundamental de que, em qualquer caso, é através de uma *semelhança* que a relação entre representante e representado é tematizada. A premissa fundamental permanece mantida: "Todo perfil tem caráter representativo, e na verdade representa por semelhança" (LUII/2, p.117). Desde então, excluindo-se o caso da percepção adequada — a percepção dos próprios vividos —, onde se identificam o conteúdo expositivo

Crítica da razão na fenomenologia

e o próprio objeto, a relação entre representante e representado será sempre permeada pela linguagem da semelhança. E a expressão *Selbstdarsteilung*, própria à representação perceptiva, apesar de sua oposição à *analogisierende Darstellung*, própria à representação imaginativa, não será decodificada afinal senão como sendo também uma relação de semelhança.

Posteriormente, Husserl vai penitenciar-se por essa concepção de representação que, por um lado, torna inevitável uma naturalização da consciência, ao fazer desta um análogo do objeto percebido. "Exposição (*Darstellung*) é representação (*Repräsentation*) do semelhante através do semelhante. Eu mesmo utilizei essa expressão nas *Investigações lógicas*. Contudo, existem sérias objeções a essa denominação, na medida em que conteúdos realmente imanentes como sensações de cor, sensações de extensão, e outros, são algo *toto coelo* diferente diante de determinabilidades de coisa como coloração, extensão etc. Mas semelhança no sentido autêntico é uma relação entre coisas diferentes que estão sob o mesmo gênero".[8] Todavia, mais inquietante que essa naturalização da consciência embutida na teoria da representação, será a comparação que ela exigirá entre os elementos imanentes e os elementos objetivos, comparação inevitável para que o léxico da semelhança possa ganhar um direito de cidadania, por mais que esse léxico tenha sido temperado em face do conceito "natural" de semelhança. "Como são possíveis afirmações evidentes sobre uma objetividade que não é efetivamente dada no fenômeno? Como são possíveis comparações entre seus momentos e os momentos imanentes do fenômeno?" (DR, p.19). Elas não são possíveis. Não apenas porque o objeto intencional

---

8 Manuscrito FI 7, p.16a (*Husserl-Archief te Leuven*).

está excluído do campo de investigação, como também porque a comparação envolveria as mesmas dificuldades que Husserl censurava na teoria das ideias-quadro. Nessas condições, a investigação do "encontro" entre subjetividade e transcendência transforma-se em uma tarefa irrealizável. A teoria da *Repräsentation*, ao exigir o conceito de semelhança para comentar a relação efetiva entre consciência e objeto, destina a "crítica da razão" de 1901 a um impasse completo.[9]

Ora, esse desfecho não chega a ser surpreendente. A crítica à "teoria inglesa do conhecimento", ao afastar o conceito da ideia-quadro, não afastava ainda o prejuízo fundamental da "representação clássica". Esse prejuízo era a oposição absoluta entre o mundo e a representação; e a fenomenologia o mantinha ao opor, como opunha, a imanência à transcendência, a consciência ao mundo. Era essa oposição que fazia da teoria das ideias uma solução natural do "enigma" do conhecimento. Criticando a consequência sem criticar a premissa, as *Investigações lógicas* se condenavam a receber de volta, pela porta dos fundos,

---

9 Em Tugendhat, *Der wahrheitsbegriff bei Husserl und Heidegger*, p.74-6. Tugendhat aponta esse recurso à "semelhança" na teoria husserliana da representação. Todavia, ele interpreta como uma dificuldade estranha e periférica o que, de fato, testemunha uma dificuldade de princípio das *Investigações*, reveladora de um impasse profundo – e sob certo aspecto, inevitável – da fenomenologia pré-transcendental. Essa interpretação deve-se, aparentemente, ao estilo geral das análises de Tugendhat: comentando as *Investigações lógicas* a partir de *Ideias I*, e vice-versa, a fenomenologia pré-transcendental a partir da transcendental e vice-versa, como se não houvesse alterações substanciais de uma à outra, e alterações que visam exatamente a responder a dificuldades prévias, ele se priva de discernir a relevância de um problema no marco teórico em que esse surge.

Crítica da razão na fenomenologia

os mesmos conceitos através dos quais a tradição explicitava a relação entre subjetividade e objetividade. A fenomenologia podia criticar a teoria das ideias, mas não podia deixar de recorrer aos conceitos oriundos da "representação clássica". Ela não podia passar-se das noções de semelhança, de analogia... Assim, se a "crítica da razão" esboçada nas *Investigações* fracassa, é porque a fenomenologia de 1901 ainda permanecia presa a "prejuízos". Serão esses os prejuízos que, pouco depois, Husserl remeterá à "atitude natural".

Segunda parte

Crítica da razão na atitude transcendental

V
O território da filosofia

I

"A *epoché* fenomenológica" – escreve Husserl – "libera uma esfera de ser nova e infinita, como esfera de uma experiência nova, a experiência transcendental" (CM, p.66). Uma esfera de ser nova? De imediato, não é claro o que haveria de *inédito* nessa subjetividade chamada transcendental em relação à sua homônima mundana. Os textos repetem ao infinito que a responsável pela transformação – e pela novidade – é a redução. É ela que desvela o "território fenomenológico": se este nos fosse dado imediatamente assim como o território da atitude natural, não haveria necessidade das "reduções" (IdI, p.145). Mas essa pretensa novidade da subjetividade transcendental parece impalpável: a redução, definida como "suspensão da tese geral da atitude natural" (IdI, §32), quer dizer, como inibição da validade e da "crença no mundo" (CM, p.74) não parece, por si só, instruir-nos sobre o caráter inédito da subjetividade que ela deve desvelar. Da mesma forma, também parece impalpável a novidade paralela da fenomenologia em relação à psicologia.

191

Nesse último caso, igualmente, tem-se a impressão de que os textos *afirmam* uma diferença de princípio na sequência de comentários que, de fato, sugerem uma igualdade.

Assim, o artigo escrito para a *Enciclopédia Britânica* divide a fenomenologia em fenomenologia psicológica e fenomenologia transcendental (PP, p.237). Mas o leitor não pode deixar de notar que Husserl começa por caracterizar a psicologia fenomenológica de forma a levantar a suspeita de que o "campo de experiência" aberto pela redução não prepara o caminho para uma "nova ciência", mas apenas para uma nova psicologia. É que o psicólogo, por seu lado, já exerce a *epoché* da validade: quando ele analisa a percepção de um objeto, não lhe interessa se esse objeto exista ou não, circunstância que não altera em nada a percepção enquanto tal (PP, p.243; Kr, p.247). O "método da redução fenomenológica" seria mesmo o "método fundamental" que tornaria possível uma "psicologia pura" (PP, p.243). Além do mais, essa esfera psicológica não parece padecer de nenhuma limitação. Ao contrário, ela abarca a totalidade da vida subjetiva, visto que a ela, "como ciência do psíquico, pertencem naturalmente todos os fenômenos puramente subjetivos, todos os modos-de-aparição daquilo que aparece" (PP, p.240). Enfim, a tópica da psicologia parece em tudo idêntica àquela atribuída à fenomenologia transcendental: análise das sínteses da consciência, da constituição estática e genética, fenomenologia da razão – todas essas questões fazem parte da psicologia (PP, p.286-7). É por isso que ela estará habilitada até a suprir as carências da Doutrina da Ciência, tais como essas se apresentavam nos *Prolegômenos*: se a Lógica Pura é "unilateral" e "ingênua" por manter "não temática" a vida subjetiva onde se forma toda verdade e toda ciência, então

Crítica da razão na fenomenologia

a disciplina que irá investigar essa vida subjetiva, a Doutrina da Ciência completa, "é ao mesmo tempo uma psicologia universal da razão" (PP, p.327). Se a psicologia pura se iguala à fenomenologia transcendental quanto ao método, ao objeto e à tópica, não é difícil compreender como ela possa servir de "preparação" à fenomenologia transcendental – mas ao preço de não se poder discernir mais uma de outra.

A psicologia identificada à filosofia? Esse erro Husserl não cessou de combater, desde 1908, quando tomou consciência da necessidade de estabelecer uma diferença radical entre psicologia e fenomenologia transcendental, "diferença que é da maior importância para a filosofia transcendental no sentido verdadeiro" e que permite ultrapassar de forma radical o psicologismo (AL, p.405). É por identificar filosofia e psicologia que Locke é criticado. Por um lado, Locke deve ser elogiado, na medida em que ele não visava propriamente à elaboração de uma psicologia, mas encaminhava sua investigação em direção ao "problema do conhecimento". De certa forma, o *Ensaio* já era o rascunho de uma filosofia transcendental. Se ele também é censurável, é por não seguir o espírito da problemática cartesiana e considerar, por conseguinte, o Ego no sentido psicológico, como "a alma humana no mundo" (PP, p.265). Ora, a psicologia fenomenológica da razão é "não filosófica" (PP, p.265); ela permanece uma ciência "positiva" como outra qualquer. É que, se a psicologia pura já opera a *epoché* fenomenológica, ela não a opera de maneira *universal*. A sua neutralização da validade dos objetos não é uma neutralização da validade de todos os objetos: a alma pura, precisamente, permanece poupada pelo psicólogo, enquanto a filosofia transcendental exige que se reduza a própria alma, exige uma redução mais alargada e completamente universal (PP, p.249). Na relação entre a fenomenologia e as ciências "positivas", a psicologia goza portanto de uma situação singular: perigosamente semelhante e enigmaticamente distinta da filosofia, a psicologia já será fenomenologia sem propriamente sê-lo, abordará as mesmas questões, mas com um "sentido diferente", exercerá a redução fenomenológica sem contudo abandonar a "atitude natural". Ora, é por essa situação ambígua, justamente, que ela será o "campo de decisão da filosofia" (Kr, p.218).

Essa ambiguidade inscrita nas relações entre a psicologia e a filosofia transcendental se exprime no "paralelismo" que Husserl institui entre ambas. Esse paralelismo significa, por um lado, que a análise transcendental já "pode ser desenvolvida no nível natural, no abandono da atitude transcendental"; por outro lado, ele significa que à psicologia corresponde, "tanto na sua parte empírica quanto na sua parte pura, uma fenomenologia transcendental" (CM, §57). Esse paralelismo implica que é sempre possível passar de uma disciplina a outra. Se possuímos a fenomenologia transcendental e desejamos uma psicologia pura, bastam algumas "pequenas modificações" na filosofia para que dela surja a psicologia, desprovida, bem entendido, do "sentido transcendental" (CM, §35). O percurso inverso também pode ser feito, existe sempre uma passagem possível da psicologia à fenomenologia, e é ela que garante que todo trabalho efetuado por uma psicologia e "coroado de sucesso" seja imediatamente "trabalho pronto para a teoria do conhecimento". O "Posfácio" a *Ideias I* sublinha esse paralelismo a essa transição sempre possível de uma disciplina a outra, transição que implica uma mudança quase imperceptível: o mesmo conteúdo fenomenológico-psicológico torna-se um conteúdo

Crítica da razão na fenomenologia

fenomenológico-transcendental, "assim como este último, ao contrário, no retorno à atitude natural-psicológica, torna-se novamente psicológico". "A toda afirmação tanto empírica quanto pura de um lado, precisa corresponder uma afirmação paralela do lado oposto" (IdIII, p.146-7). O conteúdo da psicologia pura é o "mesmo" que o da fenomenologia – a diferença sendo sugerida apenas pelas aspas. Se passamos de uma disciplina a outra por uma pura mudança de atitude, "ambas apresentam os mesmos fenômenos e intelecções de essência, mas por assim dizer com diferentes sinais, que modificam seu sentido por princípio" (PP, p.247). A que remete, exatamente, essa mudança de sentido? Husserl insiste em que, apesar da dificuldade para compreender-se essa "nuança", ela tem "um significado decisivo para toda filosofia autêntica" (IdIII, p.147). Se bem que frente à psicologia a filosofia exija uma redução "mais alargada e completamente universal", essa redução não elimina o paralelismo, e a fenomenologia psicológica "coincide de certa maneira [...] com a fenomenologia transcendental proposição por proposição, com a restrição de que, de um lado, em cada proposição, sob o fenomenológico puro é compreendido o anímico, uma camada de ser do mundo natural válido e, do outro lado, é compreendido o subjetivo-transcendental, no qual se origina toda a validade de ser desse mundo" (PP, p.250).

Esse paralelismo entre filosofia e psicologia não é senão o reflexo do paralelismo entre a subjetividade transcendental e a mundana. A *epoché* universal da fenomenologia não nos coloca diante de um universo de conteúdos materialmente novos em relação àqueles oferecidos já na subjetividade psicológica. Assim como no plano das disciplinas os conteúdos teóricos da filosofia e da psicologia coincidem "proposição por proposição", os territórios sobre os quais elas se debruçam são os mesmos. "Não se deve contestar de maneira alguma que todo modo de intencionalidade e, entre outros, todo modo de evidência, assim como todo modo de preenchimento de opiniões pela evidência, podem ser encontrados graças à experiência *igualmente na orientação psicológica* e podem ser tratados psicologicamente. Não se deve contestar que *todas as análises intencionais que desenvolvemos ou apenas indicamos também têm validade na apercepção psicológica*" (FTL, p.229). E, mais uma vez, a retórica do paralelismo, ao enfatizar a qualidade, termina por afirmar a diferença. É verdade que os conteúdos descritos pela filosofia são os mesmos explicitados na apercepção psicológica, "com a reserva de que aqui se trata precisamente de uma apercepção 'mundana' particular que, apenas após a colocação entre parênteses, fornece conjuntos subjetivos que são transcendentais e paralelos aos conjuntos concretos psicológicos" (FTL, p.229). É por não ter sido suficientemente atento a essa diferença e ao "sentido profundo" da cisão entre o psicológico e o transcendental que Kant é censurável (FTL, p.228). Assim, que a afirmação da igualdade não sirva de motivo para descuidar da diferença, sendo necessária toda atenção para não confundir os domínios, operando um "deslocamento que falseia tudo" (FTL, p.229).

O paralelismo significa, simultaneamente, uma identidade e uma diferença. E Husserl nos previne que o sentido "natural" desses termos pode induzir-nos a erro. Se a subjetividade transcendental é simultaneamente a mesma e a outra frente à subjetividade psicológica, essa alteridade não deve sugerir nenhuma *duplicação*, como poderia insinuar a metáfora das paralelas. Por um lado, é certamente em termos de identidade e de diferença que deve ser comentada a relação do transcendental

Crítica da razão na fenomenologia

ao psicológico: "a psicologia e a filosofia transcendental são aparentadas de modo inseparável e completamente peculiar – no modo que para nós não é mais enigmático – da diferença e da identidade entre o eu psicológico... e o eu transcendental" (Kr, p.209). Em primeiro lugar, existe identidade, e não se deve duvidar de que o Eu absoluto de Fichte, que se põe a si mesmo, não seja o próprio eu de Fichte (Kr, p.205). Por outro lado, existe diferença, já que eu, "enquanto eu transcendental, constituo o mundo e, enquanto alma, permaneço um eu humano no mundo" (Kr, p.205). Mas essa identidade e essa diferença não devem ser comentadas segundo o léxico da união e da duplicação. "Meu eu transcendental é evidentemente 'diferente' do eu natural, mas de maneira alguma como um segundo eu, como algo *separado* dele no sentido natural da palavra, como, ao contrário, ele não é de maneira alguma algo unido ou entrelaçado a ele no sentido natural" (PP, p.294).

Nessas condições, qual seria exatamente a *novidade* da subjetividade transcendental, que faria dela um território inédito em relação àquele da psicologia? Para comentar a "nuança" que distingue o transcendental do psicológico, nuança que vai torná-lo inédito, resta apenas uma misteriosa "significação transcendental". Sendo assim, parece inevitável que o leitor seja levado a julgar Husserl assim como Husserl julgava Kant quando ele dizia que, ao tentarmos distinguir a subjetividade transcendental kantiana da psicológica, "nós caímos em uma mística incompreensível" (Kr, p.120). E essa pretensa novidade da subjetividade transcendental parece ainda mais questionável quando se tem em vista os textos em que Husserl fala dos motivos da redução, dando-lhe como única razão a necessidade de se evitar um círculo vicioso na colocação do problema do conhecimento – textos, portanto, em que ele lhe atribui uma motivação puramente negativa. A redução teria como tarefa metódica "lembrar-nos constantemente" que as "esferas de ser e de conhecimento" objetivos não devem penetrar no território e no discurso fenomenológicos, o que seria uma insuportável *metabasis* (IdI, p.145). As questões transcendentais sobre a possibilidade do conhecimento transcendente não podem ser colocadas a partir de um *Ego* apreendido como alma, quer dizer, a partir de um *Ego* que, enquanto pertencente ao mundo, supõe já a apercepção do mundo, supõe um conhecimento transcendente. Aqui, o filósofo pressupõe exatamente o que está em questão, pressupõe como dado um conhecimento transcendente no momento de fundar todo conhecimento transcendente possível (PP, p.249; IdPh, p.39). É preciso então encontrar o eu que possa colocar questões transcendentais – o psicologismo sendo exatamente a pretensão de tratar os problemas transcendentais a partir do Ego mundano (Kr, p.265). Assim, é preciso "efetuar conscientemente a redução fenomenológica para obter aquele eu e aquela vida de consciência em relação aos quais podem ser postas questões transcendentais como questões sobre a possibilidade do conhecimento transcendente" (CM, p.116). Ora, se a redução tem como única motivação a necessidade de escapar do círculo vicioso na fundação do conhecimento, a subjetividade transcendental que ela desvela só pode parecer uma "impostura profissional do filósofo", uma construção à qual ele é obrigado a recorrer para responder, sem contrassenso, às questões que ele mesmo colocara. Nessas condições, a subjetividade transcendental não pode ser um "campo de experiência inédito", mas apenas a velha subjetividade psicológica, dogmaticamente afirmada como não mundana. A redução não nos instala em um território

Crítica da razão na fenomenologia

radicalmente novo e a fenomenologia parece não ser senão uma psicologia envergonhada.

Ora, o próprio Husserl alude a essa interpretação – para atribuí-la à miopia da atitude natural. "O entendimento humano natural, e o objetivismo nele radicado, sentirá a filosofia transcendental como uma extravagância, sentirá a sua sabedoria como uma loucura inútil, e a interpretará como uma psicologia que imagina não sê-lo" (Kr, p.204). O que é signo suficiente de que, aos olhos de Husserl, a diferença "difícil e paradoxal" entre o psicológico e o transcendental não pode ser uma diferença unicamente verbal. Diferença que não distingue conteúdos, diferença que não separa de fato nada, essa "nuança" não é todavia *vazia*.[1] Diferença que se refere apenas ao "sentido", essa nuança que atribui ao Ego uma "significação transcendental" (FTL, p.225) e que tem "significado decisivo para toda filosofia autêntica" (IdIII, p.147) só pode ser vislumbrada quando se pergunta em que, efetivamente, a filosofia vai *além* da psicologia. Ou, invertendo-se a questão, quando se pergunta em que a psicologia, mesmo operando a redução fenomenológica, permanece ainda presa à "atitude natural". É preciso saber como a redução, ao lado da tarefa puramente negativa vinculada

---

1 Comentando a diferença entre a subjetividade psicológica e a transcendental, Derrida elide totalmente a questão, ao condenar uma "diferença" que não pode ser "mundana" a desempenhar o papel de uma obscura diferença *na* linguagem. Cf. Derrida, *La voix et le phénomène*, p.13: "Polêmica pela possibilidade do sentido e do mundo, ela tem seu lugar nessa *diferença* da qual vimos que ela não pode habitar no mundo, mas apenas na linguagem em sua inquietação transcendental. Na verdade, longe de habitá-la apenas, ela é também sua origem e sua morada. A linguagem guarda a diferença que guarda a linguagem".

à neutralização do círculo vicioso, tem também uma tarefa positiva, responsável, afinal, pelo sentido da nova "significação transcendental". Apenas assim se compreenderá por que, para Husserl, o eu atingido através da *epoché* é denominado eu "apenas por equívoco" (Kr, p.188).

II

O "mundo da atitude natural", explicitado através de uma "descrição pura anterior a toda teoria" (IdI, p.62), é caracterizado por dois traços básicos. Em primeiro lugar, nessa atitude tenho consciência de um mundo como presente (*vorhanden*), e que para tanto não precisa estar em meu "campo de percepção" (IdI, p.58). Tenho consciência portanto de um mundo que independe da percepção. "O eu sabe que as coisas não são apenas quando são percebidas... As coisas que aqui são, são coisas *em si*" (PI/1, p.113, 123, 145). Se essas coisas são em si, é porque elas são concebidas como conteúdos positivos pensáveis como distintos, por princípio, dos fenômenos ou manifestações (*Erscheinungen*) graças aos quais elas vêm à presença. Em segundo lugar, nessa atitude o eu se apreende como *parte* desse mesmo mundo, quer dizer, como parte de um todo mais amplo que inclui também as coisas que serão os "objetos" de sua experiência (IdI, p.59). É por apreender as coisas como coisas em-si que a atitude natural as apreende como existentes (*daseiende*), quer dizer, opera a "tese geral da atitude natural" (IdI, p.63). Assim descrita, a atitude natural se caracteriza basicamente como uma interpretação tanto do objeto quanto da consciência. Afirmar que os objetos são em-si, independentes da percepção, independentes de seus fenômenos, é decodificar

Crítica da razão na fenomenologia

o objeto como um conteúdo positivo, pensável como estando além de sua manifestação, como um conteúdo pensável independentemente de uma perspectiva, de um ponto de vista. Essa concepção dogmática do objeto, oriunda da atitude natural, será aquela que, posteriormente, Merleau-Ponty atribuirá ao "prejuízo do mundo": o objeto será sempre concebido como um real para *além* das aparências, como "um geometral que dê razão de todas as perspectivas, um objeto puro sobre o qual trabalham todas as subjetividades".[2] A consciência, por seu lado, apreendida como parte do mundo, será inevitavelmente vista como uma região no interior da totalidade do mundo, região limitada por outras regiões e que por isso terá inevitavelmente um exterior a si.

Essas duas características da atitude natural são portanto entrelaçadas, são as duas faces de uma mesma moeda. Se apreendo a subjetividade como uma região, é inevitável que eu apreenda os outros conteúdos como pertencentes a outras regiões, como separados e exteriores a ela. Se decodifico o objeto como um em-si, é necessário que eu separe dele o domínio de sua manifestação, o domínio da subjetividade, como formando uma região exterior a ele. É por isso que a oposição entre mundo e representação está inscrita na atitude natural.[3] Descrita dessa maneira, a atitude natural não se caracteriza apenas pela crença no mundo. O mais importante é, no caso, o conjunto de

---

2 Merleau-Ponty, *Phénoménologie de la perception*, p.50.

3 Cf. Fink, La Philosophie phénoménologique d'Edmund Husserl face à la critique contemporaine, em *De la phénoménologie*, p.145: "A diferença entre o ente em-si e o ente para-nós, ou mais precisamente entre a representação do mundo e o mundo, pertence à essência da atitude natural".

prejuízos que estão na origem da "tese geral da atitude natural": a apreensão dos objetos como conteúdos em si separados da esfera de sua manifestação e a interpretação da consciência como uma região. É por veicular esses prejuízos que a atitude natural proporciona uma interpretação (*Deutung*) particular do mundo (IdI, p.135), e é por isso que Husserl falará na inversão da *Seinsrede* natural (IdI, §50). A redução transcendental, caracterizada como uma suspensão da "tese geral da atitude natural" visará, para além dessa tese, o conjunto de prejuízos que a tornavam óbvia para a atitude natural. Através da redução, será a mais notável inversão da *Seinsrede* da naturalidade que se apresentará: a subversão da relação entre o todo e a parte e a subversão das relações de dependência e independência, tais como estas se apresentavam ao "filho da natureza". O mundo, que se mostrava como um todo formado pelas partes consciência e objeto, vai revelar-se como sendo apenas uma parte de um todo formado pelas partes consciência e objeto, vai revelar-se como sendo apenas uma parte de um todo inédito denominado "subjetividade transcendental". A consciência, que se apresentava como dependente do mundo em que estava inscrita, mostrar-se-á independente, enquanto o conjunto de seus objetos passará a ser visto como dependente e relativo a esse absoluto, que não será mais uma região limitada por outras regiões (IdI, p.120-1), e que por isso será chamado de região originária (*Urregion*) (IdI, p.174).

A redução efetuada pelo psicólogo não podia, assim, desvelar o verdadeiro campo transcendental: se a psicologia pura já suspendia a tese geral da atitude natural, ela não chegava a suspender os "prejuízos" que estavam na origem da "crença no mundo", e não alterava em nada a "interpretação" da consciên-

Crítica da razão na fenomenologia

cia e do objeto, tal como essa era sugerida pela atitude natural. É verdade que o psicólogo, ao exercer a *epoché* da validade frente aos objetos percebidos, distanciava-se da atitude natural ao dirigir seu interesse aos modos de manifestação (*Erscheinungsweisen*) subjetivos do objeto (PP, p.382). Mas, ao não exercer uma redução *universal*, ele permanecia apreendendo a subjetividade como alma, como uma região do mundo, a partir do que era o outro "prejuízo" da atitude natural que entrava pela porta dos fundos: "Enquanto eu me apercebo como homem natural, previamente eu já apercebi o mundo espacial, já me apreendi como estando no espaço, no qual eu já tenho um exterior a mim" (CM, p.116). Se a existência do objeto não interessava em nada à análise do psicólogo, nem por isso ele deixava de apreender esse objeto como um em-si, como um conteúdo distinto de suas manifestações, situado no exterior da "região" consciência. Desde então, a redução do psicólogo mantinha intacta a separação entre mundo e representação. Ora, é essa contraposição entre mundo e representação, que caracteriza a psicologia e a atitude natural, que a *epoché* transcendental vai colocar em questão (Kr, p.182). Com a *epoché* transcendental, "desaparece essa tensão, desaparece a diferença entre representação e efetividade" (EPII, p.480). A redução do psicólogo será assim um processo puramente abstrativo: abstraindo a existência dos objetos, abstraindo a existência do corpo, ele atingirá apenas a alma pura, uma subjetividade que é uma camada do mundo, uma região entre outras, apenas metodicamente deixadas fora de consideração. Ora, a verdadeira *epoché* transcendental não será uma abstração, uma limitação (IdI, p.120).

É segundo a atitude natural, quer dizer, a partir da dupla decodificação do objeto como em-si e da consciência como

Carlos Alberto Ribeiro de Moura

região, que se estabelece a questão tradicional do conhecimento como questão oriunda da atitude natural e analisada segundo seu código. A consciência mundana surge aos olhos do homem natural como duplamente entrelaçada ao mundo: como consciência desse homem e como consciência desse mundo. Se o mundo material surge como algo de estranho (*Fremd*), como um ser-outro diante da consciência, esse entrelaçamento torna-se um mistério a ser elucidado. Agora o perceber, "o eu-tomo-por-verdadeiro (*ich-nehme-wahr*) aparece, considerado aqui apenas como consciência, abstraído do corpo e dos órgãos corporais, como algo em si sem essência, como um olhar vazio de um eu vazio dirigido ao próprio objeto, com o qual ele entra em contato de maneira surpreendente" (IdI, p.89). É exatamente esse *surpreendente* que a teoria do conhecimento deveria então elucidar e explicitar. Estamos agora no "primeiro estágio da reflexão filosófica" descrito em *A ideia da fenomenologia*, que se origina na atitude natural e se move em seu interior. Aqui, o Ego é apreendido como "alma humana no mundo", o que é suficiente para que a questão transcendental do conhecimento se transforme em questão psicológica, a de saber "como o homem que vive no mundo consegue justificar o conhecimento do mundo existente no exterior da alma" (PP, p.265). Desde então, a confusão entre o Ego e a alma, e tudo o que ela implica enquanto decodificação particular da consciência e do objeto, "pôde fazer que durante séculos ninguém tenha examinado a 'obviedade' da possibilidade de passagens do Ego e de sua vida cogitativa a algo de externo (*Draussen*), e com que ninguém se tivesse colocado a questão de saber se, com relação a essa esfera de ser egológica, um 'externo' em geral pudesse ter sentido" (Kr, p.82).

Crítica da razão na fenomenologia

Esse quadro da atitude natural era aquele em que se moviam as *Investigações lógicas*. Ao criticar a representação clássica, Husserl não chegava a criticar o seu pressuposto fundamental, que permanecia como um pressuposto da própria fenomenologia. A representação clássica, enquanto representação por imagem ou por signo, era criticada segundo dois pontos de vista. Em primeiro lugar, por desconhecer a diferença descritiva entre percepção, consciência de imagem e consciência de signo. Em segundo lugar, por supor uma comparação entre a imagem e o original, comparação proibida pelos princípios da própria teoria, e que envolveria um regresso ao infinito na verificação da efetividade da relação entre subjetividade e transcendência. Todavia, o pressuposto fundamental da representação, a ideia de que os objetos são por princípio *realmente separados* das manifestações através das quais eles vêm à presença, permanecia não criticado. E permanecia não criticado por ser um pressuposto das próprias *Investigações*. A justa crítica, ao "princípio de imanência", à tese segundo a qual tudo aquilo de que temos consciência precisaria estar realmente contido nessa consciência, levava o fenomenólogo à tese segundo a qual os objetos são necessariamente exteriores à consciência, são realmente transcendentes a ela. Desde então, esse objeto permanecia pensado como um conteúdo por princípio *além de sua manifestação*, exterior ao domínio dos fenômenos, como um real além das aparências, logo, como um em-si. Ao laborar sobre essa concepção dogmática de objeto, a fenomenologia recorria também à concepção tradicional de consciência, à mesma "subjetividade" com a qual trabalhava a representação. A "purificação" ali operada não era senão a abstração do corpo, que dava origem a uma consciência "pura" que não era senão o sucedâneo da *anima* clássica, uma parcela do mundo, uma região limitada por outras regiões. Ela era a consciência à qual se opunha um mundo de objetos, uma consciência cuja imanência só podia significar um interior, oposta a uma região de transcendências que só podiam significar um exterior. Assim como a tradição, a fenomenologia não se perguntava se em relação a essa "esfera de ser egológica" um "exterior" poderia ter sentido. A consciência fenomenológica, que se pensava como não psicológica por eliminar o eu, não deixava por isso de ser uma consciência *mundana* e, desde então, condenava a teoria fenomenológica do conhecimento a desempenhar o papel de substituta (bem menos coerente) da teoria clássica do conhecimento. A determinação da efetividade da relação entre subjetividade e transcendência, que deveria ser elucidada de forma puramente imanente, em função da intuitividade do ato de conhecimento, não podia determinar essa própria intuitividade sem recorrer a uma comparação com o objeto, excluído da análise pelos próprios princípios metódicos da fenomenologia, e que de qualquer forma a destinaria às mesmas dificuldades da *Bildtheorie* anteriormente criticada.

Desde então, para que a teoria fenomenológica do conhecimento possa ser efetivamente elaborada, será preciso desenraizar o conjunto de "prejuízos" que destinavam a subjetividade a ser sempre apreendida como uma "região", e o objeto a ser sempre concebido como um em-si para além de sua manifestação. A "incompreensível virada idealista" de 1908 não representará, portanto, um "ponto de vista" arbitrário e exterior à fenomenologia. Reinscrita na questão do conhecimento que lhe dá origem e sentido, pode-se compreender como a redução transcendental surgia aos olhos de Husserl como inevitável para que a fenomenologia pudesse levar a bom termo o seu

Crítica da razão na fenomenologia

projeto de uma crítica da razão. Vista sob esse ângulo, a redução vai mostrar-se como o contrário de um golpe de força: se as *Investigações lógicas* não a exerciam, era porque não eram ainda inteiramente fiéis à própria ideia de fenomenologia. Paralelamente, não se compreenderá por que a subjetividade desvelada pela redução representa um território inédito frente à subjetividade mundana, enquanto se limitar a necessidade da redução à sua função puramente negativa de prevenir um círculo vicioso na investigação da possibilidade do conhecimento.[4] Quando se limita a redução ao seu aspecto puramente negativo sempre se fica surpreso – como Ingarden – com o "idealismo" que "incompreensivelmente" ela termina por sugerir.[5] Apenas quando a redução é recolocada no seu papel positivo de crítica aos prejuízos da atitude natural é que se poderá ver por que ela deverá desvelar uma subjetividade apenas homônima àquela oferecida na atitude natural (CM, p.129), uma "interioridade" sem semelhança com o "interior" do homem natural, que não será constituída apenas por sensações e atos, mas que será inteiramente *cogitatio*, "consciência de objetos intencionais imanentes dados no como de modos de aparição múltiplos e variáveis" (EPI, p.120). Se a redução vai desvelar um território *novo*, é antes de tudo porque ela vai desvelar aquela subjetividade *sem exterior* que as *Meditações cartesianas* descreverão,[6] e que exatamente por isso terá uma "significação transcendental".

---

4 Como o fazem, por exemplo, Ingarden, *On the Motives wich led Husserl to Transcendental Idealism*, p.11; Kern, *Husserl und Kant*, p.223, 234, 237-8.

5 Ver Ingarden, *On the Motives...*, p.39.

6 Cf. CM, p.117: "Toda forma de transcendência é um caráter de ser imanente, que se constitui no interior do ego. Todo sentido pensável, todo ser pensável, quer se chamem imanentes ou transcendentes,

A legitimidade da redução, quer dizer, a legitimidade de uma nova decodificação tanto da consciência quanto do objeto, surge nos textos em que Husserl mostra que a exclusão da "tese geral da atitude natural" é possível (IdI, p.63, 136), quer dizer, não é um ato arbitrário, mas, ao contrário, encontra caução na análise da *essência* da consciência e, portanto, no domínio da necessidade (IdI, §46). As razões do filósofo se apresentam na seção de *Ideias I*, que, significativamente, leva o título de "Consideração fenomenológica fundamental". É aqui que serão demonstrados os pontos essenciais que a redução irá sacramentar: 1) que a coisa não está além de sua manifestação e que portanto ela é relativa à percepção e dependente da consciência; 2) que a consciência não é uma parte ou região de um todo mais amplo, mas é ela mesma um todo que é absoluto, não dependente, e que não tem nada fora de si.

III

O primeiro *leitmotiv* da "Consideração fundamental" será eliminar a concepção dogmática de objeto, tal como esta ainda estava presente nas *Investigações lógicas*: ali, o objeto era apresen-

---

caem no domínio da subjetividade transcendental, enquanto constituinte de todo sentido e de todo ser. Querer apreender o universo do ser verdadeiro como algo que está fora do universo da consciência possível, do conhecimento possível, da evidência possível, relacionados um ao outro de forma puramente exterior através de uma lei fixa, é um não senso. Eles pertencem essencialmente um ao outro, e aquilo que é essencialmente copertencente também é concretamente um, um na concreção única e absoluta da subjetividade transcendental. Se ela é o universo do sentido possível, então um fora (*Ausserhalb*) dela seria um não senso".

Crítica da razão na fenomenologia

tado como realmente transcendente à esfera dos fenômenos ou manifestações (*Erscheinungen*), permanecia pensável como um conteúdo positivo para além das perspectivas através das quais ele se manifestava, como um ser sem perspectivas subjacente ao ser dado por perspectivas, logo, como um em-si para além de sua manifestação. O que redundava em admitir que a "coisa mesma" nunca seria de fato atingida pela consciência: atingimos apenas as manifestações, nunca as coisas são pensadas como *realmente* separadas delas. Em *Ideias I*, essa preocupação já estará dirigindo a nova crítica à representação, que terá um acento sensivelmente distinto daquele que comandava a crítica feita no período das *Investigações*. A partir de agora, a "representação clássica" será censurada exatamente por veicular a ideia de um objeto em-si para além de suas manifestações, a ideia de que os objetos são por princípio separados dos "fenômenos" através dos quais eles vêm à presença. As *Investigações* criticavam a representação clássica por confundir modos de consciência descritivamente diversos e por enveredar em dificuldades lógicas. Agora, essa crítica permanecerá válida, mas Husserl insistirá mais sobre um ponto que em 1901 ele negligenciava: supor que a representação se faz por imagem ou por signo é supor um objeto exterior ao qual a consciência efetivamente não tem acesso, é supor uma transcendência real do objeto em relação à consciência, uma separação real entre o objeto e suas manifestações. Essa mudança de acento é particularmente notável na crítica a Locke. Nas *Investigações*, Locke era censurado antes de tudo por admitir o "prejuízo" segundo o qual "os objetos a que imediata e propriamente se dirige a consciência em seus atos... devem ser necessariamente conteúdos psíquicos, eventos reais da consciência" (LUII/1, p.160). O acento da crítica estava na admissão, pelo empirismo, desses "objetos subjetivos" que eram as ideias, e no princípio de imanência que estava na origem de sua admissão. Agora, a crítica vai dirigir-se antes à ideia de um objeto exterior, que o empirismo admitia também como representado pelos "objetos subjetivos". Tudo se passará como se a fenomenologia recuperasse – contra Locke – um "princípio de imanência" certamente diferente daquele do empirismo, mas bem mais radical do que o deste. Aos olhos da fenomenologia transcendental, Locke será censurável por não ter compreendido que o objeto, "enquanto *algo que pode ser atingido na subjetividade*, não poderia ter seu lugar em nenhuma parte senão na própria esfera da consciência" (EPI, p.84). Assim, se para Locke é evidente que temos "uma imagem perceptiva interna à qual a coisa corresponde com mais ou menos perfeição", essa "evidência" deriva da premissa segundo a qual as próprias coisas "não são elas mesmas dadas na experiência externa, no vivido subjetivo" (EPI, p.112). Agora, o acento da crítica estará exatamente sobre essa premissa da teoria da representação, premissa que as *Investigações* não criticavam, justamente por compartilharem dela, ao admitirem que a coisa era uma *transcendência real* face aos vividos intencionais. A cegueira censurada na representação não é apenas a de desconhecer a diferença entre modos de consciência distintos, e negligenciar as dificuldades que surgem quando se quer estabelecer um análogo das coisas na consciência. Essas duas dificuldades são derivadas em relação a um desconhecimento mais fundamental: a miopia diante da "verdadeira interioridade" (EPI, p.120). A partir de agora, a teoria da imagem e do signo será responsabilizada por difundir o "erro de princípio", segundo o qual a coisa seria um em-si que não nos seria dado na percepção,

Crítica da razão na fenomenologia

erro vinculado à ideia de que a coisa poderia ser pensada como algo passível de ser dado em uma intuição simples (que não é a nossa) e dado *sem a mediação de manifestações* (IdI, p.98). Se essa coisa pura nos é negada pela nossa finitude, ela permanece de qualquer forma *pensável*: "a todo existente pertenceria a possibilidade de princípio de ser simplesmente intuído tal como ele é, e especialmente de ser percebido em uma percepção doadora adequada, que daria sua ipseidade corporal *sem qualquer mediação através de manifestações*" (IdI, p.98). É esse o pressuposto básico da representação: uma separação real sempre possível entre a coisa e suas manifestações.

A crítica de Husserl estará centrada na indicação de que essa teoria desconhece tanto o sentido da percepção quanto o sentido do objeto, quer dizer, contradiz a essência de ambos. Não existe "intuição simples", a essência da percepção implica que ela seja sempre uma percepção por perfis; não existe um objeto que possa ser dado sem a mediação de perfis; o sentido do objeto intencional, quer dizer, da coisa *enquanto dada na percepção*", implica que ele seja por princípio – o que significa: por essência – perceptível apenas por percepções que procedam por perfis (IdI, p.100). Desde então, não se deverá admitir um objeto distinto da multiplicidade dos perfis. Mas a representação só estará efetivamente criticada quando se analisarem as duas instâncias principais em que ela se apresenta. O primeiro movimento da crítica se deterá a mostrar que a "coisa da física" não é transcendente frente à coisa sensível, frente à coisa da *imaginatio* cartesiana. O segundo movimento será dedicado a mostrar que a própria coisa sensível não é realmente transcendente à consciência, quer dizer, não é transcendente à multiplicidade dos fenômenos ou manifestações – onticamente interpretado – e que portanto não é um em-si, um conteúdo positivo para além de suas manifestações.

A concepção da coisa sensível como pura manifestação da coisa física e verdadeira é apresentada por Husserl segundo duas versões, de consistência desigual aos seus olhos, mas comandadas por uma mesma estrutura: a coisa sensível seria um mero signo da coisa física. A primeira versão parte da distinção entre qualidades secundárias e primárias, na qual as primeiras seriam sensíveis e puramente subjetivas, servindo de signos para as qualidades primárias, as qualidades físico-geométricas, únicas objetivas. Essa versão da teoria, a mais fraca delas, é descartada por Husserl a partir do argumento de Berkeley: a extensão, qualidade primária, é impensável sem a cor, qualidade secundária, e portanto não pode ser vista como *separada* dessa (IdI, p.90). A segunda versão da teoria escapa ao argumento de Berkeley: é a totalidade da coisa percebida, com todas as suas qualidades, que seria uma "pura manifestação" subjetiva da "coisa verdadeira", que é a coisa determinada pela física (IdI, p.90). Essa segunda versão da teoria, por seu lado, seria passível de duas interpretações distintas. Segundo a primeira delas, a coisa da física seria por princípio exterior à experiência sensível, quer dizer, por essência ela não seria dada à intuição sensível. Pela segunda interpretação, a coisa da física estaria facticamente ausente do campo da experiência sensível. Mas em qualquer uma das interpretações é a retórica do realismo que se apresenta (IdI, p.123): o efetivamente percebido seria a manifestação de um *outro*, interiormente estranho a ele, ou pelo menos dele *separado*, e que seria admitido como uma realidade completamente desconhecida, que seria a "causa" das manifestações. As duas interpretações divergirão apenas quanto a esse

Crítica da razão na fenomenologia

"completamente desconhecida": para uma ele será essencialmente incognoscível, para outra, facticamente desconhecido.

Segundo a primeira interpretação, portanto, a coisa física não seria dada à experiência sensível nem para nós nem para outros sujeitos, não seria a coisa sensível, mas sim algo por princípio transcendente a ela. Os verdadeiros objetos naturais seriam essas "transcendências de ordem superior", que seriam em-si, enquanto a coisa sensível seria uma formação puramente subjetiva (IdI, p.125). A coisa da física, sendo determinada a partir de elementos não sensíveis, seria transcendente à coisa percebida, e o "ser verdadeiro seria, por conseguinte, algo completamente e por princípio determinado diferentemente do que o dado na percepção como efetividade corporal" (IdI, p.90). Havendo uma ruptura completa entre o domínio da coisa sensível e aquele da coisa física, esse ser verdadeiro não apareceria propriamente falando, seria um em-si do qual a manifestação sensível seria em puro signo. Ora, uma "imagem" ou um "signo" remetem a algo de *exterior* a eles (IdI, p.126). E nesse ponto, exatamente, a teoria mostra sua fragilidade. Pois se é verdade que o conteúdo sensível da coisa percebida é *outro* que o da coisa física, não é menos verdade que o X suporte das determinações sensíveis é o mesmo X suporte das determinações físicas (IdI, p.91). Nesse sentido, para o método da física, a coisa percebida é a própria coisa que o físico investiga (IdI, p.125). Falta portanto à teoria o elemento básico ao uso do léxico da "imagem" ou do "signo": a exterioridade entre o sinal e o sinalizado, a exigência de que a coisa física seja algo rigorosamente estranho (*Fremd*) face à coisa sensível. Se o substrato das determinações sensíveis é o mesmo que o das determinações físicas, estas podem ser distintas do sensível, mas não podem ser estranhas a ele, e é a própria coisa física que se anuncia na aparência sensível (IdI, p.126). O pensamento físico se elabora sobre a experiência natural, e a partir dos "motivos racionais" que essa própria experiência lhe sugere. A coisa que aparece com tal propriedade sensível indica propriedades causais dessa própria coisa, propriedades causais que se anunciam *nas próprias aparências*. O que se torna o sujeito dos predicados físicos é a própria coisa que o físico percebe. O idêntico que aparece nas manifestações sensíveis é o mesmo que o físico investiga, e é apenas enquanto o X é suporte das determinações sensíveis que ele é também o suporte das determinações físicas, que se anunciam nas primeiras. Assim, o conteúdo sensível do suporte das determinações físicas não é uma roupagem exterior a essas próprias determinações, a coisa física não é algo de estranho face à coisa sensível, mas antes algo que necessariamente se anuncia nela. Logo, se a coisa física é uma "transcendência de ordem superior", sua transcendência não significa um "ir além" (*hinausreichen*) frente ao mundo que é para a consciência (IdI, p.127). Desde então, se o pensamento físico elabora certas construções racionais para determinar as próprias coisas dadas na experiência sensível, suas construções são correlatos intencionais de grau superior construídos a partir da razão lógico-experimental, que apreende a natureza física *a partir* da natureza sensível. Ora, não se pode então tratar esses dados evidentes da razão, "que não são senão determinações lógico-experimentais da natureza dada de modo simplesmente intuitivo", como um mundo desconhecido de realidades que seriam em-si (IdI, p.128).

A segunda interpretação da teoria não afirma que a coisa sensível seria a manifestação de algo interiormente estranho

Crítica da razão na fenomenologia

a ela, como a primeira, mas afirma que a coisa sensível é a manifestação de algo separado dela, que seria uma realidade desconhecida não por essência, mas facticamente. A crítica de Husserl a essa versão da teoria recorrerá a uma tese que norteará a crítica ao em-si no plano da experiência sensível, e apenas ganhará seu sentido completo em função dela. A teoria é censurada por desconhecer o sentido da doação da coisa, sentido que reside na essência da experiência, e por desconhecer com isso o sentido da coisa em geral. Estando contra um elemento de essência, a teoria será vista como um contrassenso no sentido lógico do termo. O princípio que rege o argumento de Husserl pode ser formulado da seguinte maneira: se essa coisa desconhecida *é, ela precisa ser perceptível por princípio*, quer dizer, por essência, se não para mim, pelo menos para outros Egos (IdI, p.123). O que está em questão aqui é a correção do juízo de existência. Como essa correção designa a possibilidade de adaptação da significação da coisa à própria coisa, ela supõe a referência a uma intuição possível, e, portanto, a um eu possível. Se devo admitir a possibilidade dessa coisa física desconhecida, mesmo que facticamente ela seja inacessível para mim, "é preciso que eu possa ver com evidência a possibilidade de um eu, diferente de mim, que tenha a experiência dessa causa" (IdI, p.124). Desde então, se essa coisa não está em minha experiência de fato, ela deverá estar em minha experiência possível.

Para a atitude natural, não é apenas a "coisa da física" que é transcendente ao "mundo das manifestações". Esse próprio mundo, que é o mundo da coisa sensível, por mais que seja visto como "puramente subjetivo", já é decifrado como transcendente à percepção. Para a atitude natural, a coisa surge como a mesma, o conteúdo idêntico que pode ser sem ser percebido atual ou potencialmente (IdI, p.92), enquanto a percepção é um fluxo constante no interior da consciência. A coisa sensível é algo para além dos fenômenos nos quais ela se manifesta, ela é um conteúdo positivo separado dos "perfis" graças aos quais ela vêm à presença. A análise de Husserl elaborada para recusar esse grau primeiro e fundamental da concepção do em-si partirá de uma investigação da essência da percepção, de uma constatação sobre o modo de doação necessariamente inscrito na percepção de uma coisa. Essa investigação mostra que é por *essência* que uma percepção de coisa é uma percepção por perfis, e fornece assim a premissa para a recusa do em-si no plano da experiência sensível. Se a essência da percepção a destina a ser sempre uma percepção por perfis, será inevitável, aos olhos de Husserl, que se recuse o em-si. Se a percepção de uma coisa é sempre uma percepção por perfis, é "um erro de princípio acreditar que a percepção (e, no seu modo, todo outro tipo de intuição de coisa) não atingiria a própria coisa. Essa seria em-si e não nos seria dada em seu ser em-si" (IdI, p.98). Essa concepção supõe a possibilidade de princípio, pertencente a todo objeto, de ser dado em uma intuição *simples*, *"sem qualquer mediação através de manifestações"* (IdI, p.98). Ora, pertence à essência da percepção ser uma percepção através de perfis e, correlativamente, pertence à essência da coisa ser perceptível apenas por uma percepção que opere através de perfis (IdI, p.100). Desde então, a coisa percebida não é um em-si, ao ser dado através de perspectivas não subjaz nenhum ser sem perspectivas, a coisa é apenas a "identidade *vazia* de uma multiplicidade de manifestações, um ser para o qual um além é um pensamento absurdo" (IdI, p.117).

Essa recusa um tanto sumária do em-si pareceu altamente contestável aos comentadores. Em grande parte, o "idealismo

Crítica da razão na fenomenologia

fenomenológico" foi visto como um ponto de vista arbitrário e exterior à fenomenologia porque essa crítica ao em si pareceu completamente gratuita. Por que – pergunta Ingarden – o que é dado por perfis *precisa* ser apenas uma entidade intencional e nada mais? Por que algo não poderia ao mesmo tempo ter a forma de um ser representável apenas por perfis e ser também em-si? A conclusão de Husserl é completamente "arbitrária".[7] Além do mais, não se vê como nem por que uma análise da essência da percepção poderia justificar teses sobre o ser percebido. Não há justificativa para dissolver o em-si: o filósofo poderia optar por sua incognoscibilidade.[8] Será esse também o ponto de vista de Celms: do fato de que eu só posso conhecer um objeto enquanto ele é o objeto intencional de minha consciência *não se segue* que a coisa seja apenas esse objeto intencional e para além disso um *nada*. Permanece pensável algo que seria em-si, independentemente da consciência.[9] E Ricoeur fará coro com todos: a conquista puramente metodológica do aparecer tornou-se uma "decisão sobre o próprio sentido do ser".[10] Uma "decisão, quer dizer, uma escolha gratuita. Será nesse ponto também que Gueroult verá a superioridade incontestável de Descartes sobre Husserl, que, como o notava Fink, faria uso aqui de um "postulado gratuito": "Husserl identifica *ab* ovo, sem prova, o *ente* e o *ente para nós*: ele decide por um postulado gratuito o que Descartes institui como problema

---

7 Ingarden, *On the Motives...*, p.46.

8 Ibid., p.50; cf. id., Die Vier Begriffe der Transzendenz und das Problem des Idealismus in Husserl, em Tymieniecka, *Analecta Husserliana*, v.I, p.68.

9 Celms, *Der phänomenologische Idealismus Husserl's*, p.372.

10 Ricoeur, Introduction: Husserl (1859-1938), em *Husserl*, p.10.

fundamental".[11] Não é surpreendente, assim, que o idealismo fenomenológico, visto como essencialmente ligado a essa recusa do em-si, tenha sido julgado como um acréscimo exterior à fenomenologia ou, como o formula Celms ao criticar Husserl, seja uma tese filosófica que não decorre "logicamente" do "método fenomenológico".[12]

Todavia, não há aqui uma "decisão" do filósofo, uma conclusão injustificada ou um "postulado gratuito". A "arbitrariedade" apenas surge quando não se leva em consideração o princípio que rege a argumentação de Husserl. Em função desse princípio, a conclusão é necessária. Retomemos, por um momento, o argumento em questão. Se a coisa só me é dada através de perfis, supor um em-si é supor um ser que *poderia* ser dado sem a mediação desses "modos de manifestação". Por que, precisamente, essa suposição é absurda? Ela contradiz a *essência* da percepção, que ensina ser toda percepção de coisa por princípio uma percepção por perfis. Mas por que a essência da percepção permite inferir teses sobre o ser percebido? Esse ser em-si que seria subjacente ao ser dado por perspectivas e que poderia por princípio ser dado sem a mediação dessas perspectivas, efetivamente não teria nenhuma relação com a percepção, que é *essencialmente* uma percepção através de perfis. O que Husserl recusa é precisamente a ideia de uma transcendência *que não comporta relação com uma percepção possível*. Se o em-si é um contrassenso, é por ser uma "suposição sem fundamento", uma transcendência que, por princípio, está fora de minha esfera de experiência (IdI, p.106, §47, §48). A tese que rege a recusa do

---

11 Gueroult, *Descartes selon l'ordre des raisons*, v.II, p.304; cf. ibid., p.320.
12 Celms, op. cit., p.251-2.

Crítica da razão na fenomenologia

em-si no plano da experiência sensível é portanto a mesma que já surgia na análise da "coisa física". É a tese que afirma: se algo é, ele precisa ser por princípio perceptível. Essa tese é aquela que Becker chamava de "princípio do idealismo transcendental": a acessibilidade universal e de princípio à experiência de todos os objetos que podem ser considerados com sentido pela filosofia.[13] Entretanto, não se trata aqui de um princípio, mas apenas de uma tese derivada do intuicionismo husserliano. Esse intuicionismo deve ser entendido no sentido do intuicionismo matemático tal como o descreve Vuillemin: a recusa em identificar a não contradição lógica à existência real de um ser e o respeito à exigência de que não se pode afirmar a existência de um objeto "sem possuir ao mesmo tempo os meios de ter acesso a ele".[14] Afinal, é essa ideia que o aluno de Weierstrass aprende no domínio da matemática e *generaliza* para toda a filosofia, como comprova um texto em que ele comenta o caráter não intuitivo do conceito kantiano de *intellectus archetypus*: "Nós podemos definir nominalmente tais diferenças (como *intellectus archetypus* e *intellectus ectypus*), mas a questão é saber se elas são possibilidades com sentido... Todo matemático sabe quanto e quão exatamente se pode definir conceitualmente, mas quanto do exatamente definido mostra-se como contrassenso. Daí a exigência, à qual o matemático se liga estritamente, de fazer acompanhar toda definição de uma prova da 'existência'. Mas isso não vale apenas para a matemática".[15] É porque a possibi-

---

13 Becker, The Philosophy of Husserl, em Elveton, *The Phenomenology of Husserl*, p.44.

14 Vuillemin, *La Philosophie de l'algèbre*, p.201.

15 Husserl, Manuscrito FI 40, p.202b, citado por Kern, *Husserl und Kant*, p.100.

lidade é limitada pela intuição que existe possibilidade lógica, mas "contrassenso material", na admissão de um mundo exterior ao nosso mundo (IdI, p.113). Se essa ideia é logicamente possível, a ausência de contradição lógica é insuficiente e é preciso perguntar ainda pelo tipo de legitimação (*Ausweisung*) que ela exige. Ora, a justificação da posição de um ser transcendente exige que este seja por princípio experimentável, que seja portanto a unidade legitimável de uma conexão de experiências (IdI, p.113).

Portanto o que subjaz à recusa do em-si, compreendido como um ser sem perfis para além dos perfis que me são dados, não é senão o "princípio dos princípios" de *Ideias I*[16] ou, antes, o seu reverso: assim como devo aceitar tudo o que é dado por uma intuição originária, daquilo que não há intuição possível não posso afirmar que seja. É a partir desse "princípio dos princípios" que se chega à tese segundo a qual é um contrassenso uma transcendência sem relação à percepção possível, e à conclusão de que se algo é, ele precisa ser por princípio perceptível. O "princípio do idealismo transcendental" formulado por Becker não é de fato um princípio, e muito menos do idealismo: ele é apenas uma consequência do intuicionismo husserliano. Não posso afirmar a existência de um ser em relação ao qual não haja um caminho de conhecimento; o objeto

---

16 Cf. IdI, p.52: "Com o princípio de todos os princípios nenhuma teoria imaginável pode induzir-nos a erro: toda intuição doadora originária é uma fonte de direito para o conhecimento; tudo o que se nos oferece na 'intuição' originariamente (por assim dizer na sua efetividade corporal) deve ser simplesmente recebido da maneira como ele se dá, mas também sem ultrapassar os limites nos quais ele se dá".

Crítica da razão na fenomenologia

pensado como em-si está exatamente nesse caso: se ele é um ser que *poderia* ser dado sem a mediação de fenômenos, ele é de fato um ser que por princípio *não pode* ser dado, já que a *essência* da percepção a condena a ser sempre uma percepção por perfis, quer para mim, quer para Deus (IdI, p.98). Utilizando dessa forma o princípio, Husserl não supõe o que ele deseja demonstrar? Absolutamente. O princípio intuicionista é *aplicado*. O intuicionismo me diz apenas que devo admitir o dado pela intuição (e o seu reverso: rejeitar o que *por princípio* não pode ser dado). No caso, apenas o "princípio dos princípios" não permite, por si só, que se critique a atitude natural. Será preciso mostrar antes que sua concepção do em-si o coloca fora de toda intuição possível; será preciso analisar a essência da percepção e mostrar que essa essência a destina a ser sempre uma percepção por perfis, para então aplicar o princípio. Apenas nessas circunstâncias é possível eliminar o em-si. Será então que as *Investigações lógicas* eram mais consequentes em relação ao projeto fenomenológico quando reconheciam o em-si, e que depois Husserl arbitrariamente "mudou de opinião"?[17] Aos olhos do filósofo, seria exatamente o contrário: mantendo a concepção do objeto como um conteúdo simples distinto dos perfis através dos quais ele vem à presença, a fenomenologia de 1901 não era inteiramente fiel à análise da percepção e ao intuicionismo que sempre fora o seu.

Essa dissolução do em-si possibilitará o surgimento do "*a priori* da correlação" entre consciência e objeto. Se o objeto não é mais um conteúdo simples manifestado através de perfis, ele não será então nada *além* da unidade sintética das perspectivas,

---

17 Cf. Ingarden, *On the Motives*..., p.8, 27-8, 37-8, 42.

e a coisa não será mais transcendente no sentido em que ela seria *separada* de sua doação e, portanto, da consciência. A partir de agora, o objeto já é o X idêntico de uma multiplicidade noemática (IdI, p.321), e apenas enquanto tal ele é o correlato da consciência fenomenológica, apenas enquanto ele é o "percebido enquanto tal" e não a "coisa enquanto tal". Após a redução, o mundano converte-se em intencional e apenas assim torna-se um correlato da consciência (EPII, p.162). As análises posteriores confirmarão essa concepção do objeto como objeto intencional, quer dizer, *exclusivamente* como objeto de um ato de percepção. A percepção de uma coisa espacial é uma continuidade de conteúdos múltiplos e mutáveis. Apenas pelo fato de percebermos o objeto ora por um lado, ora por outro, já se determina um grupo de modos subjetivos de doação. "Em cada fase da percepção eu percebi essa coisa, mas mais precisamente, essa coisa deste lado, com estas marcas distintivas. Apenas nesse *como* ela é percebida e perceptível" (PP, p.152). Assim, a percepção me apresenta uma multiplicidade que traz em si um idêntico, na medida em que tenho consciência de uma e a mesma coisa "através" desses múltiplos modos de doação. Ora, a reflexão sobre a percepção me ensina que nessa multiplicidade a coisa não é encontrada com "algo para si" (*ein Etwas für sich*) mas é encontrada sempre e necessariamente como algo que se oferece *nesses* modos subjetivos (PP, p.153). Assim, é *a priori* que não posso ter consciência da coisa sem esses modos subjetivos, existe uma inseparabilidade entre o objeto e seus modos subjetivos de doação. Não apenas a coisa não aparece sem seus modos subjetivos de doação, como também a unidade da coisa "não é encontrada como algo para si que possa ser separado *ao lado* de tais modos, ou como uma parte real de-

Crítica da razão na fenomenologia

les separável, mas como uma unidade fenomenal que se torna consciente em sínteses características _na_ mutação desses modos" (PP, p.153). Tanto a multiplicidade de modos de manifestação perspectivos quanto o objeto idêntico que através deles se manifesta são unidos inseparavelmente e ambos pertencem à percepção (PP, p.159).

A dissolução do em-si e a consequente conceptualização do objeto intencional como sendo o X idêntico e _vazio_[18] de uma multiplicidade de fenômenos fará que a subjetividade fenomenológica não tenha mais um _exterior_ a si. Se o objeto não é senão o idêntico de uma multiplicidade de fenômenos, esse objeto pertence à essência da percepção, que o traz nela mesma como a unidade de certas constelações noemáticas (IdI, p.245). Se a coisa não é nada além da unidade sintética das perspectivas, ela não é mais transcendente no sentido em que seria separada de sua doação e, assim, separada da consciência. O objeto não entra em relação com a sua manifestação ou fenômeno do exterior (_von aussen_), mas está _nas_ manifestações (PP, p.178). Ele não reside "em um em-si e em um fora (_Draussen_) místicos — fora, completamente transcendente à consciência, por princípio inacessível ao eu da consciência — fora e exterior aos correspondentes conhecimentos e experiências — mas está sempre neles como o idêntico constantemente visado" (PP, p.431). Após

---

18 Em um de seus textos, ocorre a Gurwitsch associar o objeto = X de Husserl ao substrato = X de Locke. Husserl não gostaria da comparação. O substrato lockiano não é vazio, mas é antes um conteúdo positivo do qual nada se pode saber; ele é, segundo Husserl, um _je ne sais quoi_ (EPI, p.115), logo, um em-si. Cf. Gurwitsch, Perceptual Coherence as the Foundation of the Judgement of Predication, em _Phenomenology and the Theory of Science_, p.251.

essa decodificação do objeto, a consciência já será a mônada, ela já será, considerada em sua "pureza", "uma conexão de ser para si fechada... na qual nada pode penetrar e da qual nada pode sair, que não tem nenhum fora espaçotemporal" (IdI, p.117). Com a redução não se perderá nada, já que a esfera que ela desvela "contém em si todas as transcendências mundanas como correlato intencional" (IdI, p.119).

A fenomenologia separa-se da psicologia na medida em que a verdadeira experiência da vida espiritual "mostra-a sem qualquer separação da exterioridade mundana à qual ela se relaciona" (PP, p.364). Na *epoché* universal praticada pela fenomenologia, a exterioridade natural torna-se imanência (Kr, §71). A redução delimita a esfera da subjetividade como uma esfera sem exterior, à qual pertencem os próprios objetos (PP, p.440). Como a totalidade do mundo reduzido pertence à esfera daquilo que é "próprio" ao Ego, Husserl poderá dizer então que a explicitação fenomenológica desse Ego coincide com a fenomenologia geral (CM, p.102). Se essa subjetividade não tem mais um exterior a si, ela já não é mais o Ego cartesiano, não é uma parcela do mundo, não é mais uma região, já que o domínio dos vividos transcendentais é em si mesmo fechado e sem limites "que pudessem separá-lo de outras regiões" (IdI, p.121).

IV

Após a redução transcendental, o objeto pertence "à esfera da subjetividade pura" (PP, p.176). Mas isso não significa que Husserl retorne à posição de Brentano, segundo a qual "os vividos intencionais contêm em si algo como objeto". Nas

Crítica da razão na fenomenologia

Investigações, essa tese brentaniana era duramente criticada, o fenomenólogo insistindo em que a análise descritiva da consciência mostrava os vividos e sua referência aos objetos, mas não confirmava a existência nem mesmo de uma sombra de objeto "imanente aos atos" (LUII/1, p.373). É verdade que, agora, Husserl parece flertar com o vocabulário escolástico da "in-existência intencional dos objetos nos atos": "não é sem fundamento que os escolásticos, atentos ao fato de que o objeto torna-se consciente no próprio vivido de consciência, por conseguinte pertence a ele como o objeto consciente, chamavam esse objeto de consciência enquanto tal de objeto imanente. O direito dessa denominação é naturalmente o mesmo que o de denominá-lo 'subjetivo'" (PP, p.176). Mas não se trata, na verdade, de um retorno da transcendência real à imanência real. A partir da redução, esses conceitos são vistos como alternativas no interior da atitude natural e, enquanto tais, presos ao seu código. É apenas para a atitude natural que os objetos intencionais são *ou* realmente imanentes, *ou* realmente transcendentes à consciência, ou "interiores", ou "exteriores" à subjetividade. Era dentro desse código – e dessa alternativa – que se moviam Brentano e o Husserl das *Investigações*, ambos extremos de um mesmo contínuo formado pela atitude natural. Depois da redução, é exatamente esse código que será superado. A afirmação de que o objetivo intencional "como algo atingível na subjetividade não poderia ter seu lugar em outra parte que na própria esfera da consciência" (EPI, p.84), não significará que o fenomenólogo trocará o exterior pelo interior, mas sim que ele recusará o par interior/exterior como inadequado para comentar a relação da subjetividade à transcendência. Superado o código da atitude natural, surgirão objetos que serão imanentes aos atos sem serem partes reais destes, que estarão incluídos na consciência sem estarem realmente contidos nela, que serão imanentes à subjetividade enquanto não são exteriores a ela, mas que permanecerão transcendentes à consciência enquanto não se confundem com o fluxo dos vividos.

Ora, se com a *epoché* "o mundo torna-se algo de subjetivo", com ela também se relativiza a própria noção de "subjetivo" (Kr, p.182). Assim, a nova "interioridade" desvelada pela redução vai ainda operar com a oposição entre imanente e transcendente, não mais compreendida, bem entendido, no sentido que lhe atribuía a atitude natural. Imanência e transcendência serão agora oposições que surgirão dentro da verdadeira "interioridade", dentro dessa subjetividade alargada que inclui em si seus objetos, e que Husserl chamará de esfera da "imanência autêntica". Os objetos intencionais, "imanentes" à subjetividade, serão também transcendentes a ela: eles serão "transcendências imanentes" sem que isso signifique um quadrado redondo. O objeto, indiscernível de uma multiplicidade de manifestações, é indiscernível de uma multiplicidade noemática, não de uma multiplicidade noética, aquela caracterizada como sendo a multiplicidade da imanência real. Esses conceitos de imanência e transcendência – reconhece Husserl – não têm mais um "sentido habitual" (FTL, p.146). É que, após a redução – após o surgimento de uma interioridade apenas homônima ao interior do homem natural –, imanência e transcendência tornam-se "conceitos a-naturais" (PP, p.176). Esses conceitos, Husserl começa elaborá-los já em *A ideia da fenomenologia*, onde ele distinguia: 1) o conceito autêntico de imanência, determinado pela doação em pessoa (*Selbstgegebenheit*); e 2) o conceito autêntico de transcendência, determinado pela identidade (e não mais pela exterioridade à consciência como

Crítica da razão na fenomenologia

na transcendência real). Retomemos, por um momento, esses dois tópicos.

Por que a *démarche* cartesiana atribui aos conteúdos realmente imanentes à consciência o privilégio de únicos dados disponíveis no início da investigação filosófica? Se a percepção de meus próprios vividos é indubitável, é porque nela é perfeita a adequação entre o dado e o visado. O privilégio da percepção imanente está na doação em pessoa, é esta que me assegura o direito de dispor dos conteúdos realmente imanentes à consciência como de algo indubitável. O privilégio da imanência real não está assim nela mesma, mas nela enquanto exemplo de um dado evidente, como exemplo de um caso em que a aplicação de um certo critério de evidência é bem-sucedido. Os conteúdos imanentes não são indubitáveis por serem imanentes, mas sim por serem absolutamente dados. O "principiante" não se dá conta dessa raiz do privilégio da imanência real, e é essa miopia que faz que ele não perceba que o domínio da imanência talvez tenha uma extensão até então insuspeitada. Afinal, se o privilégio da *cogitatio* é garantido pela doação em pessoa, onde quer que encontremos essa evidência estaremos diante de conteúdos tão disponíveis quanto a própria *cogitatio*. E se obtivermos exemplos de conteúdos assim evidentes e que não sejam realmente imanentes à consciência, o privilégio que o "principiante" atribuía à imanência real vai mostrar-se infundado. Ora, esses exemplos não faltam: o passado retido me é evidentemente dado, sem que ele seja imanente ao "agora"; as essências me são absolutamente dadas, sem serem conteúdos realmente imanentes, já que nenhuma análise as mostra como partes do fluxo dos vividos (IdPh, p.9). Desde então, é um erro limitar a esfera da doação em pessoa à esfera da imanência real, que é apenas um de seus exemplos. É essa a limitação feita pelo "principiante", assim como era esse o erro sobre o qual se instalava a fenomenologia das *Investigações*, ao reduzir o domínio da evidência fenomenológica ao campo da imanência real, interpretando "cartesianamente" o princípio de ausência de pressupostos.

Essa dissociação da equivalência entre imanência real e doação em pessoa leva a uma re-elaboração do sentido dos conceitos. A noção de transcendência tem, na verdade, "um duplo sentido" (IdPh, p.35). Por um lado, um objeto pode ser dito transcendente quando não está realmente contido no ato de conhecimento. Por outro lado, ele pode ser dito transcendente quando não é evidente. Essa dupla noção de transcendência tem como correlato uma dupla noção de imanência: por um lado, o objeto é dito imanente quando é realmente contido no ato de conhecimento; por outro, a imanência pode ser vista como a doação absoluta e clara, como a doação em pessoa. A partir de 1907, essa última caracterização de imanência passará a ser vista como a imanência "no sentido autêntico" (IdPh, p.10), e o entrecruzamento das quatro definições permitirá atribuir a conteúdos não realmente contidos nos atos a caracterização de conteúdos imanentes no sentido autêntico, no sentido de absolutamente dado. Agora, tanto os atos quando os conteúdos que não são partes reais dos atos poderão ser vistos como casos particulares do conceito autêntico de imanência (IdPh, p.9). A esfera da imanência autêntica, mais ampla que aquela da imanência real, fará que a nova fronteira da subjetividade coincida com a circunferência desenhada pelo raio da *Selbstgegebenheit* (ZB, p.353). A verdadeira redução não será redução à imanência real, como em 1901, mas redução à imanência autêntica:

Crítica da razão na fenomenologia

dela farão parte os objetos "modificados". Em 1907, a confusão entre a imanência autêntica e a imanência real é descrita como típica do "1º estágio da reflexão filosófica" e o recobrimento das duas significações é visto por Husserl como um "erro funesto" (IdPh, p.36). Essa esfera da imanência autêntica já é o germe da consciência absoluta de *Ideias I*, ou da esfera daquilo que é "próprio" ao Ego, descrita nas *Meditações cartesianas*: "resíduo" obtido pela eliminação do outro, em que a exclusão daquilo que é estranho (*Fremd*) ao Ego mostra como ainda pertencentes a ele as unidades constituídas (CM, p.134).

É no interior dessa nova imanência que se dirá que o vivido traz em si seu objeto intencional, objeto que poderá então ser dito imanente. Mas não se deve mais identificar esse "trazer em si" com a imanência real, como se o objeto fosse uma parte real do vivido (EPI, p.108). Essa subjetividade tem um conjunto de conteúdos que podem ser ditos realmente imanentes a ela: são as sensações e as noeses, cujo jogo dará origem ao fenômeno no sentido noético. Nenhum componente desse fenômeno noético é componente do objeto e vice-versa (DR, p.18). É que os fenômenos noéticos são processos psíquicos múltiplos e separados entre si por uma individuação cuja responsável é a temporalidade imanente (FTL, p.148). Assim, cada percepção comporta fases nas quais, na passagem de uma fase a outra, nenhum momento real pode permanecer o mesmo, enquanto o objeto surge como identicamente o mesmo através dessas fases temporalmente separadas. Essa defasagem entre multiplicidade e identidade determina a transcendência do objeto frente aos componentes reais da consciência. É por serem idênticos em oposição a uma multiplicidade temporal que os objetos, "fazendo sua aparição no interior dos vividos de experiência, são imanentes a esses vividos, [...] ainda que não o sejam no sentido habitual da imanência real" (FTL, p.146). Agora, o objeto é "o polo de identidade imanente aos vividos particulares e entretanto transcendente na identidade que ultrapassa esses vividos particulares" (FTL, p.146). É em função dessa identidade que existe uma idealidade dos objetos em oposição às multiplicidades psíquicas separadas pela temporalidade imanente, e é nessa idealidade que está a transcendência dos objetos face à consciência. Essa idealidade ou irrealidade psíquica é a forma de algo que aparece *na* esfera puramente fenomenológica da consciência, e que todavia não é uma parte ou momento real da consciência, "não é um *datum* psíquico real" (FTL, p.148).

Assim, no momento em que a redução exclui o conceito natural de transcendência real, como um exterior ou um "fora" da consciência, que em sentido algum pode estar "contido" nela, ela não exclui todo e qualquer conceito de transcendência. O objeto intencional tem a imanência de um ser-contido na consciência, mas a transcendência de um ser contido no sentido "irreal". Se o objeto não é transcendente "realmente" à consciência, ele o será "idealmente" ou "irrealmente", enquanto o vivido traz *"em si, em fases separadas, numérica e identicamente o mesmo objeto, que aqui se chama irreal (irreell)* relativamente à síntese imanente dos vividos" (PP, p.174). Os objetos são então "transcendências imanentes" à consciência: imanentes enquanto não são realmente separados e exteriores a ela; transcendentes enquanto polos de identidade. Eles são transcendências "de uma forma particular de imanência" (PP, p.475): ao mesmo tempo não são separados da percepção nem se confundem com ela.

VI
Absoluto e relativo

I

Com a redução, a consciência adquire o sentido de uma "esfera de ser absoluta" (IdI, p.72). Esse conceito de "absoluto" – que já foi acusado de permanecer indeterminado nos textos de Husserl[1] – ganha seu sentido no interior da "teoria dos todos e das partes", à qual ele pertence, teoria que é desenvolvida na 3ª Investigação e rapidamente retomada no §15 de *Ideias I*. Antes das *Investigações*, o tema já era tratado nos *Estudos psicológicos* de 1894, em que Husserl retomava as distinções de Stumpf entre conteúdos dependentes e independentes, separáveis ou inseparáveis de outros conteúdos, e os analisava, em termos psicológicos, como conteúdos passíveis ou não de serem "representáveis por si" (AL, p.123). Os conteúdos independentes

---

1 Ver Ingarden, L'Idealisme transcendental chez Husserl, em Van Breda; Taminiaux (orgs.), *Husserl et la pensée moderne*, p.212; onde o autor acusa Husserl de não esclarecer nem em *Ideias I*, nem em qualquer outro texto, os significados de "essência absoluta" e "ser absoluto", deixando obscura a oposição entre absoluto e relativo.

são aqueles que parecem permanecer sendo o que são, mesmo quando se representam os outros conteúdos aos quais eles estão ligados como modificados ou ausentes. Permanecendo os mesmos enquanto os outros variam, eles não apresentam nenhuma dependência em relação a esses outros conteúdos. Os conteúdos dependentes comportam-se de maneira exatamente oposta. Por exemplo, a intensidade de um som não é indiferente à sua qualidade, não é, "por assim dizer, algo de exterior a ela, e inversamente" (AL, p.126). Não se pode conservar a intensidade "por ela mesma tal como ela é e mudar de uma maneira qualquer ou suprimir a qualidade". Assim, a intensidade não é algo *para si*, ela só é *com* e *na* qualidade. Dois conteúdos não independentes não formam uma soma, um todo que possa ser visto como um agregado, mas sim um todo de tipo diferente, já que os "dois conteúdos se interpenetram, são um no outro e não um exterior ao outro" (AL, p.126). Esses conteúdos, considerados por si mesmos, dão-nos assim a evidência de que só são possíveis como partes de todos mais amplos.

Essas distinções elaboradas nos *Estudos* de 1894, apesar do apelo evidente à variação imaginária e, portanto, à constatação de relações eidéticas, permaneciam ainda, dado o interesse exclusivamente psicológico da pesquisa, determinadas a partir daquilo que pode ou não ser "representável por si". As *Investigações* vão corrigir isso, ao mesmo tempo que generalizarão a teoria, que não será válida apenas para os "conteúdos" no sentido de 1894, mas para "conteúdos" enquanto objetos em geral.[2] A partir de agora, as distinções são objetivas, quer dizer,

---

2 Cf. LUII/1, p.218: "Conteúdos *abstratos* são conteúdos não independentes. Conteúdos *concretos* são conteúdos *independentes*. Pensamos

Crítica da razão na fenomenologia

os conteúdos são ditos dependentes ou independentes não apenas porque podemos ou não representá-lo separadamente, mas porque eles *são* assim. Ou melhor: porque o que não podemos pensar não pode ser e o que não pode ser não podemos pensar (LUII/1, p.239). Além dessa alteração, as *Investigações* retomarão as distinções anteriormente elaboradas e as precisarão, analisando o tipo de unidade dos todos, assunto sobre o qual os *Estudos* silenciavam. Os momentos não independentes serão ditos *inseparáveis* daqueles dos quais dependem. Um conteúdo dependente não é pensável senão como parte de um todo mais amplo, enquanto um conteúdo independente aparece como um conteúdo possível mesmo que "não existisse nada fora dele, nada portanto que se unisse a ele para formar um todo" (LUII/1, p.230). "Inseparabilidade" e "dependência" são assim conceitos sinônimos, um conteúdo sendo inseparável quando a variação dos outros conteúdos associados não permite que ele permaneça idêntico. Ao contrário, um conteúdo independente é aquele cuja existência não está condicionada pela existência de outros conteúdos e que, portanto, "poderia existir *a priori*, quer dizer, segundo sua essência, ainda que nada existisse fora dele ou que tudo o que o rodeia mudasse arbitrariamente, quer dizer, sem lei" (LUII/1, p.236). Se um conteúdo dependente está por essência unido a outros conteúdos e não pode existir se estes não existem, esses conteúdos estão destinados a serem

---

essa distinção objetivamente determinada: por exemplo, de modo que os conteúdos concretos possam ser em si e para si, graças a sua natureza própria, enquanto os abstratos só são possíveis em ou sobre conteúdos concretos". Compare com os *Estudos psicológicos*, AL, p.133, em que Husserl afirma que "não é psicológico" recorrer às coisas.

sempre partes de todos mais amplos, a serem sempre *em* ou *sobre* outros conteúdos, nunca *em* e *para si*. A determinação da dependência ou independência dos objetos, radicando na essência destes, nos remete ao domínio das ontologias materiais e do "*a priori* sintético", quer dizer, a um domínio de leis puras que incluem conceitos materiais que não admitem uma formalização *salva veritate* (LUII/1, p.252). Assim, um conteúdo A é dependente em relação a um conteúdo B quando existe uma lei, fundada nas essências genéricas de A e B, segundo a qual um conteúdo do gênero A só pode existir *em* ou *ligado com* um conteúdo do gênero B (LUII/1, p.261). Nesse caso, o conteúdo A estabelece com B uma "ligação necessária". Ao contrário, quando A não precisa de B para existir, o conteúdo B é "contingente" para A. Ora, essa conceptualização do "todo" em função da linguagem das essências indica uma exigência fundamental a ser cumprida quando se diz que um objeto A *precisa* de um objeto B: duas partes só podem formar um todo quando existe entre ambas uma "comunidade de essência", quer dizer, quando as respectivas essências genéricas subsumem-se a um mesmo "gênero supremo".

Um todo pode ter partes independentes; estas são os "pedaços" (*Stücke*) ou partes no sentido estrito da palavra, enquanto as partes dependentes são os momentos ou partes *abstratas* do todo. Duas partes que compõem um todo podem exigir-se unilateral ou bilateralmente, como o juízo e a representação ou a cor e a extensão. Um todo é dito *concreto* em relação aos seus momentos abstratos, e um concreto que não seja abstrato em relação a nenhum outro objeto é um concreto *absoluto* (LUII/1, p.268). Um absoluto é assim um conteúdo independente de qualquer outro, mas – e isso é importante na definição de Husserl – ele

Crítica da razão na fenomenologia

é sempre um *todo*, um conteúdo no qual se podem decifrar várias partes abstratas, e nunca um conteúdo simples, desprovido de partes, um "elemento": um conteúdo independente e sem partes está excluído do universo das relações eidéticas, já que sobre ele não se podem estabelecer "ligações necessárias" sob nenhum aspecto.

Quando um conteúdo de uma espécie só pode existir quando existe um conteúdo de outra espécie, Husserl diz que o primeiro está *fundado* no segundo. Desde então, é a partir do conceito de "fundação" (*Fundierung*) que ele pensa definir rigorosamente o conceito de todo: este será compreendido como um conjunto de conteúdos em que cada um está, através da fundação, em conexão direta ou indireta com todos os outros, sem nenhum elemento que, do exterior, garanta a unificação entre as partes. O conceito rigoroso de todo exclui que suas partes sejam unificadas por um "momento de unidade". Esse momento de unidade só é essencial aos todos formados por partes independentes, todos por mera "agregação", com as partes não se exigindo necessariamente. Sempre que um todo exigir um momento de unidade, é porque esse todo é formado por partes reciprocamente independentes (LUII/I, p.277). Nos todos formados por conteúdos dependentes, é a própria exigência de complementação inscrita em cada um deles que tem a função de unificar o todo, é a própria relação de fundação que lhe dá unidade, e uma unidade muito diferente daquela vigente nos agregados, onde a unidade é trazida por um conteúdo novo que a produz, enquanto as partes são em si mesmas separáveis. Se um todo formado por partes dependentes não tem sua unidade dada por um momento próprio de unificação, sua unidade não remete então a uma matéria sensível, mas a uma forma categorial (LUII/I, p.283).

Essas distinções são relembradas rapidamente em *Ideias I*, onde sofrem pequenas alterações terminológicas, assim como algumas especificações. Agora, as noções de dependência e independência fornecem o código a partir do qual se deve comentar não apenas as noções de "ser-um" e de "ser-ligado", como também a de "ser-contido". Uma essência dependente é dita simplesmente um "abstrato", uma essência independente é dita um "concreto", sendo que um "indivíduo" é um isto (*Dies da*) cuja essência material é concreta (IdI, p.36). Ora, são esses conceitos oriundos da teoria dos todos e das partes que servirão para analisar a "consciência" que sobrará como "resíduo" após a supressão da atitude natural. Ela não será uma "parte" de um todo mais amplo, não será uma "camada" pertencente ao mundo, não será um componente abstrato, mas um todo. Sendo um todo no "sentido rigoroso" definido pela teoria, ela será formada por partes dependentes. Por isso, o que sobrará após a redução será a consciência com aquilo que lhe é *inseparável*, seus momentos ou "partes abstratas". Se esse "todo" chamado consciência apresenta o sentido de uma "esfera de ser absoluta", é porque ele será um "concreto absoluto", um todo que não é dependente em relação a nenhum outro, que jamais será parte, que jamais precisará, para ser, da existência de qualquer outro conteúdo. Por isso, esse todo permanecerá tal como é quando se coloca fora de validade a totalidade do mundo (IdI, p.72). É essa característica de independência absoluta que fará da consciência uma "região" que não seria atingida se o mundo não existisse: nenhum ser real será necessário ao ser da consciência, um ser absoluto que *"nulla re indiget ad existendum"* (IdI, p.115). A realidade, por seu lado, não se mostrará como um todo *ao lado* do "todo" consciência. Ao contrário, ela será

Crítica da razão na fenomenologia

vista como uma parte do todo consciência. Assim, a realidade não apenas será parte como parte abstrata, parte *dependente*. Se a consciência não precisa da realidade, a realidade precisa da consciência, depende desta para ser. "A realidade, tanto a realidade de uma coisa singular quanto a realidade do mundo como um todo, carece essencialmente de autonomia (no nosso sentido rigoroso). Ela não é em si algo de absoluto que se ligaria secundariamente a um outro, mas no sentido absoluto ela não é nada, ela não tem essência absoluta" (IdI, p.118). Desde então, a distância entre consciência e realidade será a de um todo independente a uma parte dependente desse todo, será a distância do "absoluto" ao "relativo".

O resultado da redução será portanto a mais notável inversão das relações entre todo e parte, tais como essas se apresentavam à atitude natural. A passagem do código natural ao código transcendental é uma alteração de ponto de vista que subverte as relações entre o abstrato e o concreto. Há nessa passagem uma inversão da *Seinsrede*, em que o ser que para nós é o primeiro, é em si o segundo, isto é, ele é o que é apenas em "relação" ao primeiro" (IdI, p.118). Aquilo que para a atitude natural era independente torna-se dependente, o que era todo torna-se parte. A consciência, vista como dependente enquanto parte da totalidade do mundo, mostra-se independente da natureza. O mundo, que era considerado um todo pela análise natural, na consideração fenomenológica torna-se uma parte dependente da consciência, ele agora "é encontrado no interior da subjetividade pura, como um momento dela" (EPII, p.448).

Essa conceptualização da realidade como "dependente" da consciência sempre foi vista como o testemunho mais enfático do "idealismo fenomenológico", que Husserl apenas precisaria

Carlos Alberto Ribeiro de Moura

depois com a "produção" do real pela consciência.[3] E aqui, decididamente, a fenomenologia não seria mais consistente com seus princípios: se a redução é introduzida em função da teoria do conhecimento, quer dizer, se vem para resolver o "paradoxo da crítica", ela deveria limitar-se a essa tarefa: a teoria do conhecimento, ao analisar os vividos cognitivos, não deve implicar nenhuma decisão quer realista, quer idealista. Ora, estabelecendo o real como "dependente da consciência", a fenomenologia termina fazendo "asserções sobre o mundo",[4] termina emitindo juízos sobre o ser e indo além daquilo que de direito poderia ser tratado em uma investigação sobre o conhecimento. Mas essa ideia de uma dependência do ser em relação à consciência não suscitou objeções apenas porque representaria um escorregão da fenomenologia para além de seu domínio legítimo. O estabelecimento da tese foi visto como insuficiente, em rigorosa contradição com outras teses do próprio Husserl, e a ideia, por ela mesma, causou escândalo. Pelo fato de conhecermos Deus pelo pensamento – diz Geyser – não se segue que sem nosso pensamento Deus não existiria. Conhecemos tudo através do pensamento, mas isso não é equivalente à proposição: algo não pode ter realidade *senão* como pensado. O idealista tira essa "conclusão errada".[5] E Spiegelberg, o historiador de todas as fenomenolo-

---

3 Ingarden, L'Idealisme transcendental chez Husserl, em Van Breda; Taminiaux (orgs.), op. cit., p.204; id., Die Vier Begriffe der Transzendenz und das Problem des Idealismus in Husserl, em Tymieniecka (org.), *Analecta Husserliana*, v.1, p.58, 73; Boehm, Husserl's Concept of the Absolute, em Elveton (org.), *The Phenomenology of Husserl*, p.174.

4 Ingarden, *On the Motives wich led Husserl to Transcendental Idealism*, p.42.

5 Geyser, *Erkenntnistheorie*, p.12.

Crítica da razão na fenomenologia

gias, é um bom exemplo do impacto que a tese teve, de forma mais ou menos disseminada, sobre o "senso comum" de leitores e intérpretes. Como pensar – pergunta ele – que um mundo sem sujeito cognoscente seja inconsistente? "Um mundo sem os atuais sujeitos cognoscentes precisa necessariamente terminar, considerando que tais sujeitos são conhecidos apenas sobre a base de certos organismos vivos em relação aos quais há evidência apenas durante um período comparativamente irrelevante de nosso pequeno planeta"?[6] Nem mesmo o outrora fiel discípulo Eugen Fink resistirá à tentação de medir a fenomenologia a partir das evidências do senso comum: "coloca-se a questão de saber se também o que comumente chamamos de *ente* – não uma obra de arte, uma coisa feita pelo homem, mas, por exemplo, a pedra que aqui está – só existe porque existem processos de percepção, de recordação, de identificação etc. [...] se se pretende que também esse ente é o que é apenas a partir de sua significação subjetiva, então se foi muito além do que nos oferece o fenômeno imediato".[7] Mas será que, efetivamente, a tese da "dependência" do ser em relação à consciência dá caução tanto às críticas quanto ao espanto que suscitou?

II

O que Husserl quer demonstrar? Antes de tudo, que a consciência é independente da realidade. É apenas porque a consciência não precisa da realidade para existir que esta poderá ser

---

6 Spiegelberg, The "Reality Phenomenon" and Reality, em Farber (org.), *Philosophical Essays in Memory of Edmund Husserl*, p.96.

7 Fink, discussão com Biemel, em *Husserl, Cahiers de Royaumont*, p.63.

"reduzida": nesse sentido, a demonstração da independência da consciência é equivalente à demonstração do direito que se tem de fazer uma investigação *puramente* subjetiva, uma investigação que se poderá realizar plenamente sem precisar recorrer a qualquer consideração sobre o não subjetivo. Quando Husserl inicia o tratamento desse tópico, ele o faz através de uma análise da essência da consciência. O objetivo imediato é analisar o que se encontra imanentemente na consciência, investigação que tem interesse, já que é graças a essa consciência que se apreende a efetividade natural (IdI, p.71). Tratar-se-á portanto de investigar a essência dos vividos "no sentido estrito": esses são os vividos intencionais, a consciência de algo (IdI, p.74), consciência na qual tomamos conhecimento da existência do mundo. A reflexão sobre os vividos mostra que eles têm uma "essência individual própria", um conteúdo que pode ser investigado eideticamente em sua especificidade, excluindo-se tudo o que não reside na *cogitatio*, tudo o que não é seu conteúdo (IdI, p.76). É graças a essa "essência própria" que um vivido forma com outro um fluxo de vividos, uma conexão determinada apenas pelas essências das *cogitationes*, e que dá sentido e razão à unidade da consciência. Entretanto, essa ideia de uma "essência própria" dos vividos parecerá problemática do ponto de vista do "homem ingênuo", que se verá diante de uma aporia. Como, aos seus olhos, a consciência surge duplamente entrelaçada ao mundo, como consciência de um homem e como consciência desse mundo, a partir de então, para ele, se a consciência se entrelaça ao mundo não se pode compreender como tem ela uma "essência própria", ou então, se tem uma "essência própria" não se compreende mais como ela pode entrelaçar-se ao mundo (IdI, §39). Como, para o homem ingênuo, consciência

Crítica da razão na fenomenologia

e mundo formam um todo e como um todo só pode ser unificado pela essência das partes, então deveria haver uma comunidade de essência entre consciência e mundo, o que excluiria a ideia de uma essência "própria" da consciência. Todavia essa dificuldade, real para o "homem ingênuo", não o é para uma análise mais atenta. A alternativa do "homem ingênuo" – *ou* a essência própria da consciência, *ou* a relação entre consciência e mundo – é falsa e será possível afirmar ao mesmo tempo tanto a relação entre a consciência e o mundo quanto a essência "própria" da consciência, desde que não se exija mais daquela relação que ela seja a expressão de uma *unidade* entre as partes.

Admitindo-se o abandono dessa exigência, "é evidente então que intuição e intuído, percepção e coisa percebida, se bem que relacionados um ao outro em sua essência, não são, com necessidade de princípio, *realmente um e realmente ligados segundo a essência*" (IdI, p.92). E o que o prova é que a percepção contínua de um objeto é na verdade uma multiplicidade de percepções pelas quais, porém, vem à consciência um e o mesmo objeto. O objeto percebido pode ser sem mudar-se, enquanto a percepção está no fluxo da consciência e está ela mesma em um perpétuo fluir. Assim, se a coisa ou qualquer um de seus momentos aparece como a mesma apesar de sua manifestação ser continuamente mutável, ela não pode ser um momento real da própria consciência de coisa (IdI, p.93). E isso indica imediatamente o que pertence ao conteúdo real do vivido intencional: as sensações que, animadas pelas apreensões, tornam-se perfis dos momentos objetivos, quer dizer, ganham a função expositiva (*darstellende*) e tornam-se manifestações da coisa. Essa determinação do conteúdo real dos vividos, efetuada a partir da oposição entre identidade e multiplicidade, é o primeiro passo para que se tome consciência da diferença *de essência* entre percepção e objeto percebido. As sensações, que assumem a função expositiva, quer dizer, que funcionam como perfis de cor, de figura etc., são por princípio distintas das cores e figuras que, através delas, vêm à manifestação (IdI, p.94). Existe uma *diferença de gênero* entre o perfil e o perfilado, quer dizer, não há nenhuma *comunidade de essência* entre ambos. "O perfil é vivido. Mas o vivido é possível apenas como vivido e não como espacial. O perfilado, ao contrário, é por princípio apenas como espacial (ele é precisamente espacial por essência) e não é possível como vivido" (IdI, p.95). Sendo assim, não é apenas facticamente que essa identidade não pode ser parte real da multiplicidade através da qual ela vem à consciência. É por essência que a coisa não pode ser encontrada como parte real da consciência, como um conteúdo realmente imanente a ela. Será preciso estabelecer agora uma distinção de essência fundamental entre o "ser como vivido" e o "ser como coisa" (IdI, p.95), estabelecer uma transcendência da coisa frente ao vivido e reconhecer a diferença entre consciência e realidade como a mais radical diferença entre modos de ser (*Seinsweisen*) (IdI, p.96).

Desde então, é por essência que um vivido só pode ser percebido por uma percepção imanente, é por essência que uma coisa espacial não o pode (IdI, p.96), já que essa coisa nunca poderá ser um conteúdo dos vividos. Em um ato dirigido imanentemente, seu objeto intencional pertence ao mesmo fluxo de vividos que o próprio ato, a consciência e seu objeto "formam uma unidade individual constituída apenas por vividos" (IdI, p.85). No caso da percepção imanente, essa unidade também é imediata, e a percepção traz em si seu objeto de tal forma

Crítica da razão na fenomenologia

que ela só pode ser separada dele abstrativamente, como um momento dependente desse objeto. No caso dos atos transcendentemente dirigidos, ao contrário, o objeto não pertence ao mesmo fluxo que o ato, consciência e objeto não formam uma *unidade*. A percepção da coisa não forma com essa coisa uma "unidade essencial própria". A única unidade que pode ser determinada pela essência dos vividos é a unidade do fluxo de vividos ou, em outras palavras, "um vivido pode ser ligado em um todo *apenas* com vividos, todo cuja essência total compreende as essências próprias absolutas desses vividos e é fundada nelas" (IdI, p.86).

Em que redundam essas análises? A investigação da essência da consciência termina por estabelecer uma diferença *de essência* entre consciência e realidade, uma diferença de princípio entre o "ser como vivido" e o "ser como coisa", diferença radicada na espacialidade da coisa material. Ora, a teoria dos todos e das partes estabelecera como condição necessária para que duas partes possam estabelecer entre si a "unidade" de um todo, que as essências dessas partes fossem do mesmo gênero, ou seja, tivessem entre si uma "comunidade de essência". Coerentemente, Husserl conclui então que não pode haver uma "unidade" entre consciência e realidade, e que "um vivido pode ser ligado em um todo *apenas* com vividos". O que deveria levar à consequência de que a realidade, não podendo ser ligada em um todo com o vivido, é independente deste. Surpreendentemente, Husserl afirma logo depois que a realidade é *dependente* da consciência, logo, é parte abstrata da consciência e forma um todo com o vivido. Mas como isso é possível, se ele mesmo estabelecera que a "unidade" de um todo pressupõe uma comunidade de essência entre as partes, o que condena o vivido a formar um todo apenas com vividos e a realidade apenas com coisas reais? Alguns intérpretes traduziram rapidamente sua surpresa inicial na constatação de uma indisfarçável contradição. Haveria um conflito fundamental na análise husserliana das relações entre consciência e realidade, conflito que se exprimiria em duas séries de afirmações "contraditórias": as que insistem na heterogeneidade de princípio entre consciência e realidade e as que negam a independência da realidade em relação à consciência.[8] Por outro lado, a "demonstração" da dependência da realidade para com a consciência estaria presa a um paradoxo inquietante. Como Husserl vai mostrar que a realidade não é absoluta por excluir a possibilidade de uma doação absoluta, e como essa doação absoluta é impossível porque o transcendente é um ser espacial genericamente distinto do vivido, o filósofo concluiria, paradoxalmente, que é a essência independente da realidade que exclui a independência da realidade...[9]

Todavia, tanto aquelas "contradições" quanto esse paradoxo são apenas aparentes. E a dissolução dessa aparência tem significado não apenas no que se refere à "consistência" de *Ideias I*, como também na elucidação do próprio sentido do "idealismo

---

8 As "contradições" em questão são assinaladas por Ingarden, L'Idealisme transcendental chez Husserl, em Van Breda; Taminiaux, op. cit., p.215; id., Die Vier Begriffe der Transzendenz und das Problem des Idealismus in Husserl, em Tymieniecka, op. cit., p.72; id., *On the Motives...*, p.66. Cf. também Boehm, Husserl's Concept of the Absolute, em Elveton, op. cit., p.190-1, 194.

9 Cf. Boehm, Husserl's Concept of the Absolute, em Elveton, op. cit., p.189: "Husserl *nega* o ser absoluto do real *sobre a base da afirmação* do modo de existência independente do real como o 'ser-em si' do transcendente que por princípio exclui a possibilidade de sua doação absoluta".

Crítica da razão na fenomenologia

fenomenológico". Ora, as "contradições" surgem apenas quando não se leva em conta qual o estatuto da análise que Husserl desenvolve para chegar à "diferença de princípio" entre o ser como realidade e o ser como vivido, diferença que está na origem da impossibilidade de que ambos sejam partes de um mesmo todo. Essa análise, como Husserl o indica diversas vezes, é realizada na *atitude natural* (IdI, p.74, 87, 96). Com isso, não se trata de sublinhar que a análise ainda não se desenvolve na atitude transcendental, o que é evidente, já que se trata de estabelecer a própria possibilidade da redução. Aqui, dizer que a análise é feita na atitude natural significa dizer, antes de tudo, que ainda não se trata de uma análise *fenomenológica*. O que caracteriza a consciência na atitude natural é ter como correlato o mundo (IdI, p.118). A atitude natural é dirigida diretamente às coisas (*geradehin*), abstraindo os modos subjetivos de doação que necessariamente permeiam a experiência das coisas (PP, p.123). Na atitude fenomenológica, ao contrário, o interesse não se dirige às coisas, mas aos múltiplos "modos subjetivos" nos quais ela se manifesta, aos "modos de manifestação" que permanecem não temáticos na atitude natural (PP, p.237-9). O especificamente fenomenológico se estabelece, portanto, na correlação entre os vividos e os modos de doação dos objetos, não na correlação entre vividos e objetos.[10] A análise fenomenológica começará apenas quando, abandonando a oposição entre vivido e coisa, Husserl começar a analisar a oposição entre os seus respectivos modos de doação (IdI, §44). Era por manter-se na atitude natural que a análise de Husserl se

---

10 Sobre a especificidade da correlação fenomenológica, ver Tugendhat, *Der wahrheitsbegriff bei Husserl und Heidegger*, p.172.

resumia a uma "análise objetiva", quer dizer, preocupada em estabelecer diferenças dos *modos de ser* dos vividos e das coisas. Era por manter-se na atitude natural que ela lançava mão da *independência do objeto* frente à consciência como argumento a favor da impossibilidade de uma relação de essência entre ambos.[11] No decorrer de toda a "consideração fenomenológica fundamental" entrecruzam-se afirmações efetuadas na "atitude natural" e afirmações efetuadas na "atitude fenomenológica". Esse entrecruzamento entre duas séries de afirmações, que sem dúvida torna difícil o texto, exprime duas ordens de verdades, legítimas em seu plano específico, mas incomensuráveis entre si. É por não haver comensurabilidade entre a tese elaborada na atitude natural – a que afirma a heterogeneidade de essência entre consciência e realidade – e a tese oriunda da atitude fenomenológica – a que afirma a dependência da realidade para com a consciência –, que não haverá contradição entre as duas afirmações: elas não valerão "ao mesmo tempo". Da mesma forma, não haverá paradoxo na "demonstração" da relatividade da realidade frente à consciência, porque ela não usará como premissa a separação de essência entre o ser como vivido e o ser como realidade – não utilizará como premissa uma tese oriunda da atitude natural.

Ora, se não há contradição entre as duas séries de afirmações é porque, na realidade, elas não se dirigem ao mesmo conceito de *objeto*. Esses dois conceitos de objeto, Husserl faz questão de separá-los cuidadosamente. É essa separação que surge quando ele contrasta a "descrição natural" à "descrição fenomenoló-

---

11 Cf. IdI, p.92: "A coisa percebida pode ser sem ser percebida, pode ser mesmo sem ser apenas potencialmente percebida".

Crítica da razão na fenomenologia

gica": "É fundamental distinguir: I) a descrição de um percebido puro e simples (*schlechthin*), como descrição sobre a base de uma operação ingênua de percepção, logo na validade ingênua de ser; 2) a descrição do percebido exclusivamente *como* percebido do perceber correspondente, por conseguinte, puramente como momento determinante da própria essência da percepção" (PP, p.441). E não se trata, aqui, de opor duas descrições de um conteúdo idêntico, mas de opor duas descrições de conteúdos diferentemente decifrados. A oposição é simultaneamente das descrições e dos objetos sobre os quais elas nos informam. "Devem-se distinguir duas coisas: I) o objeto percebido puro e simples e sua descrição como esse objeto puro e simples, que é aquele que experimento como sujeito perceptivo efetivo e corpóreo; 2) o percebido puramente como correlato de perceber, a saber, como o que o perceber em si mesmo, como esse vivido real determinado, traz em si inseparavelmente como seu conteúdo ideal, como aquilo que é visado e se manifesta nele, e assim como ele é visado nesse perceber, como mais uma vez se deve sublinhar" (PP, p.177). Essa diferença entre duas noções de "objeto" – diferença entre o objeto "puro e simples" (*schlechthin*) e o objeto como objeto *intencional* –, paralela à diferença de "atitudes", não é senão a diferença entre a "coisa" correlata da consciência ingênua e também da ciência, e a "coisa" enquanto correlata da consciência fenomenológica. É sempre através desses dois conceitos de objeto que Husserl diferencia a fenomenologia da ontologia e, *ipso facto*, de todo discurso positivo. É por não se dirigir ao mesmo terreno que a ontologia que o campo da fenomenologia "não é constituído pelas figuras espaciais, pelas coisas como tais" (IdIII, p.84). Não têm o mesmo significado o mundo e o "mundo" enquanto correlato.

Investigar correlatos "não significa investigar as coisas, as coisas enquanto tais. Uma 'coisa' enquanto correlato não é uma coisa, por isso as aspas" (IdIII, p.85). Apenas a consciência natural, as ciências e as ontologias, dirigem-se às coisas, quer dizer, aos objetos "puros e simples" (IdIII, p.88). O mundo só penetra no discurso fenomenológico enquanto "mundo" entre aspas, apenas enquanto correlato. É essa consideração do objeto apenas enquanto correlato que Husserl chamará também de consideração da objetidade do ponto de vista *transcendental*: nela o objeto é visto apenas como "objeto de um conhecimento possível, como objeto de uma consciência possível em geral" (EPI, p.60). O objeto passa a ser visto em sua relação à subjetividade e é considerado puramente segundo essa relação: agora ele é apenas o "percebido enquanto tal".

Quando, em *Ideias I*, Husserl estabelece a "diferença de princípio" entre "ser como vivido" e "ser como realidade", é à coisa "pura e simples" que a diferença se refere, como ele mesmo o indica explicitamente: "os dados de sensação, que desempenham a função de perfil de cor, perfil de lisura, perfil de forma etc., (a função de 'exposição') são por princípio totalmente diferentes da cor pura e simples, da lisura pura e simples, da forma pura e simples, logo, de todas as espécies de momentos da coisa. O perfil, ainda que tenha o mesmo nome, por princípio não é do mesmo gênero que o perfilado. O perfil é vivido. O vivido é possível apenas como vivido e não como espacial" (IdI, p.94). Ao contrário, quando Husserl for afirmar a dependência da coisa para com a consciência, ele o fará depois de iniciar a consideração do objeto segundo o seu "modo de doação" (IdI, §44). Mas agora esse objeto, que é o objeto tal como ele se apresenta na atitude fenomenológica, já não será a coisa "pura

Crítica da razão na fenomenologia

e simples": ele será o "percebido enquanto tal", será o objeto enquanto correlato, apenas uma multiplicidade de fenômenos sinteticamente unificados, apenas a identidade vazia de uma multiplicidade noemática. Ele será o objeto intencional obtido a partir da crítica ao em-si e reduzido a uma constelação de sentidos (*Sinne*). Ora, esses dois objetos são radicalmente diferentes. As propriedades de um não são as propriedades de outro: "*A árvore pura e simples*, a coisa na natureza, não se identifica de forma alguma à *árvore percebida enquanto tal* que, enquanto sentido de percepção, pertence inseparavelmente à percepção correspondente. A árvore pura e simples pode queimar, pode resolver-se em seus elementos químicos etc. Mas o sentido, o sentido *dessa* percepção, algo que pertence à sua essência, não pode queimar, ele não tem elementos químicos, não tem forças, não tem nenhuma propriedade real" (IdI, p.222).

É graças a essa oposição entre duas decodificações do "objeto", referentes a duas "atitudes" distintas, que as duas séries de afirmações "contraditórias" o são apenas em aparência. É verdade que a consciência não pode formar um todo com o objeto "puro e simples". Como a consciência é por essência o vivido e o objeto, por essência espacial, essa diferença de modos de ser, colocando consciência e objetos em gêneros distintos, proíbe entre ambos a unificação exigida para formar-se um todo, unificação que pressupõe uma comunidade de essência entre os membros unificados. Desde então, é evidente que a consciência e o objeto puro e simples "não são, com necessidade de princípio, *realmente um e realmente ligados segundo a essência*" (IdI, p.92). A diferença de "gêneros", proibindo qualquer comunidade de essência, proíbe agora qualquer unidade entre consciência e objeto: "Um vivido pode ser ligado em um todo apenas com vividos" (IdI, p.86). Todavia, é essa restrição de princípio à formação de um todo entre consciência e objeto que desaparece quando se considera não mais a relação da consciência à coisa pura e simples, mas a relação da consciência ao objeto visto como unidade vazia de fenômenos *subjetivos*. E Husserl indica com clareza o desaparecimento dessa restrição, quando se levam em conta os dois conceitos de objeto: "Enquanto os objetos puros e simples (compreendidos no sentido não modificado) estão sob gêneros supremos fundamentalmente diferentes, todos os sentidos de objeto (*Gegenstandssinne*) e todos os noemas tomados em sua integralidade, por mais diferentes que possam ser, subsumem-se por princípio a um único gênero supremo" (IdI, p.314). Todos os objetos "modificados" remetem a uma mesma região – a região consciência. O noema, não sendo um componente real do vivido, remete todavia ao subjetivo, e não à coisa pura e simples. O objeto intencional, percebido "enquanto tal", como unidade de uma multiplicidade noemática, se é transcendente aos componentes reais do vivido, não deixa de ser uma "unidade fenomenal de elementos subjetivos" (*Erscheinungseinheit von Subjektivem*) (PP, p.176). Esse objeto é subjetivo enquanto puro correlato de um perceber e exclusivamente enquanto tal, não como um conteúdo em si mesmo espacial. Esse objeto reduzido a uma constatação de fenômenos já é o objeto oriundo da *epoché*. No novo quadro surgido com a supressão da "ingenuidade" – quer dizer, da direção ao objeto puro e simples –, o objeto passa a fazer parte do "elemento subjetivo". A *epoché* produz uma atitude que se dirige puramente à correlação "e o mundo, a objetividade, torna-se uma subjetividade particular" (Kr, p.182). O mundo é apenas correlato de fenômenos subjetivos, de intenções e de atos. Se voltamos do mundo aos fenômenos e intenções, estes revelam-se como modos de doação subjetivos. Quando investigamos os polos egológicos, estes mostram-se como o "elementos subjetivo" do mundo e de seus modos de manifestação. Mas, na *epoché*, o conceito de "elemento subjetivo" "inclui tudo, sejam o polo egológico e o universo dos polos egológicos, sejam as multiplicidades de fenômenos, sejam os polos objetivos e o universo dos polos objetivos" (Kr, p.183). Ora, como o objeto não seria subjetivo se, após a crítica a qualquer exterior à consciência, ele não pode ser senão uma unidade de fenômenos subjetivos?

III

A dissolução daquela aparente contradição entre duas séries de afirmações presentes em *Ideias I* lança luz sobre o sentido exato das teses que Husserl pretende estabelecer. Em primeiro lugar, trata-se de mostrar que a consciência é independente da realidade, quer dizer, que ela é absoluta: se o mundo se anulasse, a consciência não seria atingida em sua existência (IdI, §49). Como nenhum ser real é necessário à existência da consciência, essa esfera da imanência é indubitável, é um absoluto no sentido de *nulla re indiget ad existendum*. É por ser indiferente à existência da consciência que essa realidade poderá ser "excluída" da investigação. E se a consciência não é "parte" do mundo natural já que é independente dele, deixar o mundo "fora de consideração" não significará *abstrair* a consciência de um todo mais amplo no qual ela estaria incluída, assim como o faz a psicologia. Se os vividos não fossem pensáveis sem entrelaçamento à natureza, assim como a cor não é pensável senão entrelaçada à extensão, eles não formariam uma região absoluta, mas exigiriam sempre uma referência a outra coisa que não eles mesmos, referência inscrita em sua própria essência. Desde então, a demonstração da independência da consciência em relação à realidade é essencial à legitimação da redução: mostrando que a exclusão do mundo não afeta em nada a consciência, mostra-se que é possível uma investigação puramente subjetiva, sem qualquer referência à realidade natural. Todavia, a demonstração da independência da realidade em relação à consciência se cruza com a indicação da dependência da realidade em relação à subjetividade. Não se trata de afirmar apenas o "ser absoluto" da consciência, como também o "ser relativo" da realidade. É a segunda tese: se a consciência não precisa do mundo, o mundo das coisas transcendentes precisa da consciência. A realidade é relativa à consciência, é um ser apenas para a consciência, é algo que a consciência põe (IdI, §49). É o ponto alto em que se inverte a *Seinsrede* natural: a realidade apenas é em relação à consciência, ela carece de autonomia, não é um absoluto que se ligaria a outro absoluto, ela não tem "essência absoluta", mas apenas é enquanto consciente ou representável. É porque a realidade é dependente do absoluto que a consciência "contém em si" todas as transcendências e as constitui (IdI, §50).

Ora, de uma tese à outra não é da mesma "realidade" que se trata. A realidade em relação à qual a consciência é independente é a realidade decodificada segundo a atitude natural, é a realidade como conjunto dos objetos "puros e simples". É porque a consciência se mostrará como independente *dessa* realidade que a redução será a inibição do interesse ao "ser objetivo", ela colocará "fora de validade" o "objeto de percepção como coisa espacial *(raumdingliche)*" (PP, p.188). O objeto em relação ao

Crítica da razão na fenomenologia

qual a consciência é independente é o objeto "puro e simples", e por isso ele será "excluído" pela redução. Todavia, a realidade que será "dependente" da consciência não será aquela formada pelo universo dos objetos "puros e simples", mas apenas a formada pelo conjunto das unidades de multiplicidades noemáticas. É essa duplicidade dos objetos que está na origem da formulação da redução como sendo uma "exclusão" que "conserva": o papel, objeto "puro e simples", cai sob a *epoché*; mas a *cogitatio* é *cogitatio* de seu *cogitatum*, que é inseparável (IdI, p.76-7). "A redução 'transcendental' exerce a *epoché* em relação à efetividade (*Wirklickeit*); mas ao elemento dessa efetividade que ela conserva pertencem os noemas com sua unidade noemática que reside neles mesmos e, com isso, o modo como o real se torna consciente na consciência e é dado de modo especial" (IdI, p.245). Em outros termos, a realidade da qual a consciência é independente é a realidade "pura e simples", a realidade que depende da consciência é a realidade "modificada".

É verdade que, usualmente, interpretam-se ambas as teses de Husserl como referindo-se à mesma "realidade": a consciência é independente do mundo, o mundo é dependente da consciência, é exatamente da mesma "realidade" que se trata aqui e ali. É a partir dessa interpretação que o "idealismo fenomenológico" assume a sua forma mais impressionante e mais extravagante. Mas é segundo essa interpretação, também, que ele assume sua forma mais falsa. Contra essa interpretação, a teoria dos todos e das partes não cessa de advertir-nos: como "ser dependente" é o mesmo que ser "parte abstrata" ou "momento" de um todo, e como só podem ligar-se e formar um todo partes que tenham uma afinidade de essência – tese que *Ideias I* não se cansa de repetir (IdI, §49) –, é evidente que o objeto "puro e simples" não pode ser "dependente" da subjetividade. O que Husserl vai determinar como "ser relativo" é exclusivamente o objeto enquanto correlato, enquanto multiplicidade unificada de perfis de objeto e não a "coisa" da consideração natural. Contra essa confusão, que está na origem da lenda do Husserl "berkeleyano", não existem apenas as evidências oriundas da teoria dos todos e das partes, mas textos formais: na atitude fenomenológica, "nós vivemos exclusivamente no interesse pelo subjetivo, pela percepção externa como vivido e pelos seus conteúdos inseparáveis, que residem nela real ou idealmente. A esses conteúdos pertence o objeto exterior, mas exclusivamente como o visado na própria percepção externa, como seu intencionado transcendente. Na fenomenologia nós dizemos: objeto entre parênteses ou entre aspas, não o objeto puro e simples (*das Objekt schlechthin*)" (PP, p.190). A *epoché*, enquanto redução da natureza à subjetividade, não reduz à subjetividade a natureza pura e simples, mas a natureza enquanto fenômeno, que apenas enquanto tal será "inseparável" da consciência. A tese da dependência só ganha sentido em relação à mudança de "interesse temático", que dirige o olhar não ao objeto tal como ele é com suas propriedades objetivas, mas ao objeto tal como ele é *subjetivamente*. Na primeira atitude, o objeto é considerado segundo suas determinações naturais, determinações que são estranhas ao eu (PP, p.446). É a atitude natural enquanto ela "abre os caminhos a todos os conhecimentos objetivos, a toda ciência objetiva, assim como a toda práxis objetiva que atua no interior do mundo" (PP, p.191). Aqui, a descrição termina na "natureza enquanto natureza" e o subjetivo permanece *ao lado* do natural, por assim dizer exterior a ele. Na segunda atitude, o interesse dirige-se exclusivamente ao subjetivo, e a natureza vem à consideração apenas

Crítica da razão na fenomenologia

como ela surge *subjetivamente*, apenas como correlato e não como natureza pura e simples. É apenas essa natureza "subjetiva" que *pertence à* consciência: "Quando, na consecução da investigação temática da subjetividade 'pura', chego a que a própria nature-za com todas as suas determinações pertence necessariamente à subjetividade, como seu correlato intencional, então novamente a natureza é trazida à experiência, mas não pura e simplesmente, não como ela é em si, como objeto de afirmações livres do eu, mas exclusivamente como ela é subjetivamente, assim como ela é enquanto correlato intencional" (PP, p.446). A natureza pura e simples não traz em seu sentido temático nada de subjetivo. É apenas a natureza fenomenologicamente considerada, redu-zida a uma constelação de perfis de objetos, que surge com um sentido que se mostra "como necessariamente não independen-te, como abstrato, e mostra-se como parte do meio subjetivo concreto, como inseparável da subjetividade do eu concreto, incluída nela mesma como algo de subjetivo, como um puro componente" (PP, p.446).

Se a redução vai desvelar a "verdadeira interioridade", que é simultaneamente consciência e objeto de consciência, e se esse objeto se mostra como dependente, inseparável da consciência, faz-se um contrassenso em relação à fenomenologia ao identi-ficar esse objeto intencional e *subjetivo* que pertence à subjeti-vidade com a coisa "pura e simples" da atitude natural. É esse contrassenso que está na origem da versão mais impressionante do idealismo husserliano, e é essa versão que, uma vez aceita, suscita questões em si mesmas descabidas. A mesma confu-são que está na origem da constatação de "contradições" em *Ideias I* está na origem do caráter escandaloso que se atribui ao "idealismo fenomenológico". No limite, não se trata senão da confusão entre a "atitude fenomenológica" e a "atitude natural", determinada pela identificação dos diferentes objetos a que cada uma delas se refere. Pode-se convir que é extravagante remeter a coisa natural à consciência. Mas não é tão extravagante remeter à consciência uma constelação de perfis. A primeira não exige complemento. A segunda só tem sentido enquanto remete a um ponto de vista. Uma coisa "pura e simples" pode existir sem uma subjetividade, mas não se pode pensar um perfil sem referi-lo a um eu. Se a dependência da realidade em relação à consciência é a marca do "idealismo", então a decisão profunda do idealismo husserliano está na recusa *fenomenológica* do em-si e na consequente redução do objeto a um conjunto de "manifestações". Mas agora esse idealismo também perde o sentido impressionante que lhe davam todos aqueles que, confundindo o correlato com o objeto puro e simples, faziam do idealismo fenomenológico uma afirmação sobre a natureza "pura e simples". Na verdade, a fenomenologia não vai além do círculo legítimo de afirmações de uma teoria do conhecimento, ela não faz "asserções sobre o mundo". A tese da dependência do ser em relação à consciência, sendo a determinação da dependência do objeto intencional e não do objeto "puro e simples", é apenas uma verdade fenomenológica. E Husserl sempre terá uma concepção bem determinada do que são as "verdades fenomenológicas": trata-se aqui de "um tipo de verdade que, apreendido de um modo puramente fenomenológico, não compreende em si a menor opinião sobre o mundo transcendente puro e simples, o mundo existente" (PP, p.191). Afinal, como a fenomenologia poderia excluir de sua consideração a coisa natural e, ao mesmo tempo, determiná-la como dependente, quer dizer, julgar sobre esse ser natural que por princípio ela exclui de seu "campo temático"?

Crítica da razão na fenomenologia

"Nós não dissemos que a natureza 'na verdade não é senão' essa regra que se exibe de consciência a consciência. Não dissemos que a consciência é o único ser verdadeiro e que a natureza é apenas como um quadro imaginário que a consciência traça em si mesma e coisas semelhantes. Tudo isso não podia, com sentido, ser nossa opinião, justamente porque toda nossa investigação efetuava-se na redução fenomenológica e essa redução, *ex definitione*, não significa senão deixar de fazer qualquer afirmação sobre a natureza" (PI/I, p.191-2).[12]

IV

Essa diferença de "interesse temático" que distingue a atitude natural da atitude fenomenológica suscita uma questão particular sobre a demonstração da "independência" da consciência em relação à realidade. Se a atitude natural se define por um interesse dirigido ao "ser objetivo", ao objeto "puro e simples", a atitude fenomenológica, ao contrário, dirige-se exclusivamente ao subjetivo. Ora, a demonstração da independência da consciência em relação à realidade deve mostrar a subjetividade como independente do objeto "puro e simples".

---

12 Cf. PI/I, p.191: "Tudo isso vale quando nós operamos aquilo que chamamos de redução fenomenológica, quando, por conseguinte, não julgamos sobre o ser da natureza, mas sobre o ser das puras conexões fenomenológicas". Esse texto, que é de 1910, Husserl o corrige em 1924, alterando-o a partir da frase "quando, por conseguinte, não julgamos sobre o ser da natureza" para: "quando, por conseguinte, não julgamos sobre o ser da natureza, ou melhor, pura e simplesmente (*schlechthin*) sobre 'a' natureza". A alteração é coerente com as distinções conceituais de *Ideias I*. Ver PI/I, p.191, nota 1.

Por outro lado, essa demonstração já deve ser fenomenológica. Mas como demonstrar *fenomenologicamente* que a consciência é independente de uma realidade à qual a fenomenologia *não pode referir-se*? Como demonstrar uma tese que envolve uma realidade que não pode, por princípio, ser objeto do discurso fenomeno-lógico? Em outros termos: como demonstrar a partir da atitude fenomenológica algo referente a um objeto da atitude natural? A única maneira de fazê-lo, que é a escolhida por Husserl, é con-siderar o objeto "puro e simples" tal como este pode oferecer-se ao ponto de vista fenomenológico, *sem contudo falar dele*. Esse ob-jeto puro e simples, decodificado através das lentes da "atitude fenomenológica", surge agora como um correlato, como um objeto intencional, como uma multiplicidade noemática, mas que apresenta um tal comportamento que leva a consciência a interpretá-lo como um objeto *não subjetivo*. Esse objeto intencio-nal, que sugere à consciência não ser apenas um objeto inten-cional, é o objeto do "curso atual da experiência". O curso fáctico de nossa experiência é tal que ele parece "constituir 'rea-lidades' permanentes, unidades de duração que existem em si, sejam ou não percebidas" (IdI, p.115). Por esse ângulo, o objeto "puro e simples" será uma interpretação particular do objeto in-tencional enquanto multiplicidade de fenômenos unificados. Agora, "o objeto puro e simples, no sentido em que o entende o discurso que julga normalmente, que não tem por tema o objeto consciente enquanto objeto da consciência, significa objeto efe-tivamente existente, a saber, como 'objeto' que vale para o sujeito que julga como efetividade existente *(seiende Wirklichkeit)*" (EPI, p.250). Visto a partir do ponto de vista fenomenológico, o ob-jeto "puro e simples" da atitude natural só pode surgir como o "objeto" entre aspas, como o objeto intencional ao qual se atribui

Crítica da razão na fenomenologia

uma existência efetiva. Essa mesma situação também pode ser formulada de outra maneira. A natureza "pura e simples", tal como surge para a atitude natural, tem determinações próprias que não remetem a nada referente ao eu. A natureza surge agora como "o domínio daquilo que é estranho ao eu" (PP, p.445). Quando se assume a atitude fenomenológica, passa-se a ter como tema exclusivamente o eu que experimenta essa natureza. Agora, quando se investiga como a natureza, com todos os seus objetos naturais estranhos ao eu, vem à experiência, não vem à experiência temática "nenhum objeto natural e nenhuma de suas determinações puras e simples, que são totalmente estranhas ao eu" (PP, p.446). Nessa nova "direção do olhar", o tema da experiência natural é considerado "em sua referência ao eu e em seu como (*Wie*) subjetivo, e como inseparável do eu" (PP, p.446). Ora, segundo esse novo ponto de vista, o subjetivo não aparece mais como algo *ao lado* da natureza, de uma natureza que seria não subjetiva. Agora, a natureza é em si mesma subjetiva. Por esse novo ângulo, o objeto da atitude natural surge como algo de *abstraído*, o seu objeto "puro e simples" aparece como um subjetivo que foi *absolutizado* (PP, p.447). Compreendamos: o objeto "puro e simples" surge como um objeto subjetivo que foi interpretado como *independente* e, logo, como um objeto não subjetivo. Será o mundo "puro e simples", tal como ele pode ser visto através da atitude fenomenológica, como um subjetivo absolutizado, que será o objeto da demonstração de Husserl. Para mostrar, do ponto de vista fenomenológico, que a consciência não depende do objeto "puro e simples", mostrar-se-á que esse objeto puro e simples, tal como ele pode ser interpretado na "atitude fenomenológica", não é essencial ao "ser da consciência".

É a conjunção entre a impossibilidade de princípio de falar fenomenologicamente do objeto "puro e simples" e a possibilidade de tematizá-lo indiretamente como *esse* objeto intencional da experiência, que determinará como centro da demonstração de Husserl o "curso atual da experiência". Esse curso é tal que nele parecem constituir-se "realidades permanentes" que existiriam em si fossem ou não percebidas. Mostrando-se que a consciência não depende desse curso atual, ter-se-á mostrado que ela independe da constelação de objetos que essa experiência lhe apresenta, que ela independe de objetos que lhe sugiram "realidades permanentes", e que portanto ela pode passar-se do objeto "puro e simples", quer dizer, pode operar a "redução". É dentro desse quadro que se inserem os argumentos da "destruição do mundo" e da "possibilidade de não ser" do objeto percebido inscrita na essência da percepção de coisa: se a consciência é independente do mundo "puro e simples", é porque *esse* objeto intencional que o sugere pode não ser sem que isso afete em nada o "ser da consciência".

Como a eliminação do objeto "puro e simples" será feita a partir *desse* objeto intencional que se apresenta à consciência atual, o famoso experimento da "aniquilação do mundo" não será senão uma instância de aplicação do método de variação imaginária para a descoberta de relações eidéticas, quer dizer, de relações de dependência e independência. O que se trata de mostrar é a independência da consciência. Dizer que um conteúdo é independente significa dizer que "podemos manter idêntico esse conteúdo na representação, ainda que variemos sem limite (com uma variação arbitrária, não limitada por nenhuma lei fundada na essência do conteúdo) os conteúdos unidos ao primeiro e em geral dados juntamente a ele; e isso,

Crítica da razão na fenomenologia

por sua vez, significa que o conteúdo independente permanece intacto mesmo com a supressão de todos ou de alguns dos conteúdos dados juntamente a ele" (LUII/1, p.236-7). Se o objeto intencional, interpretado como "realidade permanente" que poderia existir como o objeto "puro e simples", é o objeto do curso atual da experiência, a variação imaginária vai mostrar que esse é apenas um dos cursos possíveis da experiência, e que permanece pensável a existência da consciência submetida a um outro de seus cursos possíveis, que justamente não seria mais apto a sugerir realidades permanentes que existissem em si fossem ou não percebidas (IdI, §49). Se o curso da experiência atual é um curso fáctico, apenas um entre múltiplos cursos possíveis, então o mundo efetivo, correlato da experiência atual, é apenas um entre múltiplos mundos possíveis, que são correlatos das transformações eideticamente possíveis da consciência de experiência (IdI, §47). Se a consciência não exige o curso atual que ela segue, não exige também o objeto que esse curso lhe sugere: ele não é eideticamente necessário à sua existência. Assim, a demonstração se manterá dentro das exigências prescritas pela "atitude fenomenológica". O mundo da atitude natural surge no argumento apenas como uma constelação de correlatos neomáticos de tal ordem que me leva a interpretá-lo como realidade permanente, que existiria em si fosse ou não percebido. Ele é o objeto "puro e simples", visto segundo a ótica da análise fenomenológica como uma constelação subjetiva *absolutizada*, quer dizer, dada como independente. É o objeto do "curso atual da experiência", que é de tal forma concordante que me leva a interpretar essa constelação subjetiva como absoluta, existente em si mesma. É esse objeto que pode não ser: o curso da experiência poderia ser tal que ele não me sugerisse nenhuma constelação noemática que pudesse parecer permanente e existente em si, independentemente da percepção. Esse objeto da experiência atual é então contingente, ele pode não ser: se é sugerido pelo curso atual da experiência, ele não é exigido pela essência da consciência, que tem no curso atual apenas um de seus cursos possíveis. O objeto "puro e simples" pode ser excluído do discurso fenomenológico, ele não é exigido pela consciência. Mas a exclusão é feita a partir do ponto de vista fenomenológico: o objeto "puro e simples" é excluído enquanto surge como uma "interpretação" particular dos objetos subjetivos.

Sendo apenas um exercício de variação imaginária, argumento da destruição do mundo não invalida – como já se pensou – o "*a priori* da correlação". Esse *a priori* exige uma referência necessária do objeto à consciência, expressa pela fórmula "todo objeto é objeto para uma consciência", mas exige também uma referência não menos necessária da consciência a um objeto, o que é expresso pelo lema "toda consciência é consciência de algo". Ora, a experiência da "destruição do mundo" não se destina a mostrar a possibilidade de uma consciência sem objeto. Ela se destina apenas a mostrar a possibilidade da consciência sem *esse* objeto, não sem todo e qualquer polo objetivo. Sua lógica segue a de outros exemplos de verificação da dependência ou independência na teoria dos todos e das partes: pode-se dizer que uma extensão é independente *dessa* cor mas sempre dependente de alguma coloração. Da mesma forma, se a consciência é dita independente *desse* objeto, ela jamais será independente de todo e qualquer objeto. Entre consciência e objeto indeterminadamente, a relação não é de independência, mas de dependência recíproca: "um manifestar como vivido de certa

Crítica da razão na fenomenologia

determinabilidade genérica é impossível senão como manifestar de algo que se manifesta enquanto tal e vice-versa" (IdI, p.36). É porque o argumento não afeta o *a priori* da correlação que a consciência oriunda da redução poderá ser um "concreto absoluto" no sentido definido pela teoria: ela será sempre um *todo* independente formado pelas partes "ato" e "objeto", "vivido" e "correlato", partes reciprocamente *inseparáveis*. Por isso a redução, excluindo da consideração a natureza "pura e simples", necessariamente a conservará enquanto correlato da consciência, enquanto objeto "modificado".

Todavia, concedendo-se a independência da consciência em relação à realidade, em que isso demonstra que a realidade é dependente da consciência? Qual é exatamente o momento em que a demonstração da independência da consciência cruza com a demonstração de dependência da realidade? Acreditou-se que seria na experiência da aniquilação do mundo que Husserl mostraria que o objeto da percepção externa é dependente da própria percepção.[13] Ora, manifestamente essa demonstração não se encontra ali. O argumento da destruição do mundo, na verdade, já supõe a dependência do real para com a consciência, já supõe que a alteração do curso de experiência seja *ipso facto* uma alteração do mundo, e é só sob o fundamento desse pressuposto que a dissolução das motivações da experiência conduz a uma "destruição" do mundo. O argumento que se refere à possibilidade de não ser do objeto inscrita na essência da percepção externa também não parece ser uma prova da dependência: esse argumento limita-se a indicar que a coisa pode não existir, enquanto o vivido necessariamente deve existir,

---

13 Boer, *The Development of Husserl's Thought*, p.346.

ele não implica que um seja dependente do outro. Ora – diz Boehm –, a afirmação da relatividade da realidade não é uma consequência da afirmação do caráter absoluto da consciência. É arbitrária a passagem "o ser imanente é absoluto" *portanto* "a realidade é relativa". O conceito de ser absoluto da consciência não exige o conceito de relatividade do modo de ser da realidade. Em si, ambos poderiam ser absolutos, "assim como as duas substâncias de Descartes".[14] Na impossibilidade de encontrar uma demonstração da tese da "dependência", outros viram nela uma proposição estritamente axiomática.[15] Ora, ela não é nem um axioma nem uma conclusão arbitrária. Antes de tudo, ela não é uma conclusão inferida a partir da primeira tese, já que a dependência da realidade é efetivamente um pressuposto da demonstração da independência da consciência. Não é aqui que essa tese é demonstrada. Mas ela não é um axioma. Ela é simplesmente a consequência da dissolução do em-si e da conceptualização do objeto intencional como a identidade vazia de uma multiplicidade noemática. O noema não é senão "um objeto totalmente não independente", cujo "*esse* consiste inteiramente em seu *percipi*" (IdI, p.246). É por ser pensado como sendo *apenas* uma constelação noemática que o objeto é

---

14 Boehm, Zum Begriff des "Absoluten" bei Husserl, *Zeitschrift für Philosophische Forschung*, v.13, n.2, p.214-42, abr.-jun. 1959; esp. p.225-6.

15 Sokolovski, *The Formation of Husserl's Concept of Constitution*, p.133: "Husserl does not set before himself the task of showing the relativity of reality; this is not a thesis he tries to justify. He assumes, as something plainly given, that reality receives its sense from subjectivity, and that its is therefore relative to consciousness and constituted by it. If we were to analyze his argument logically, we would have to say that the relative, constituted nature of reality is an axiom, and not the conclusion of any argument".

Crítica da razão na fenomenologia

"dependente" da consciência. Se essa tese foi vista como arbitrária, é pela mesma razão que toda a construção foi vista como contraditória: procurou-se uma prova da dependência do objeto "puro e simples", onde Husserl falava apenas da dependência do objeto enquanto correlato. Tanto a constatação de "arbitrariedades" quanto a de "contradições" estão vinculadas à obsessão em atribuir ao "idealismo fenomenológico" um sentido que jamais foi o seu. Se a fenomenologia transcendental pareceu "arbitrária" e "contraditória" foi porque se deu uma inflexão ontológica ao que era apenas a elaboração das novas bases de uma crítica da razão.

VII
Fenomenologia da razão

I

A redução transcendental não teria por significado e consequência a supressão pura e simples do próprio sentido de qualquer pergunta pela possibilidade do conhecimento? Ao colocar "fora de jogo" a subjetividade mundana, a redução parece fazer que desapareça o único território onde uma questão do conhecimento poderia instalar-se. Depois da *epoché*, a subjetividade fenomenológica "inclui tudo, seja o polo egológico e o universo dos polos egológicos, sejam as multiplicidades de fenômenos, sejam os polos objetivos e o universo dos polos objetivos" (Kr, p.183). Qual sentido poderia haver em se perguntar pela possibilidade do conhecimento quando se passou a trabalhar com uma subjetividade que não tem mais um "mundo" ao qual se opor? Além do mais, no interior dessa subjetividade que já inclui seus objetos, a relação entre o "polo egológico" e o "polo objetivo" parece ser necessária por definição: se o mundo dos objetos é um "momento dependente" da subjetividade, é por princípio que não há nenhuma ameaça de contingência inscrita na relação entre ambos, relação desde o início garantida pelo *a priori* sintético. Essa unificação necessária, Husserl não cessa de repeti-la: consciência e ser "pertencem essencialmente um ao outro, e aquilo que pertence um ao outro também é concretamente um, um na concreção única e absoluta da subjetividade transcendental" (CM, p.117). Nessas condições, não é de todo surpreendente que se tenha identificado a passagem ao campo transcendental à supressão do próprio sentido de qualquer investigação sobre a possibilidade do conhecimento, e que se tenha buscado a partir de então o sentido do projeto fenomenológico em outro lugar: seja na elaboração de uma "ciência da consciência absoluta" (que, na verdade, não se sabe muito bem para que serviria), seja em uma investigação sobre o sentido do "Ser", seja em uma narrativa sobre a "origem do mundo". Desde então, as referências de Husserl à *Erkenntnistheorie* só podem significar a homenagem retórica a um neokantismo que de fato ele abjura quanto ao método e quanto à tópica. Como – pergunta De Waelhens – poderia haver ainda qualquer questão do conhecimento quando se subverteram as relações entre a interioridade e a exterioridade, tais como essas eram conceptualizadas pela tradição? Se a relação da consciência à transcendência passa a ser imanente à própria consciência, é o próprio sentido da questão que se esvai. O problema do conhecimento só teria cabimento sob o suposto de uma consciência apreendida como esfera da imanência real. Ao eliminar esse pressuposto, Husserl desfaz o próprio significado da questão, não há mais problema do conhecimento e a redução, na verdade, supera "o primado radical da epistemologia".[1]

---

[1] De Waelhens, Sobre la idea de la fenomelogía, em *Husserl, Cahiers de Royaumont*, p.137.

Crítica da razão na fenomenologia

Ora, a posição de Husserl em relação à redução é rigorosamente inversa. "A denominação da redução fenomenológica e, igualmente, da esfera pura do vivido como 'transcendental', baseia-se exatamente em que nessa redução encontramos uma esfera absoluta de matérias e formas noéticas, a cujas conexões de tipo determinado pertence, *segundo uma necessidade eidética imanente*, esse prodigioso ter consciência de um objeto dado de modo determinado ou determinável, que é algo defronte da consciência, por princípio outro, transcendente, irreal, e porque aqui está a fonte originária para a única solução pensável dos mais profundos problemas do conhecimento, que se referem à essência e possibilidade de um conhecimento objetivamente válido de objetos transcendentes" (IdI, p.245). Os maiores problemas da investigação fenomenológica serão exatamente os "problemas funcionais", aqueles que se referem à investigação da possibilidade da consciência de algo. São esses os "problemas transcendentais no sentido específico", e é apenas por tratá-los que a fenomenologia "merece o nome de fenomenologia transcendental" (IdI, p.212, 215). A redução, em vez de redundar na supressão de todo e qualquer problema sobre a possibilidade do conhecimento, representará para Husserl o único meio de acesso ao terreno autêntico em que a questão pode ser investigada.

Certamente, o sentido da "correlação" entre subjetividade e objetividade não é o mesmo na atitude natural e na atitude transcendental. Esses dois significados da correlação, Husserl os distingue explicitamente. A correlação "transcendental" entre subjetividade e objetividade não pode ser confundida com a correlação "mundana" e "antropológica" entre sujeito e objeto, tal como esta se manifesta "no interior do próprio mundo"

(Kr, p.266). A correlação mundana supõe uma exterioridade entre subjetividade e transcendência e traduz imediatamente o enigma do conhecimento naquele de uma relação entre o interior e o exterior. A correlação transcendental, ao contrário, sendo imanente a uma subjetividade sem exterior, é apenas homônima à primeira. *Ipso facto*, não será no mesmo sentido que o conhecimento será enigmático em um caso e no outro. Mas se a fenomenologia não vai investigar um enigma decodificado a partir da subjetividade mundana, isso antes de ser a supressão de toda e qualquer questão é a indicação da existência de um outro enigma, não suspeitado por Descartes e, afinal de contas, muito mais radical. Assim como a atitude natural intervém no próprio sentido do problema dando-lhe uma inflexão determinada (CM, p.116), a atitude transcendental também influirá nos termos da questão e fará que, em um caso e no outro, não seja exatamente ao mesmo enigma que o filósofo se refere. Após a redução, a formulação do "verdadeiro problema" do conhecimento será buscada não nas *Meditações* de Descartes, mas no *Tratado* de Hume.

Sou consciente de um objeto como o *mesmo* em diferentes fases do tempo. No decurso temporal da experiência, apesar da separação entre suas diversas fases, não temos consciência de vários objetos, mas de um objeto idêntico. É exatamente esse "um dos principais problemas de Hume" (EPI, p.174). Ele foi o primeiro a colocar um "problema específico", que escapava à tradição: se admitimos que as coisas não são senão complexos de *data* unificados pela associação, "como chegamos cada vez a ver um tal complexo, a despeito da mudança de seus elementos, como *a mesma* coisa, ora alterada, ora inalterada?" (EPI, p.174). Quando se faz essa pergunta, o conhecimento torna-se proble-

Crítica da razão na fenomenologia

mático "em um sentido novo" (EPI, p.348). Não se trata mais de saber como a subjetividade pode conhecer um exterior, mas sim como uma multiplicidade pode ser a apresentação de algo idêntico. Foi por tratar das questões relativas à "unidade sintética" que Hume chegou mesmo ao "primeiro esboço de uma fenomenologia pura" (EPI, p.157). Certamente, ele apenas formula o problema, sem contudo resolvê-lo: fazendo da identidade uma ilusão da imaginação, Hume fazia da objetividade uma ficção e a destruía no momento de explicitá-la. Mas se "seu sensualismo não o tivesse cegado", se tivesse analisado a intencionalidade, "ele não teria sido o grande cético, mas o fundador de uma teoria verdadeiramente 'positiva' da razão" (PSW, p.317).

Uma vez abandonada a atitude natural, é o "problema de Hume" que vai delimitar a questão primeira a ser tratada pela crítica fenomenológica da razão.[2] Se há algo como consciência de objeto, é porque há uma capacidade de reunir uma multiplicidade de fenômenos na consciência de uma e a mesma coisa, quer essa multiplicidade se instale entre atos de diferentes espécies, quer entre atos de uma única espécie distendidos no tempo. Se uma multiplicidade de fenômenos surge como apresentação do mesmo, é "graças a uma consciência de unidade na qual se constitui subjetivamente, de alguma maneira, esse elemento idêntico" (EPI, p.41). Sem essa condição primeira, não haveria nem mesmo sentido em se falar de "objeto". Logo,

---

2 Cf. PSW, p.317: "todos os problemas que no *Treatise* o apaixonam tanto, levando-o de confusão a confusão, problemas que dada a sua atitude ele não consegue formular própria e puramente, são problemas que pertencem inteiramente ao domínio da fenomenologia... Por exemplo, o problema da identidade do objeto diante da pluralidade de impressões ou percepções que se tem dele".

é a partir daqui que se deve definir o significado da expressão "relação à objetidade", e não a partir de uma suposta passagem ou correspondência de um "interior" a um "exterior". "Vista fenomenologicamente, a relação a uma objetidade não é senão a capacidade, fundada na essência dos vividos objetivantes, de fundar uma consciência de identidade" (DR, p.31). Como a "objetidade" de alguma coisa está em sua identidade (FTL, p.139), sem consciência de identidade nenhum objeto pode ser pensável ou cognoscível (EPI, p.389). A partir de então, a investigação das relações entre a subjetividade e a transcendência, a explicitação do "enigma" da possibilidade do conhecimento, vai traduzir-se em uma pesquisa sobre aquilo que está na origem da consciência de um objeto idêntico, nas várias "regiões de ser". Agora, é essa nova tópica que vai dirigir a crítica de Husserl a Brentano. Se a intencionalidade brentaniana passa a ser vista como destituída de significado filosófico, é exatamente porque ela permanecia muda quanto à origem da função objetivante da consciência, que está tornando possível a consciência de algo. Calando sobre os fatos da "estrutura sintética", Brentano limitou-se à superfície do fenômeno "intencionalidade", tomou-o como um dado quando ele era, antes de tudo, o índice de uma investigação a começar (CM, p.79; FTL, p.146). A filosofia cumprirá sua tarefa apenas quando, abandonando a intencionalidade como um dado, passar a investigá-la como efeito e, dirigindo-se à vida subjetiva, começar a perguntar pelo "como de sua operação de unidade", cujo resultado superficial será exatamente a consciência de algo (PP, p.239).[3] Essa nova

---

3 Cf. PP, p.243-4: "ao conteúdo puro de minha percepção pertence o objeto da percepção, mas puramente como visado perceptivamente,

Crítica da razão na fenomenologia

questão não apenas é diferente da primeira como também, para Husserl, é mais radical. A teoria "tradicional" do conhecimento, limitando-se a investigar a correlação "mundana" entre sujeito e objeto, não chegava nem mesmo a suspeitar que a própria noção de objeto que ela tomava como um dado, ingenuamente, era o índice de um enigma bem mais profundo que aquele no qual ela se perdia: ao perguntar pela correspondência entre subjetividade e objetividade, ela tomava como óbvio o *ser-objeto* que, todavia, merece antes de tudo uma validação. É por isso que, se o problema tradicional do conhecimento se coloca na relação entre o "interior" e o "exterior", "*o problema radical* deve ao contrário referir-se à *relação entre conhecimento e objeto*, mas no sentido *reduzido*" (IdPh, p.75).

II

A constituição transcendental forneceria a inteligibilidade completa do ser constituído? A resposta a essa pergunta é necessariamente afirmativa, quando se leva em conta a interpretação usual do conceito de constituição, que se tornou quase canônica a partir do famoso artigo de Fink.[4] Se a redução é a

---

e precisamente como conteúdo de sentido (sentido de percepção) da crença perceptiva. Mas essa 'casa percebida' na *epoché* (posta entre aspas, como se diz) não pertence ao conteúdo fenomenológico como um momento fixo, mas como uma unidade que se constitui vivamente em multiplicidades de modos de manifestação fluentes [...] e que no decurso das manifestações relacionadas produzem a consciência de um e o mesmo".

4 Fink, La Philosophie phénoménologique d'Edmund Husserl face a la critique contemporaine, em *De la Phénoménologie*, p.95-175.

tomada de consciência pela qual a subjetividade transcendental "abre o campo das origens absolutas de todo ser", a constituição não é senão o processo pelo qual o próprio mundo real se produz.[5] Se a fenomenologia é a retomada da questão sobre a "origem do mundo", então ela "pretende realizar uma compreensão filosófica do mundo que transcende todas as formas mundanas de elucidação, de compreensão, de fundação etc.: ela visa tornar compreensível o mundo em todas as suas determinabilidades reais e ideais a partir do fundamento último de seu ser".[6] Essa explicitação completa do mundo seria a responsabilidade da constituição, "o conceito central e fundamental da filosofia fenomenológica". Essa interpretação ecoou de forma mais ou menos disseminada, e aceitou-se como evidente por si a decodificação "de princípio" do conceito de constituição como designando uma "produção" do real, e da subjetividade constituinte como sendo um texto inédito que bastaria consultar a cada questão apresentada. Na origem do programa fenomenológico – afirma Ricoeur –, há uma decisão não tematizada por Husserl, uma decisão que consistiria em afirmar "que não existe outra dimensão do ser do mundo senão a dimensão do ser-para-mim, e que não existe outro conjunto de problemas que não o transcendental".[7] Desde então, criticando ou não a megalomania do empreendimento, vendo em sua realização um sucesso ou um fracasso especulativo, mantém-se como uma evidência inatacável a interpretação de princípio segundo

---

5 Id., Re-presentation et image, em *De la Phénoménologie*, p.24-5.

6 Id., La philosophie phénoménologique..., op. cit., p.121.

7 Ricoeur, A Study of Husserl's Cartesian Meditations, em *Husserl*, p.89.

Crítica da razão na fenomenologia

a qual o projeto constitutivo envolveria, de direito, a pretensão de explicitar a totalidade da experiência. Os mesmos discípulos que nos anos 1930 aceitavam candidamente a "produção" do real pelos atos de consciência, e que pouco tempo depois vão começar a se espantar com a ideia, preferirão acusar o velho mestre de defender um projeto absurdo e cuja realização, aliás, não conseguia convencer ninguém. Tanto Fink quanto Ingarden preferirão escandalizar-se com a própria ideia do projeto constitutivo, e denunciar o absurdo de sua realização, sem jamais colocar em questão a evidência de que a subjetividade constituinte teria exatamente *aquele papel* a desempenhar.[8]

A tese segundo a qual a constituição seria uma "produção do real" e a subjetividade constituinte o lugar de explicação de todas as determinabilidades do mundo suscita, antes de tudo, uma observação preliminar. Aqui, como na análise da "dependência do ser" em relação à consciência, que não é senão o avesso da constituição, seus defensores diluem, implicitamente, como Ingarden, ou explicitamente, como Fink, a distinção, expressamente formulada por Husserl, entre o objeto "puro e simples" e o objeto enquanto correlato. O que significa simplesmente diluir a diferença entre o "natural" e o "transcendental", entre o intencional e o mundano, entre a fenomenologia e a ontologia. É claro que há sempre uma passagem de um domínio ao outro, e uma função da fenomenologia para a ontologia. Em primeiro lugar uma função: "na fase da constituição fenomenológica, por exemplo, da coisa física, não se julga sobre

---

8 Ingarden, L'Idealisme transcendental chez Husserl, em Van Breda; Taminiaux (orgs.), *Husserl et la pensée moderne*, v.1, p.266. Ver Fink, discussão com Biemel, em *Husserl, Cahiers de Royaumont*, p.61-7.

as coisas enquanto tais, mas são preenchidas as pré-condições para apreender a essência da coisa concordantemente em uma maior perfeição imaginável" (IdIII, p.86). Mas essa "pré-condição" designa apenas o ensinamento fenomenológico sobre como opera a intuição de coisa e quais as regras que comandam o seu preenchimento possível. Por si só, a constituição não informa nada sobre as coisas enquanto tais. E quando se quiser passar da fenomenologia à ontologia, passagem sempre possível, será preciso "uma alteração da direção do juízo", uma "alteração de atitude" (IdIII, p.85), quer dizer, será preciso voltar à atitude natural. Mas então essa passagem sempre possível não será senão o testemunho da *descontinuidade* radical entre os dois domínios e da diferença entre a informação que me traz um noema e a informação que me traz qualquer saber sobre o objeto enquanto tal. O noema não insinua qualquer informação sobre o objeto "puro e simples": "Não se deve confundir noema (correlato) e essência. Mesmo o noema de uma intuição clara de coisa ou de uma conexão de intuições contínua e concordante, que é dirigida a uma e à mesma coisa, não é e também não contém a essência da coisa" (IdIII, p.85). *Não é* e também *não contém*: a teoria da constituição remete às "verdades fenomenológicas", àquelas que não afirmam nada sobre o mundo "puro e simples" (PP, p.191). Desde então, o mundo *enquanto constituído* não é exatamente o mesmo a que se referem os "mitos", "religiões" e "teologias", mas sim o mundo subjetivamente considerado, e apenas nessa relação.

Todavia, é sempre de um mundo e de uma experiência que a fenomenologia vai falar, e sempre se poderá perguntar se a subjetividade constituinte vai dar conta de todos os contornos da experiência, se ela vai desempenhar papel de instância à

Crítica da razão na fenomenologia

qual todas as questões remetem e onde todas elas encontram sua solução. Em suma, é preciso perguntar se a subjetividade transcendental vai oferecer a explicitação completa do mundo *enquanto constituído*. Que tudo reconduza à subjetividade transcendental parece evidente por si pela presença constante do "esquema" husserliano, segundo o qual uma instância de ordem superior remete a uma de ordem inferior e esta, por sua vez, à subjetividade transcendental. É esse esquema que está presente, por exemplo, em *Lógica formal e transcendental*, cujo *leitmotiv* principal é mostrar como a lógica pressupõe a experiência e como esta, por sua vez, pressupõe a subjetividade transcendental como sua condição de possibilidade. Não é uma prova cabal de que *tudo* remete à subjetividade? Mas esse exemplo, exatamente, merece uma investigação mais detalhada, na medida em que não é em um único sentido que para Husserl a lógica remete à experiência. Desde então, valeria a pena retomar por um momento essa série de remissões de uma instância a outra, para verificar até onde, afinal, a subjetividade transcendental detém a chave de todas as questões.

Por um lado, essa série de remissões está vinculada a uma questão precisa, que é a do preenchimento dos juízos, questão já presente nas *Investigações*. Agora, dizer que "a lógica tem necessidade de uma teoria da experiência" remete-nos à análise das condições do preenchimento intuitivo dos juízos lógicos, onde Husserl vai indicar que o preenchimento perfeito do "categorial puro" sempre pressupõe a intuição de objetos e remete, assim, à experiência "antepredicativa"; o Entendimento pressupõe a Sensibilidade ou, se preferir, a Analítica pressupõe a Estética. Quando nos limitamos ao eixo oferecido pela questão do preenchimento, essa recondução lógica à experiência é, de fato, apenas o primeiro passo da *démarche* husserliana. O segundo será reconduzir essa experiência à subjetividade. É que a "clarificação do juízo" ainda não esgota o "esforço de conhecimento", que exige ainda uma "outra claridade", a evidência "de que se possui 'ele mesmo' aquilo que é presumido" (FTL, p.54). Se o preenchimento dos juízos supõe a intuição das coisas, será preciso investigar a esfera da própria intuição e determinar as condições do preenchimento da intuição dos indivíduos. Como não há intuição pura sem ligação com representações vazias, a simples volta do plano das significações ao plano da intuição não pode esgotar a questão e a clarificação deverá comportar necessariamente dois momentos: 1) clarificação das significações através de um retorno à intuição; 2) um processo de clarificação interior à própria esfera da intuição, onde o objeto visado é trazido a uma claridade cada vez maior. Essa segunda etapa da clarificação seria mesmo a sua "etapa principal" (IdIII, p.102-3). Desde então, somos remetidos à subjetividade transcendental, já que preenchimento e constituição revelam-se como o mesmo processo, a doação evidente da coisa devendo "ser caracterizada como um processo de constituição, um processo no qual se constrói o objeto da experiência" (FTL, p.147).

Todavia, a remissão da lógica à experiência é passível de outro comentário, já que surge uma nova preocupação em *Lógica formal e transcendental*, que era desconhecida pelas *Investigações*, e que *não se confunde com a questão do preenchimento*. A expressão "essa cor $+ 1 = 3$" "não tem sentido propriamente falando" (FTL, p.192). Se bem que seus elementos isoladamente tenham sentido, o todo formado por eles não comporta um sentido tendo uma "unidade harmônica". Desde então, não se pode chegar a esse juízo como um juízo possível, e é preciso investigar qual

Crítica da razão na fenomenologia

o princípio de sua impossibilidade. Ora, não é na lógica que nós o encontraremos, não se trata aqui de um não-sentido analítico, já que esse juízo não é impossível por conter alguma contradição. Ele está aquém tanto da concordância quanto da contradição, sendo que juízos contraditórios supõem já dada a "unidade de sentido" de que essa expressão carece. Se, propriamente falando, esse juízo é sem sentido, será preciso ir buscar em esfera anterior à da lógica o princípio de sua impossibilidade (FTL, p.192). A gramática pura me ofereceria esse princípio? Por um lado, o plano estritamente gramatical antecede o plano lógico e, por outro, Husserl atribui à gramática exatamente a tarefa de delimitar o campo do sentido e do não-sentido, fornecendo ao formalismo os tipos possíveis "de significações complexas e unitariamente plenas de sentido" (LUII/1, p.294). Mas se a gramática pura ensina como unir significações em uma única significação "em vez de produzir um sem-sentido caótico", é todavia em vão que procuraremos, mesmo nela, uma legalidade que regre e defina o não-sentido de "essa cor + 1 = 3". Como o não-sentido da gramática pura refere-se ao *quid pro quo*, entre significações independentes e dependentes, segundo seus critérios os juízos sem-sentido de *Lógica formal e transcendental* são ainda expressões corretamente construídas. Ora, as noções de sentido e de não-sentido em questão aqui não são as mesmas definidas e regradas pela gramática pura.[9] Assim, ao lado do não-sentido analítico e do não-

---

9 Comentando a 4ª Investigação lógica, Bar-Hillel censura a gramática pura de Husserl exatamente por permitir a formação de expressões como "essa cor + 1 = 3". Onde Bar-Hillel vê uma limitação da gramática husserliana, Husserl vê uma limitação da gramática *em geral*. Cf. Bar-Hillel, Husserl's Conception of a Purely Logical Grammar, em Mohanty (org.), *Readings on Edmund Husserl's Logical Investigations*.

-sentido gramatical, será preciso dar direito de cidadania a um "não-sentido material" e referi-lo a uma *metabasis eis allo genos* (FTL/B, p.412-4). Eu faço um não-sentido material ou sintético sempre que atribuir a um substrato predicados de outra categoria de substratos, e a condição do sentido será que todos os predicados que possam ser atribuídos a um único sujeito "tenham a ver uns com os outros". Esse novo "sentido" ocupará uma posição muito peculiar no universo dos *Sinne*: não será explicitável por nenhuma teoria do sentido, e o não-sentido referente a ele não infringirá nenhuma legalidade presente no plano das significações. Deverá haver portanto uma outra instância, prévia à das significações, mas que todavia consiga impor certas regras ao mundo dos sentidos.

A interrogação sobre a origem da evidência relativa ao sentido possível nos reconduz aos núcleos que, aparentemente, "não têm nenhuma função nas considerações formais" (FTL, p.194). A possibilidade do juízo radica não apenas nas formas sintáticas, mas também nos "materiais" – que é negligenciado pelo lógico, que se interessa "unilateralmente" pela sintaxe, relegando os núcleos ao horizonte do "algo em geral". A gênese intencional, elucidando a função desses núcleos na constituição do juízo, ensina-me que esses materiais "devem ter a ver uns com os outros", já que ela me ensina que o juízo geneticamente mais original é o juízo que se funda na experiência. Se a condição do sentido possível não pode ser encontrada no plano das próprias significações, será preciso ir buscá-la na experiência, e admitir que "a existência ideal do conteúdo do juízo está ligada às condições da unidade da experiência possível" (FTL, p.193). Se é necessária uma "harmonia" entre os membros dos juízos, encontraremos sua justificativa apenas quando remon-

Crítica da razão na fenomenologia

tarmos a uma instância aquém da predicativa. "Antes de todo julgar, existe uma base universal da experiência; ela é constantemente pressuposta como unidade concordante de experiência possível. Nessa concordância, tudo 'tem a ver' com tudo materialmente" (FTL, p.194). Todo juízo com sentido, todo juízo com coesão tem essa coesão, não graças a si mesmo, mas graças "à coesão das coisas na unidade sintética da experiência sobre a base na qual ele repousa" (FTL, p.194). Quando está presa a um "interesse de conhecimento", a lógica formal pressupõe, tacitamente, que seus "S", "P" etc., "têm materialmente a ver uns com os outros", e que portanto os materiais "não podem variar de maneira completamente livre". Essa coerência dos núcleos, e portanto a coerência da experiência, revela-se então como um pressuposto da lógica.

Mais uma vez, e segundo outro ângulo, a lógica remete à experiência. Esse novo ângulo, referindo-se à questão da "evidência de distinção", antecede a questão da "evidência de claridade" e do preenchimento, que já pressupõe juízos distintos, quer dizer, juízos efetivamente realizáveis. Pois é apenas quando estou diante de um juízo com "sentido unitário" que sei, *a priori*, que ele será passível de clarificação, passível de ser levado à adequação intuitiva. E era isso que as *Investigações* negligenciavam quando admitiam que para toda significação vazia corresponderia pelo menos a possibilidade de um preenchimento. A partir de agora, essa certeza precisa ser corrigida: o preenchimento só é possível para significações que não infrinjam a conveniência material dos núcleos, e que portanto respeitem a unidade da experiência. Assim, mais originária que a questão do preenchimento, já que condicionando sua possibilidade, existe a questão da unidade da experiência, e é essa unidade que a lógica pressupõe, *antes mesmo de pressupor a intuição dos objetos.*

Poderemos reencontrar a partir daqui a segunda remissão, quer dizer, a remissão da experiência à subjetividade? Gurwitsch, entre outros, dá uma resposta afirmativa a essa questão: mostrando que as limitações à livre variação dos termos nas proposições são fundadas na experiência do mundo, e que portanto esse mundo é pressuposto pela lógica como sua condição de possibilidade, ainda não se revelou a pressuposição única nem a "mais importante": o mundo mostra-se ainda como "o correlato intencional dos atos de experiência".[10] Remetidos da lógica à unidade da experiência, passaríamos desta aos atos da consciência, e seria de qualquer forma na subjetividade transcendental que encontraríamos a raiz última da "conveniência" entre os conteúdos. A questão do núcleo material das significações não alteraria em nada o trajeto geral da fenomenologia, seria passível do mesmo comentário que a questão do preenchimento, e seria apenas mais um exemplo de problema da fenomenologia constitutiva. Por um lado, as teses de Husserl sobre a constituição parecem dar um apoio impressionante a essa interpretação. Pois se todo ser é "relativo" à consciência, se todos os seres "retiram seu sentido de ser da constituição intencional", então a intencionalidade constitutiva deve explicitar a origem da unidade sintética da experiência, a subjetividade transcendental deve me dar as chaves da unificação da experiência em "comu-

---

10 Gurwitsch, Philosophical Pressupositions of Logic, em *Studies in Phenomenology and Psychology*, p.356. A mesma interpretação em Cavailles, *Sur la Logique et la théorie de la science*, p.61. Cf. também Vuillemin, *L'Heritage Kantien et la Révolution Copernicienne*, p.215.

Crítica da razão na fenomenologia

nidades harmônicas de conteúdos", assim como ela me dá as chaves da unificação das aparências em objetos. E é essa certeza, afinal, que subjaz à interpretação. Mas haveria lugar para fazer aqui uma interpretação "de princípio" a mais? Sem comentar as consequências, Husserl indica, todavia, os elementos para caracterizar melhor o problema da afinidade entre os conteúdos da experiência e, em seguida, compreender o desequilíbrio que ele instala no interior da fenomenologia.

Comentando a 6ª Investigação lógica, Husserl a censura por permanecer ainda em um nível muito abstrato, ao introduzir o "categorial" como circunscrito apenas à esfera do juízo, terminando por separá-lo rigidamente da esfera sensível. Para corrigir essa abstração, ele indica que a esfera da experiência sensível e fundadora já comporta suas "efetuações sintáticas", que todavia não se confundem com o categorial "no sentido do juízo predicativo e do enunciado". Será preciso diferenciar então entre um categorial ou sintático "em geral", "que já aparece na esfera antepredicativa", e um categorial no sentido estrito, circunscrito à esfera específica do juízo, aquele já descrito nas *Investigações* (FTL, p.188). Ao introduzir essa inovação, Husserl não comenta as consequências do novo conceito sobre as fronteiras bem nítidas anteriormente traçadas. Tentemos reconstruí-las.

O categorial "em geral" não designa senão a "unidade" dos conteúdos da experiência refletida pela "conveniência material" das significações presentes nos juízos. E, por um lado, é verdade que existe algo de categorial na consciência de que "A concorda com B", e isso segundo os próprios critérios que definem o categorial. A "harmonia" não me é dada no plano da intuição sensível. Ela se comporta como a "semelhança" na consciência de

283

que "A é semelhante a B". Assim como a intuição sensível me dá "A" e "B", mas não pode me ensinar nada sobre sua "semelhança", ela também não me dá a "unidade" refletida na "coesão", no caso da consciência de que "A concorda com B" ou "A tem a ver com B". Analogamente ao que ocorre no plano categorial em sentido estrito, a "coesão" não é uma "forma de ligação real", não é um "predicado real" dos conteúdos e não nos remete ao plano da Sensibilidade. Assim, na medida em que a "coerência" designa uma unidade e, logo, uma síntese, ela aponta para o plano categorial. Mas ela não se confunde com o categorial no sentido estrito, tal como esse surge na análise do juízo, e que já pressupõe dado o categorial no sentido amplo. Desde então, trata-se aqui de uma unidade e uma síntese que, ao contrário da unidade e da síntese estritamente categorial, não está sujeita à espontaneidade de minha efetuação. Sendo assim, essa síntese efetua-se nas coisas, não em um ato da subjetividade, ela é algo que eu encontro, não um produto do Entendimento.

Além da Sensibilidade e aquém do Entendimento – tal é o lugar desse elemento "categorial" presente na esfera antepredicativa. Ele delimita exatamente a região necessária à *mediação* entre o Entendimento e a Sensibilidade, sem ser exatamente localizável em nenhum deles. Ora, sem pertencer ao Entendimento nem à Sensibilidade, à atividade ou à passividade, a "coesão" não remete a nenhum *ato* da subjetividade, e escapa assim ao domínio da análise transcendental. Mas o que haveria de escandaloso nesse fato? Ele apenas testemunha que as condições da experiência não se resumem às condições de possibilidade da objetividade e que a fenomenologia – explicitação da constituição dos objetos – não vai dar conta de todos os contornos da experiência.

Crítica da razão na fenomenologia

A presença dessa "racionalidade" da experiência, irredutível às teias da subjetividade transcendental, enquanto estritamente vinculada ao conteúdo material dos objetos da experiência, já sugere indiretamente que esse conteúdo material também permanecerá um excesso dos objetos constituídos, não justificável pelo processo de constituição. E que a constituição não dá conta do conteúdo dos objetos é uma constatação inevitável, desde o momento em que se sai das "interpretações de princípio" para investigar a sua atuação concreta. Que se siga, por um momento, as análises de Sokolovski, que parte da "evidência" de que a constituição deve fornecer a "explicação filosófica da realidade",[11] deve fornecer então a inteligibilidade completa de seu "produto", e vai de surpresa em surpresa na constatação do fracasso da constituição. De fato, o que ensina exatamente a correlação noético/noemática? Após todo o percurso da investigação, sabe-se que existe uma apreensão cuja tarefa é unificar e dar sentido a um material sensível, cujo resultado será a consciência de um objeto. O noema, objeto "no como de suas determinabilidades", origina-se desse entrelaçamento entre matéria e forma. Mas em que, exatamente, esse jogo permite dar conta daquilo que se chama experiência de um objeto? Saberemos que graças à noese o objeto adquire o sentido de "árvore percebida", e o sentido modal de "árvore real". Mas procuraremos em vão por que o objeto constituído é *este* e não *outro*. As noeses não nos oferecem "nenhuma correlação para o sentido material" do objeto, e portanto ainda não temos nenhuma explicação fenomenológica da constituição do objeto

---

11 Sokolovski, Introdução, em *The Formation of Husserl's Concept of Constitution*.

enquanto tal.[12] A constituição noética, quando se sai da generalidade das interpretações de princípio, termina por designar um processo puramente formal, que por si só jamais dará conta do conteúdo material dos objetos constituídos. Será então que o conteúdo material dos objetos permanece tributário das sensações, e que a consciência retomará seus direitos de "produtora" quando, deixando o plano "muito elevado" de *Ideias I*, encaminharmo-nos para o "verdadeiro absoluto" e investigarmos a constituição das próprias sensações? Mas, uma vez que se analisa a consciência do tempo, nova decepção: a temporalidade, além de levantar suspeitas sobre o direito da oposição entre ato e matéria, por atribuir-lhes uma mesma origem fenomenológica, não explica por que um ato difere de outro e por que uma sensação difere materialmente de outra.[13] *Ipso facto*, o formalismo permanece e a constituição, no seu nível mais profundo, continua sem dar conta do conteúdo dos objetos constituídos. Resta ainda uma última chance de procurar um desempenho razoável para a constituição: nas análises genéticas elaboradas pelo último Husserl. Mas é inútil, pois nem mesmo ali se pode descobrir uma explicação do conteúdo "como produto da subjetividade".[14] Não dando jamais uma explicitação do porquê de um objeto e não de outro, não podendo nunca dar conta do conteúdo material de seus produtos, a constituição permanece formal e o intérprete só pode concluir um fracasso especulativo da fenomenologia: se o conteúdo material permanece um resíduo jamais absorvido pelo processo do qual ele

---

12 Sokolovski, *The Formation of Husserl's Concept of Constitution*, p.149.

13 Ibid., p.115. Cf. Kern, *Husserl und Kant*, p.273-4.

14 Sokolovski, op. cit., p.191.

Crítica da razão na fenomenologia

deveria originar-se, Husserl precisaria "completar seu pensamento com a investigação de uma outra 'condição de possibilidade', que deveria incluir a facticidade daquilo que é dado atualmente na constituição".[15]

É um fato: em qualquer uma das camadas constitutivas e em qualquer uma das figuras da constituição, o conteúdo do objeto permanece inexplicado. Desde então, a "produção" do real pelos atos de consciência parece não ser senão uma meta sempre perseguida e jamais atingida. A filosofia fracassa em sua tarefa de oferecer uma "compreensão do mundo em todas as suas determinabilidades reais e ideais". Permanecendo presa a um formalismo, a análise constitutiva apenas testemunharia, no final, a falência de um projeto arrogante.

Todavia, a fenomenologia buscaria efetivamente uma compreensão totalizadora do mundo e este deveria mesmo sair da subjetividade constituinte assim como Palas Atena da cabeça de Zeus? Quando Husserl fala do conceito de constituição, ainda em 1907, é para atribuir-lhe uma finalidade bem mais modesta. A "constituição" é introduzida para "elucidar os grandes problemas da essência do conhecimento e do sentido da *correlação entre o conhecimento e o objeto de conhecimento*" (IdPh, p.75). Essa vinculação entre a investigação da possibilidade do conhecimento e a temática constitutiva permanecerá em *Ideias I*, onde Husserl identificará a teoria da "constituição transcendental" a uma "nova teoria do conhecimento" (IdI, p.136). Os problemas da constituição são os "problemas funcionais", aqueles suscitados pelas sínteses que estão na origem da consciência de um objeto como sendo o *mesmo* (IdI, p.212). Os vividos encarados do

---

15 Ibid., p.218.

ponto de vista da "função" são os vividos encarados enquanto tornam possível uma "unidade sintética".[16] Ora, é apenas esse papel no interior de uma investigação de "crítica da razão" que Husserl atribui explicitamente à análise constitutiva. O que para ele configura o "problema da constituição" não se refere a qualquer elucidação da totalidade do ser constituído, mas apenas à elucidação do enigma da correlação, enquanto esse se apresenta como um jogo entre multiplicidade e identidade: "É claro que o *problema da constituição* não significa senão isto: as séries de manifestações regradas, e que se relacionam *necessariamente* à unidade de algo que se manifesta, podem ser intuitivamente compreendidas e teoricamente apreendidas [...] e que a operação regrada da correlação entre a coisa determinada que aparece como unidade e as multiplicidades das manifestações infinitas e determinadas pode ser inteiramente compreendida e assim despida de todo enigma" (IdI, p.371). É por isso que, ao falar da constituição, Husserl não dirá que ela designa uma explicitação do ser, mas se limitará a indicar que, para ele, a solução dos "problemas da constituição" é equivalente a uma "fenomenologia da razão" (IdI, p.380).

---

16 Cf. IdI, p.213: A análise do ponto de vista da "função" "procura investigar como algo que é o mesmo (*Selbiges*), como unidades objetivas e não realmente imanentes à consciência tornam-se 'conscientes', 'visadas', como à identidade do visado pertencem formações de consciência de construção muito diferente e todavia exigidas por essência, e como essas formações deveriam ser descritas metódica e rigorosamente. E, além disso, ela procura elucidar como, correspondentemente ao duplo nome 'razão' e 'não-razão', a unidade de objetidade de cada região objetiva pode ou deve legitimar-se ou desmentir-se".

Crítica da razão na fenomenologia

Será que a passagem da constituição estática à constituição genética vai alterar as tarefas da investigação constitutiva? Ora, a investigação das "sínteses" presentes na consciência não terá por finalidade senão explicitar o que está na origem da consciência de algo que se manifesta como "um e o mesmo" (CM, p.78). Ao fenomenólogo não interessa a análise do objeto intencional enquanto tal, não lhe interessa explicitar "suas marcas distintivas, partes e propriedades visadas" (CM, p.84). Se ele se dirigir ao conteúdo do objeto, tudo o que lhe interessa permanecerá no anonimato. Não lhe interessam as propriedades do objeto, mas sim os "horizontes" implícitos na experiência atual e que permitem dar conta da maneira pela qual "algo como unidades objetivas fixas e permanentes podem tornar-se conscientes e como, em particular, realiza-se essa maravilhosa *constituição* de objetos idênticos para cada categoria de objetos" (CM, p.85). As *Meditações cartesianas*, ao alterarem o modelo da análise constitutiva, não alteram sua finalidade, e permanecem circunscrevendo o problema da constituição por aquele definido pelo campo de crítica da razão. Em 1929, a fenomenologia ainda se apresentará como uma "teoria transcendental do conhecimento" (CM, p.115); para ela, "ser filosofia transcendental" significará "resolver o problema da possibilidade do conhecimento objetivo" (CM, p.174). Tratar-se-ia aqui de algum "choque reflexo" da fenomenologia sobre a teoria do conhecimento ou de uma homenagem retórica de Husserl ao neokantismo? Ora, quando Husserl define a fenomenologia como teoria do conhecimento, é *a partir* e *por causa* da temática constitutiva, à qual ele não atribui nenhuma outra finalidade (CM, p.114-5). É essa limitação do "problema da constituição" à investigação da possibilidade do conhecimento que faz de Hume, aos olhos de Husserl, o antecessor privilegiado da fenomenologia, e lhe permite dizer que ele "foi o primeiro a apreender o *problema concreto* universal da filosofia transcendental [...] o primeiro a descobrir a problemática constitutiva" (FTL, p.226-7).

Recolocado no eixo da investigação sobre a possibilidade do conhecimento, o "formalismo" inscrito na análise constitutiva não testemunha qualquer fracasso especulativo da fenomenologia. É verdade que a constituição não vai ensinar nada sobre o conteúdo material dos objetos constituídos. Mas é verdade também que o conceito de constituição não é introduzido com a finalidade de oferecer uma explicação total da experiência. O "fracasso especulativo" da fenomenologia é uma constatação inevitável apenas a partir do suposto – gratuito – de que ela se definiria por um "insensato projeto de posse intelectual do mundo". Mas é por não se definir a partir desse projeto que o "formalismo" inscrito na análise constitutiva, que levava Sokolovski a concluir pela insuficiência da constituição, é reconhecido e explicitamente assumido por Husserl. Existem dois níveis em que a análise constitutiva permanece "formal", níveis de valor desigual e que testemunham diferentes graus em que a investigação deixa de dar conta do "conteúdo" dos objetos constituídos. Em um primeiro sentido – o mais trivial –, o "formalismo" estava inscrito na fenomenologia desde que ela se definira como uma investigação eidética. O objeto será dito constituído não enquanto *este* objeto, mas enquanto exemplar de uma essência, não enquanto ele é esta coisa, mas enquanto ele pertence à região coisa e se apresenta necessariamente como *res temporalis, res extensa* e *res materialis* (IdI, §149). Se a constituição vai analisar a correlação entre um objeto e as multiplicidades de consciência graças às quais ele vem à presen-

Crítica da razão na fenomenologia

ça, o analisável vai restringir-se àquilo que, do objeto, remete à região à qual ele pertence, quer dizer às suas características de essência. Ao lado dessas, sobrará todo o resto, todo o conteúdo material da experiência, que será "contingente" para a análise fenomenológica. Aqui, a fenomenologia já dará direito de cidadania a um "sublunar" – o que, aliás, Merleau-Ponty não poderá desculpar, sob o horizonte do pressuposto de que a fenomenologia *deveria* dar conta da totalidade da experiência.[17] Em um segundo nível, a fenomenologia também não vai dar conta do conteúdo *essencial* dos objetos, que também é um conteúdo material apenas mais abstrato que o conteúdo material dos indivíduos. Ela não dará conta, por exemplo, do porquê de os objetos constituídos apresentarem-se com a característica essencial de *res materialis*, quer dizer, de objetos que por princípio são suscetíveis de estabelecerem entre si relações causais que os tornam passíveis de uma explicitação científica. E isso, simplesmente, porque essa essência é essência de um *fato*, e esse fato é sempre contingente, é um acontecimento no processo constitutivo, não um produto de sua atividade. Desde 1908 Husserl já indicava esses limites da fenomenologia, quando reconhecia o caráter abstrato da análise transcendental, e co-

---

17 Cf. Merleau-Ponty, *Phénoménologie de la perception*, p.430-1: "Seria contraditório afirmar simultaneamente que o mundo é constituído por mim e que, dessa operação constitutiva, eu não posso apreender senão o esquema ou as estruturas essenciais; é preciso que eu veja aparecer, no termo do trabalho constitutivo, o mundo existente e não o mundo em ideia, na falta do qual eu não teria senão uma construção abstrata e não uma consciência concreta do mundo... Eu não sou um pensamento constituinte e meu eu penso não é um eu sou, se não posso pelo pensamento igualar a riqueza concreta do mundo e reabsorver a facticidade".

locava uma fronteira bem determinada às supostas ambições do projeto fenomenológico. Pois o que nos ensina, exatamente, o estudo de correlação entre objetividade e conhecimento, tema diretor da filosofia transcendental? A estética transcendental estudará como se constitui o objeto na intuição, a analítica como se constituem as objetividades determinadas pelo pensamento; mas, nessa análise, o que exatamente a constituição pode me dizer? Ela pode dizer, por exemplo, que, sem algo como a identificação, nenhuma natureza é possível, "sem consciência de identidade, nenhum objeto é pensável ou cognoscível" (EPI, p.389). Mas qual é, exatamente, o significado dessa pressuposição? Ou antes, até que ponto ela é condição da constituição da natureza? Supondo-se dados todos os elementos e atos da subjetividade, sempre se pode perguntar se eles bastam para a constituição da natureza dada.

A essa questão, o fenomenólogo só pode responder que a consciência me apresenta coisas, nada implicando que ela deva me apresentar algo como a natureza fáctica, a natureza que é correlata das ciências naturais (EPI, p.392). Podemos distinguir três ideias de natureza possível: 1) ideia da natureza exata, correlata das ciências naturais exatas; 2) ideia de um mundo em geral, quer dizer, de uma multiplicidade de coisas que comportem ainda "uma certa unidade"; 3) ideia de um conjunto de coisas que formam uma multiplicidade sem unidade. Supondo-se dada a nossa consciência – afirma Husserl –, todas essas possibilidades permanecem abertas; por si só, a subjetividade transcendental não determina que a natureza constituída seja *essa* natureza fáctica (EPI, p.392). Qual é, exatamente, o ponto cego da fenomenologia? O milagre (*Wunder*) é aqui a racionalidade do mundo fáctico. Em primeiro lugar, a racio-

Crítica da razão na fenomenologia

nalidade de um mundo que é correlato das ciências naturais exatas, um mundo que é constituído por coisas que são *res materialis*. Em segundo lugar, a racionalidade de um mundo correlato das ciências morfológicas da natureza, um mundo que sempre se articula em gêneros e espécies. Essa racionalidade também não é exigida pelo trabalho constitutivo, que não me antecipava nada dessa "admirável teleologia" (IdI, p.139).[18] A subjetividade transcendental – condição de possibilidade da objetidade – não prejulga a existência de um cosmos racional, de um conjunto de coisas que se articulem em "regiões", em "comunidades" onde, para usar a linguagem de *Lógica formal e transcendental*, "tudo tem a ver com tudo materialmente". A natureza facticamente constituída não é uma "multiplicidade sem unidade", mas uma multiplicidade unificada em "regiões" de conteúdos. É a esse mundo, onde uma racionalidade já se apresenta, que podem ser aplicadas as leis lógicas. "Mas por que as leis lógicas *precisam* ter um campo de aplicação? Em uma natureza fáctica? A lógica transcendental, enquanto transcendentalmente reduzida à consciência, contém os princípios para uma natureza possível, mas nenhum para uma natureza fáctica.

---

18 Cf. IdI, p.139: "A redução do mundo natural ao absoluto da consciência dá como resultado conexões *fácticas* de vividos de consciência de certas espécies com uma ordenação distinta, nos quais, na esfera da intuição empírica, constitui-se um mundo *morfologicamente ordenado*, quer dizer, um mundo para o qual pode haver ciências descritivas e classificatórias. Esse mesmo mundo deixa-se determinar, no que se refere à sua base material, no pensamento teórico das ciências naturais matemáticas, como manifestação de uma *natureza física* submetida a leis naturais exatas. Em tudo isso reside uma milagrosa *teleologia*, pois a *racionalidade* que o *Faktum* realiza, não é tal que a essência o exija".

Essa facticidade é o campo não da fenomenologia e da lógica, mas o campo da *metafísica*" (EPI, p.394).[19]

Princípio da possibilidade de objetos de uma experiência, a subjetividade transcendental não é o princípio de sua "unidade sintética", e se todo objeto é produto de uma síntese, não temos o princípio da síntese – de outra ordem – que se estabelece entre os próprios objetos. Ao mesmo tempo que a fenomenologia se restringe a ser apenas uma análise das condições da objetidade, ela não deixa de reconhecer a existência de um "sentido" da experiência, que ela não pode comentar, mas que nem por isso deixa de ser o campo de questões legítimas, merecedoras de uma disciplina *separada* da fenomenologia. Não é verdade que, para Husserl, não exista outro conjunto de problemas que não o transcendental. Se essa suposição pôde ser feita, foi porque se atribuiu à constituição uma envergadura que ela efetivamente não tem, a mesma envergadura que fazia que se apontasse o fracasso da fenomenologia. A constituição não vai dar conta da racionalidade da experiência, não vai dar conta da constituição da natureza fáctica, e tudo isso, seguramente, porque ela não vai dar conta do conteúdo material da experiência. Mas, aqui

---

19 Tema retomado nos anos 1923-1924, cf. EPI, p.188: com a incidência da fenomenologia sobre as ciências, "o universo total, tema universal das ciências positivas, torna-se o objeto de uma interpretação metafísica, o que não quer dizer senão uma interpretação para além da qual não existe nenhum sentido científico em buscar outra interpretação. Mas, para aquém dessa interpretação, abre-se, sobre o fundamento da fenomenologia, uma problemática que, por sua vez; não admite mais outra interpretação: aquela da irracionalidade do *Faktum* transcendental, que se exprime na constituição de um mundo fáctico e de uma vida espiritual fáctica; é portanto a metafísica em um sentido novo".

Crítica da razão na fenomenologia

também, esse limite é assumido por Husserl, antes de ser qualquer testemunho de uma falência. Ele mesmo avisara que, na constituição da natureza dada, "o conteúdo material da região é contingente" (FTL/B, p.379).

É a esse conteúdo material da experiência, não analisável pela fenomenologia, que Husserl se referirá ao falar do "curso atual da experiência" e da harmonia material das aparências e dos objetos, pressupostos pela constituição e nunca produtos da subjetividade. Nessas condições, será que a análise constitutiva teria como tarefa desvelar a "origem do mundo"? Quando Husserl menciona esse projeto, é para atribuí-lo aos neokantianos. São eles que, insensatamente, transformam um *Faktum* em necessidade e fazem da natureza dada um *produto* da subjetividade. "Neokantismo. O pensamento na forma de nossa ciência dada não é um pensamento contingente, mas necessário. Ele tem em si uma dialética necessária... A natureza é um produto necessário da consciência enquanto consciência racional. A ciência não existe apenas como *Faktum*, é preciso e necessário que haja ciência."[20] A constituição fenomenológica não se confundirá com esse projeto e, pelo seu formalismo, não será a encarregada de tornar o "mundo" compreensível segundo "todas as suas determinabilidades reais e ideais". Sua tarefa está em outro lugar. Ela não vai explicitar a origem do ser, mas a origem do *ser-objeto*. Sua única tarefa será explicitar como, para cada região, temos consciência de algo idêntico através e apesar de uma multiplicidade de fenômenos. Para utilizar uma expressão das *Meditações cartesianas*, ela não será a responsável pela origem do objeto, mas pela origem da "forma *objeto*" (die

---

20 Manuscrito BIV 9, p.21, citado por Kern, em *Husserl und Kant*, p.297.

Form *Gegenstand*) (CM, p.113). Essa forma é caracterizada pela identidade, que é aquilo que define a objetidade de um conteúdo. Mas ela define apenas a objetidade de algo, e não seu ser. Antes da constituição, portanto, não se está diante do nada. Se consideramos o campo da experiência "antes que a atividade do eu tenha efetuado sobre ele quaisquer operações doadoras de sentido", o que encontramos não é, seguramente, "um campo de objetidades no sentido próprio da palavra" (EU, p.75). Mas também não é um nada; é um "campo sensível". Se, em uma nova abstração, chegamos a esses dados sensíveis como objetos, quer dizer, como "unidades de identidade que aparecem em um como multiforme", e concluímos que eles já são o produto de "uma síntese constitutiva" efetuada na consciência imanente do tempo, é porque a consciência do tempo "é o lugar originário da constituição da unidade de identidade em geral". Estaremos agora diante da pura produtividade da consciência? "A consciência do tempo é o lugar originário da constituição da unidade de identidade em geral. Mas ela é apenas uma consciência produzindo uma *forma geral*" (EU, p.75-6). A subjetividade constituinte não será o sucedâneo de um Entendimento infinito. Ela será apenas o substituto da imaginação de Hume.

III

A investigação "constitutiva", enquanto centrada apenas sobre o tema da identidade não permite ainda retomar, no interior da fenomenologia transcendental, uma das perguntas presentes nas *Investigações lógicas*. A análise dos processos de síntese, que estão na origem da consciência de um objeto como o mesmo, permanece ainda unilateral e abstrata em face do projeto de

Crítica da razão na fenomenologia

uma crítica da razão, enquanto não se introduzir uma questão estritamente vinculada a ela mas analiticamente discernível. Em 1901, Husserl estabelecia uma diferença entre *meramente visar* um objeto e *efetivamente "atingi-lo"*. Era a análise das condições do encontro "efetivo" entre a subjetividade e a transcendência que lhe causavam então os maiores embaraços ao exigir uma comparação entre ato e objeto. Agora, Husserl retoma a questão quase nos mesmos termos em que ele a formulava em 1901: investigando como se opera a síntese do mesmo, "chegamos finalmente à questão de saber o que significa propriamente a pretensão da consciência de se 'relacionar' 'efetivamente' a um objeto, de ser consciência que o atinge" (*trifftiges zu sein*), como se elucida fenomenologicamente segundo a noese e o noema a referência objetiva 'válida' e 'não-válida'" (IdI, p.315). Mas agora essa questão será retomada da única maneira em que ela pode ter sentido depois da redução transcendental: a investigação da "efetividade" da relação entre subjetividade e transcendência vai traduzir-se em uma investigação da efetividade (*Wirklichkeit*) do próprio objeto intencional. Em outras palavras, para investigar o direito que a consciência tem de supor que efetivamente "atinge" seu objeto, mostrar-se-á como o objeto intencional pode ser legitimado como objeto efetivo e não apenas "meramente intencional". Ora, "no sentido amplo", um objeto constitui-se na consciência como um idêntico — "seja efetivo ou não" (IdI, p.332). Desde então, é preciso investigar o "direito" que se tem de admitir uma constelação noemática unificada como uma "efetividade", quer dizer, o direito que se tem de fazer uma "posição conforme à razão". É o segundo aspecto dos "problemas funcionais": enquanto o primeiro se refere à análise dos vividos segundo sua capacidade de tornarem possível uma "unidade sintética", o segundo dirige-se à investigação dos meios pelos quais essa unidade se mostra não apenas como visada, mas pode ser legitimada como objeto "efetivo" (IdI, p.214).

Duas ordens de problemas, portanto: como a consciência é a consciência de um idêntico, e como essa objetidade pode mostrar-se efetiva, verdadeira, garantindo então que a pretensão da consciência de atingir um objeto não é *apenas* uma pretensão, mas que esse objeto, sendo efetivo ou verdadeiro, testemunha um acesso real da subjetividade à transcendência. Para a primeira questão, limitada à análise da constituição de um objeto intencional em geral, permanecia indiferente tratar-se de um objeto existente ou não existente, possível ou impossível. Ora, a diferença entre um objeto intencional verdadeiramente existente e um não existente "não está posta fora de consideração pela abstenção da decisão sobre o ser ou não-ser do mundo (e de toda outra objetidade pré-dada). Antes disso, sob os nomes gerais de razão e não-razão, como títulos correlatos para ser e não-ser, ela é um tema universal da fenomenologia" (CM, p.91). Será que agora, pelo viés do ser e do não-ser do objeto intencional, a fenomenologia vai dirigir-se enfim à "realidade", àquilo que os discípulos de München chamavam de "realidade efetiva" (*wirkliche Wirklichkeit*) por oposição à realidade "intencional", e vai recuperar de alguma forma o mundo excluído pela redução? Essa hipótese, que teria como consequência a ruptura da fenomenologia com seu projeto de uma ciência *absolutamente subjetiva*, apenas testemunha que se tomou a palavra *Wirklichkeit*, introduzida na 4ª seção de *Ideias I*, em um sentido "natural" do termo, que não é absolutamente aquele ao qual Husserl se refere. A "efetividade" fenomenológica não designará a "realidade

Crítica da razão na fenomenologia

efetiva" excluída pela redução, e Husserl indica explicitamente que não está se referindo ao mesmo território a que seus discípulos se referiam, quando opõe o objeto "efetivo" ou "verdadeiro" ao objeto "meramente intencional". A diferença entre objeto "meramente intencional" e objeto "efetivo" designa uma distância interior ao próprio universo intencional. "Através da *epoché*, reduzimos tudo ao puro visar (*cogito*) e ao visado exclusivamente enquanto visado. Ao último – por conseguinte não aos objetos puros e simples (*Gegenstände schlechthin*) – referem-se os predicados ser e não-ser e suas transformações modais" (CM, p.91). A "efetividade" será efetividade do objeto enquanto intencional, e a tarefa apontada vai designar apenas a investigação dos processos imanentes que permitem atribuir ao objeto intencional o atributo "efetivo" ou "verdadeiro", qual a "origem fenomenológica" que elucida o direito de predicá-lo assim, quer dizer, fazer em relação a ele uma "posição conforme à razão".

Entre a primeira investigação – referente à identificação de um objeto intencional em geral – e a segunda – referente à origem do direito de se afirmar a efetividade do objeto –, a diferença estará apenas em que esta levará em conta um componente do noema cujo comportamento permanecia não analisado na primeira. Para analisar a identificação em geral, basta considerar os "sentidos" nos quais se estabelece uma síntese de coincidência. Para investigar como os sentidos podem "motivar" uma decisão racional sobre o ser ou o não-ser do objeto, será preciso levar em consideração o núcleo noemático completo e fazer intervir agora o "sentido" no "modo de sua plenitude" (IdI, p.323). Assim como nas *Investigações*, é a intuitividade que será o critério de decisão sobre a "efetividade". Agora, no entanto, essa intuitividade será diretamente constatável no próprio objeto intencional e não apenas no ato. Ora, assim como é apenas abstrativamente que se pode isolar o "sentido" no interior do "núcleo completo" do noema, as duas pesquisas indicadas referem-se então a um mesmo processo, apenas metodicamente dividido. Entre uma investigação e outra, a diferença será dada pela distância entre um "conceito amplo" e um "conceito estrito" de constituição (CM, p.91), onde o conceito estrito de fato absorve o conceito amplo, introduzindo a investigação da intuitividade do objeto visado. Segundo o conceito "amplo" de constituição, as multiplicidades que podem ser ditas "constitutivas" são aquelas passíveis de serem reconduzidas "à unidade da síntese no mesmo" (CM, p.89). Segundo o conceito "estrito", as multiplicidades constitutivas são aquelas que não apenas podem ser reconduzidas à síntese do mesmo, como também testemunham, ao mesmo tempo, uma síntese de preenchimento. De um conceito ao outro, passa-se da investigação da constituição de uma objetidade idêntica à análise da evidência com a qual essa objetidade é dada à consciência. Desde então, a investigação da "efetividade" do objeto intencional, antes de representar qualquer alteração de rumo da fenomenologia, apenas virá completá-la enquanto *teoria do conhecimento*. Husserl manter-se-á fiel ao seu projeto: a fenomenologia permanecerá "uma ciência completamente diferente", uma "ciência da *subjetividade pura*", "na qual se fala tematicamente apenas de vividos e de modos de consciência, e daquilo que é visado, mas apenas enquanto visado" (PP, p.191).

Conclusão

Qual pode ser o significado dessa ciência "absolutamente subjetiva", que nunca vai dirigir-se à "realidade efetiva" e – cúmulo dos paradoxos – se apresenta como uma "teoria do conhecimento" no mesmo instante em que se recusa a falar do conhecimento do mesmo mundo ao qual as ciências se dirigem? Vá lá que após todo o percurso constitutivo ficamos sabendo como surge para a consciência uma unidade de identidade, e quais são as estruturas de evidência inscritas na consciência de um objeto intencional. Mas resta que interessa saber o que é o conhecimento do mundo e não o deste "equivalente de consciência", conglomerado de "fenômenos" que não é o objeto "puro e simples" da atitude natural, o único que se tem interesse em conhecer. A razão, agora, parece estar do lado dos discípulos. Não é verdade que com a redução não perdemos nada; sob um certo ângulo, pode-se dizer que se perdeu tudo. Está aqui o ponto crucial, diz Edith Stein: Husserl não retorna mais à realidade que a redução suspende.[1] Os discípulos de München têm razão: para ser fiel ao "retorno às coisas mesmas", é preciso suspender a redução e voltar à "realidade efetiva" (*wirkliche Wirklichkeit*), sem o que a fenomenologia permanece falando apenas de um "mundo fenomenal" que não interessa a ninguém.[2] Sem jamais retirar os "parênteses" postos na realidade, o fenomenólogo fala de um mundo imaginário quando o que interessa é o conhecimento do mundo efetivo, não retorna dos "fenômenos" aos "objetos" que aparecem "através" dos fenômenos,[3] e destina a fenomenologia a ser uma ciência tão singular quanto supérflua. Desde então – afirma Conrad-Martius –, Husserl nem mesmo se pergunta se ao ser noemático corresponde um ser fáctico, o que redunda simplesmente em suprimir a questão fundamental da teoria do conhecimento.[4] Em relação a esse ângulo, pelo menos, seria preciso convir em que a redução deixa a teoria do conhecimento neutra em relação à... teoria do conhecimento.

Em um texto de 1924, Husserl diz o que pensa sobre a "suposta dificuldade", segundo a qual, permanecendo-se na redução, "nunca se retorna ao mundo" (EPII, p.479). Aqueles que dirigem essa objeção à fenomenologia não sabem quão

---

1 Stein, Husserl's Phänomenologie und die Philosophie des hl. Thomas von Aquino. Versuch einer Gegenüberstellung, em Husserl, *Jahrbuch für Philosophie und phänomenologischer Forschung*, p.326.

2 Kuhn, Phänomenologie und "wirkliche Wirklichkeit", em *Die Münchener Phänomenologie*, p.6.

3 Ingarden, *On the Motives which led Husserl to Transcendental Idealism*, p.38.

4 Conrad-Martius, Die transzendentale und die ontologische Phänomenologie, em *Edmund Husserl, 1859-1959*, p.180-1. Cf. também, Spiegelberg, The "Reality Phenomenon" and Reality, em Farber (org.), *Philosophical Essays in Memory of Edmund Husserl*, p.94.

Crítica da razão na fenomenologia

"ingênuos" são (EPII, p.481). Eles permanecem concebendo o seu mundo como algo que *ultrapassa* a subjetividade, o que é um contrassenso. Eles interpretam a atitude transcendental como movendo-se no círculo da pura "representação do mundo" quando ela é exatamente o fim da cisão entre mundo e representação (EPII, p.480). Esses leitores desatentos, que interpretaram *Ideias I* como uma teoria psicológica, passam a exigir da fenomenologia a investigação de uma "relação" entre o objeto intencional e a "realidade efetiva" que apareceria "através" dele, como se a redução não fosse a recusa sumária de todo esse léxico representativo, como se ainda houvesse sentido pensar-se em uma *"wirkliche Wirklichkeit"* separada do universo da consciência. É verdade que em 1913 Husserl não deixava dúvidas sobre esse ponto, ao indicar explicitamente que após a redução não havia lugar para perguntar se ao percebido correspondia algo "na" efetividade (*Wirklichkeit*) (IdI, p.221). E simplesmente porque não existem na consciência perceptiva dois objetos intencionais, onde um seria a imagem do outro. Em uma palavra, o objeto intencional do ato é o próprio objeto natural, o ato perceptivo é dirigido à árvore que está ali no jardim e não a qualquer outra coisa (IdI, p.224). Não tem cabimento reclamar o retorno a uma realidade efetiva se é essa mesma realidade que é o objeto intencional descrito pelo fenomenólogo. O objeto intencional "árvore" e a árvore natural, realidade efetiva da atitude natural, são *um e o mesmo objeto*. Existe portanto uma identidade entre o objeto "modificado" da fenomenologia e o objeto não modificado da atitude natural.

Mas é verdade também que entre esses dois objetos Husserl institui uma diferença fundamental, que faz que o objeto "modificado" não seja nunca o *mesmo* que o objeto não modificado.

"A árvore pura e simples (*schlechthin*), a coisa na natureza, não se identifica de forma alguma a essa árvore percebida enquanto tal, que enquanto sentido da percepção pertence inseparavelmente à percepção" (IdI, p.222). O objeto "puro e simples" tem "propriedades reais" enquanto o "sentido" não as tem; se os objetos "não modificados" pertencem a diferentes gêneros supremos, todos os objetos "modificados", todos os "sentidos de objeto" pertencem a um único gênero supremo (IdI, p.314). É essa diferença, exatamente, que Fink insinua ser psicológica e no fundo incompatível com a filosofia transcendental. Apenas o noema psicológico poderia ser distinto da "realidade efetiva", enquanto o noema transcendental seria necessariamente idêntico à própria realidade.[5] A diferença entre o objeto "puro e simples" e o noema, ou a diferença entre o objeto modificado e o não modificado, testemunharia apenas uma pequena imprecisão de *Ideias I*, que terminaria por não elucidar suficientemente a diferença entre o noema psicológico e o transcendental. A verdade da fenomenologia transcendental exigiria portanto a dissolução dessa distinção e a identificação absoluta entre o objeto "modificado" e o objeto puro e simples. Ora, é evidente que, interpretando-se a diferença como insinuando um *reenvio* do noema a um objeto exterior, a volta ao plano psicológico é inevitável. Mas é verdade também que a diferença enquanto tal não exige nem sugere qualquer ideia de reenvio, e permanece afirmada por Husserl antes e depois de *Ideias I*. Essa diferença,

---

5 Fink, La Philosophie phénoménologique d'Edmund Husserl face a la critique contemporaine, em *De la Phénoménologie*, p.152. Mesma interpretação em Boer, *The Development of Husserl's Thought*, p.425-8.

Crítica da razão na fenomenologia

paralela à instituição da diferença entre as "atitudes" e estritamente vinculada a esta, já surge em 1910 (PI/1, p.191-2), permanece em *Ideias I*, e é em função dela que, em *Ideias III*, Husserl distingue radicalmente o objeto da fenomenologia daquele da ontologia e de todos os saberes positivos (IdIII, §§13-6). A distinção está presente nas lições de 1925 (PP, §37) e, em 1929, Husserl a retoma nas *Meditações cartesianas* (CM, p.91). Será então que em 1933, data do artigo de Fink, Husserl "mudou de opinião"? Ora, se Fink está correto em sublinhar a inadequação entre a filosofia transcendental e qualquer modelo representativo, isso não significa que se deva simplesmente dissolver a diferença e afirmar uma identidade absoluta entre o "sentido objetivo" e o objeto "puro e simples". Essa dissolução, necessária para se fazer da fenomenologia um discurso sobre o mundo, e que redunda em diluir a fronteira entre as "verdades fenomenológicas" e as verdades em geral, Husserl efetivamente nunca a realizou. Assim, ele retoma a diferença em 1936, na *Krisis*, e com uma retórica que não deixa de sugerir uma resposta a Fink e a todos aqueles que pretenderam suprimi-la: "a proposição de minhas *Ideias para uma fenomenologia pura e uma filosofia fenomenológica* que, destacada do contexto da exposição de *epoché* fenomenológica ali contida, podia causar escândalo, é completamente correta: de uma árvore pura e simples pode-se dizer que ela queima, mas uma árvore percebida 'enquanto tal' não pode queimar; dizer isso dela é um contrassenso" (Kr, p.245). Essa proposição óbvia e trivial, que simplesmente leva ao limite mais caricatural a *diferença* entre o objeto intencional e a "coisa da natureza", ao acentuar a distância entre as propriedades de um e de outro, é sistematicamente abolida quando se pretende dar ao "idealismo fenomenológico" um significado que nunca foi o seu. Sem essa diferença, a "Consideração Fenomenológica Fundamental" seria inevitavelmente contraditória. É ela que garante à fenomenologia o direito de pensar-se como ciência absolutamente subjetiva (CM, p.69) e, desde então, como disciplina que não adianta nenhuma opinião sobre o mundo "puro e simples", mas mantém-se no estreito círculo das "verdades fenomenológicas" (PP, p.191). São as teorias do conhecimento elaboradas na atitude natural que, desconhecendo a redução, dirigem-se ao "objeto puro e simples", e nunca podem explicitar o conhecimento sem ao mesmo tempo adiantar uma "teoria" sobre o mundo, uma "interpretação" sobre o objeto que termina por implicar uma decisão sobre a sua *natureza*, fazendo da crítica da razão a antecâmara de uma ontologia positiva. Se o idealismo fenomenológico é inédito, é porque, aos olhos de Husserl, ele não vai emitir "opiniões" sobre o mundo e decidir de uma vez por todas que o objeto "puro e simples" é ou *res-extensa*, ou "realidade psíquica". Equidistante de Descartes e de Berkeley, dos "realismos" e dos "idealismos" tradicionais, porque distante da "atitude natural", terreno comum a todos eles, a fenomenologia manter-se-á fiel ao princípio de uma ciência que se interessa apenas pelo subjetivo (PP, p.190), sem jamais pretender insinuar qualquer conhecimento "teórico" sobre o mundo da atitude natural.[6] Nessas condições, que sentido haveria em caracterizar a fenomenologia transcendental como

---

6 Cf. Kr, p.178-9: "Nenhuma verdade objetiva, seja no sentido científico, seja no pré-científico, nenhuma afirmação sobre o ser objetivo penetra jamais em nosso círculo de cientificidade, quer como premissa, quer como consequência".

Crítica da razão na fenomenologia

uma "metafísica espiritualista",[7] ou em afirmar que no seu interior o mundo é a "objetivação última do espírito absoluto"?[8] Ora, desde 1905, Husserl protestava contra as interpretações quer materialistas quer espiritualistas da ciência (IdPh, p.22).

Nessas condições, a fenomenologia não permaneceria contraditória, abrigando ao mesmo tempo uma série de textos que afirmam a *identidade* entre o objeto "modificado" e o objeto da consideração natural, e uma outra série na qual se insiste na *diferença radical* entre um e outro? Invariavelmente magnânimo, Husserl daria razão tanto aos adeptos do "idealismo produtor" quanto aos discípulos de München, e a verdade da fenomenologia, podendo estar em todas as partes, não estaria em parte alguma. Mas haveria a necessidade de se escolher entre uma tese ou outra, e elas exprimiriam efetivamente uma contradição? Ora, as duas proposições são verdadeiras: o objeto intencional é o mesmo que o objeto "puro e simples", enquanto um não reenvia ao outro como uma imagem ao original: todavia eles são distintos enquanto um não é subjetivo e o outro se resume à unidade de uma multiplicidade noemática. Existem duas decodificações de um mesmo conteúdo e, entre uma e outra, não se trata propriamente de escolher: a filosofia de Husserl é uma filosofia da dupla atitude e não se deve confundir a temática intencional com a filosofia completa do autor. A atitude transcendental não vem para suprimir a atitude natural, e o físico não deve exercer a *epoché*. E a atitude natural não deve cegar-nos a ponto de inibir a chance mesma de se assumir a atitude

---

7 Cf. Celms, Introdução, em *Der phänomenologische Idealismus Husserl's*.
8 Cf. Fink, La philosophie phénoménologique d'Edmund Husserl face à la critique contemporaine, em *De la phénoménologie*, p.169.

transcendental, a única que permite desvelar o modo como os objetos se constituem enquanto objetos para uma consciência.

Será essa mesma exigência de uma identidade material simultânea a uma diferença de "sentido", oriunda de uma filosofia da dupla atitude, que comandará as relações entre a subjetividade mundana e a transcendental. Aqui, também, a subjetividade transcendental não será jamais um "duplo" da subjetividade mundana, não será uma outra subjetividade, sem com isso ser idêntica a ela. E o problema da filosofia alemã, para Husserl, será o de conceber essa identidade material e essa diferença radical entre o transcendental e o mundano (Kr, p.182, 201, 261). Dessa conceptualização de uma identidade simultânea a uma diferença, que o próprio Husserl reconhecerá ser "difícil e paradoxal", decorrerão dois desvios possíveis em relação ao eixo em torno do qual gravita a fenomenologia. O intérprete poderá ser tentado a ver na atitude transcendental algo que viria pura e simplesmente a suprimir a atitude natural, como o verdadeiro suprime o falso. E agora ele tenderá a apagar a diferença entre o objeto intencional e a "coisa" da atitude natural, remeterá a fenomenologia para o campo do "idealismo produtor" e verá seu projeto como sendo essencialmente totalizador. E será levado a concluir o que Husserl nunca concluiu: que a subjetividade mundana não passa de uma "ficção".[9] Ou então ele volatilizará o transcendental para reabsorvê-lo no interior da atitude natural. Agora, ele será levado a apagar a identidade entre o objeto intencional e o objeto "puro e simples", e reconduzirá a fenomenologia ao leito da filosofia da representação, como os discípulos de München. Ou à antropologia, quando o

---

9 Cf. Boer, *The Development of Husserl's Thought*, p.465.

Crítica da razão na fenomenologia

"transcendental", diluído no "natural", só puder encontrar o seu lugar no *Dasein*.[10]

Ora, a filosofia de Husserl não pretende chegar a nenhum desses desenlaces parciais, que apenas testemunham a miopia do intérprete sobre o sentido da redução e das tarefas da investigação fenomenológica. Ela manterá ao mesmo tempo a identidade e a diferença entre o transcendental e o mundano, e será isso que se refletirá no jogo entre espontaneidade e passividade na teoria da constituição. Não existe consciência de objeto sem uma atividade sintética que só se desvela no campo transcendental; mas essa atividade se exerce sobre um conteúdo material sempre já dado, que exprimirá o lado não constituído da experiência, aquilo que a subjetividade transcendental herda do eu

---

10 Cf. IdIII, p.140: "Aqui não posso entrar em uma discussão detalhada com as correntes opostas do presente que, no mais extremo contraste com minha filosofia fenomenológica, querem distinguir ciência rigorosa e filosofia. Desejo apenas afirmar expressamente que não posso reconhecer qualquer fundamento às objeções vindas deles — de intelectualismo, da permanência de meu procedimento metodológico em unilateralidades abstratas, de incapacidade de atingir, por princípio, a subjetividade originariamente concreta, a subjetividade prática e ativa, e os problemas da assim chamada 'existência', assim como os problemas metafísicos. Todas essas objeções se baseiam em incompreensões e, finalmente, no fato de que se interpreta minha fenomenologia reconduzindo-a àquele nível cujo ultrapassamento faz todo o seu sentido; ou, em outras palavras, baseia-se no fato de que não se compreendeu a novidade de princípio da 'redução fenomenológica' e, assim, da ascese da subjetividade mundana (do homem) à subjetividade transcendental; que por isso se permanece em uma antropologia, seja empírica, seja *a priori*, que, segundo minha doutrina, ainda não atinge o terreno especificamente filosófico, e que, considerada como filosofia, significa uma queda no antropologismo transcendental, no psicologismo".

mundano, expressão mais clara da identidade material entre ambos. Essa tensão entre o natural e o transcendental, Husserl a manterá. Para pensar a diferença entre ambos, ele excluirá a linguagem da duplicação. Para conceber a identidade, ele não vai anular o natural em nome do transcendental, nem o transcendental em nome do natural. Idealismo absoluto e antropologismo são oriundos desse mesmo processo. Husserl preserva a diferença entre aquilo que remete à atitude natural e aquilo que remete à atitude transcendental. Coube à história da fenomenologia desfazê-la.

Referências bibliográficas

Obras de Edmund Husserl

AL   *Articles sur la logique*. Paris: PUF, 1975.

AR   *Aufsätze und Rezensionen*. Haia: Martinus Nijhoff, 1979. (Coleção Husserliana, v.XXII.)

CM   *Cartesianische Meditationen und Pariser Vorträge*. Haia: Martinus Nijhoff, 1973. (Coleção Husserliana, v.I.) [Ed. bras.: *Meditações cartesianas*: uma introdução à fenomenologia. São Paulo: Edipro, 2019.]

DR   *Ding und Raum*. Haia: Martinus Nijhoff, 1974. (Coleção Husserliana, v.XVI.)

EPI   *Erste Philosophie*. Primeira parte. Haia: Martinus Nijhoff, 1956. (Coleção Husserliana, v.VII.)

EPII   *Erste Philosophie*. Segunda parte. Haia: Martinus Nijhoff, 1959. (Coleção Husserliana, v.VIII.)

EU   *Erfahrung und Urteil*. Hamburgo: Glassen e Goverts, 1954. (trad. D. Souche. Paris: PUF, 1970.)

FTL   *Formale und transzendentale Logik*. Halle: Max Niemeyer, 1929.

FTL/B   *Formale und transzendentale Logik*. Haia: Martinus Nijhoff, 1974. (Coleção Husserliana, v.XVII.)

Carlos Alberto Ribeiro de Moura

IdI   *Ideen zu einer reinen Phänomenologie und phänomenologischen Philosophie.* t.I. Haia: Martinus Nijhoff, 1950. (Coleção Husserliana, v.III.)

IdII   *Ideen zu einer reinen Phänomelogie und phänomenologischen Philosophie.* t.II. Haia: Martinus Nijhoff, 1952. (Coleção Husserliana, v.IV.)

IdIII   *Ideen zu einer reinen Phänomenologie und phänomenologischen Philosophie.* t.III. Haia: Martinus Nijhoff, 1971. (Coleção Husserliana, v.V.)

IdI/B   *Ideen zu einer reinen Phänomenologie und phänomenologischen Philosophie.* Primeira parte, 2. Halbband. Haia: Martinus Nijhoff, 1976. (Coleção Husserliana, v.III/2.)

IdPh   *Die Idee der Phänomenologie.* Haia: Martinus Nijhoff, 1973. (Coleção Husserliana, v.II.) [Ed. port.: *A ideia da fenomenologia.* Lisboa: Edições 70, 2008.]

Kr   *Die Krisis der europäischen Wissenschaften und die transzendentale Phänomenologie.* Haia: Martinus Nijhoff, 1962. (Coleção Husserliana, v.VI.) [Ed. bras.: *A crise das ciências europeias e a fenomenologia transcendental*: uma introdução à filosofia fenomenológica. São Paulo: Forense Universitária, 2012.]

LUI   *Logische Untersuchungen.* v.I: Prolegomena zur reinen Logik. Tübingen: Max Niemeyer, 1968. [Ed. bras.: *Investigações lógicas*: prolegômenos para uma lógica pura. São Paulo: Forense Universitária, 2014.]

LUII/1   *Logische Untersuchungen.* v.II: Untersuchungen zur Phänomenologie und Theorie der Erkenntnis. Tübingen: Max Niemeyer, 1968. [Ed. bras.: *Investigações lógicas*: fenomenologia e teoria do conhecimento. São Paulo: Forense Universitária, 2012.]

LUII/2   *Logische Untersuchungen.* v.III: Elemente einer phänomenologischen Aufklärung der Erkenntnis. Tübingen: Max Niemeyer, 1968.

PA   *Philosophie der Arithmetik.* Haia: Martinus Nijhoff, 1970. (Coleção Husserliana, v.XII.)

PI/1   *Zur Phänomenologie der Intersubjektivität.* Primeira parte. Haia: Martinus Nijhoff, 1973. (Coleção Husserliana, v.XIII.)

PI/2   *Zur Phänomenologie der Intersubjektivität.* Segunda parte. Haia: Martinus Nijhoff, 1973. (Coleção Husserliana, v.XIV.)

Crítica da razão na fenomenologia

PI/3 *Zur Phänomenologie der Intersubjektivität*. Terceira parte. Haia: Martinus Nijhoff, 1973. (Coleção Husserliana, v.XV.)

PP *Phänomenologische Psychologie*. Haia: Martinus Nijhoff, 1968. (Coleção Husserliana, v.IX.)

PS *Analysen zur passiven Synthesis*. Haia: Martinus Nijhoff, 1966. (Coleção Husserliana, v.XI.)

PSW *Philosophie als strenge Wissenschaft*. Frankfurt am Main: Vittorio Klostermann, 1965. (Cit. cf. paginação original revista *Logos*, v.I, p.289-341, 1910-1911.)

ZB *Zur Phänomenologie des inneren Zeitbewusstsein*. Haia: Martinus Nijhoff, 1966. (Coleção Husserliana, v.X.)

Outras obras

AQUINO, S. T. *Suma contra los gentiles*. Madri: BAC, 1967. [Ed. bras.: *Suma contra os gentios*. São Paulo: Ecclesiae, 2017.]

ARNAULD, A.; NICOLE, P. *La Logique ou l'art de penser*. Paris: Flammarion, 1970. [Ed. port.: *A lógica e a arte de pensar*. Lisboa: Fundação Calouste Gulbenkian, 2016.]

BAR-HILLEL, Y. Husserl's Conception of a Purely Logical Grammar. In: MOHANTY, J. N. (org.). *Readings on Edmund Husserl's Logical Investigations*. Haia: Martinus Nijhoff, 1977.

BECKER, O. The Philosophy of Husserl. In: ELVETON, R. O. (org.). *The Phenomenology of Husserl*: Selected Critical Readings. Chicago: Quadrangle Books, 1970.

BERKELEY, G. *Principes de la connaissance humaine*. Paris: Aubier, 1969. [Ed. bras.: *Obras filosóficas*. São Paulo: Editora Unesp, 2010.]

BERNET, R. Perception as Teleological Process of Cognition. In: TYMIENIECKA, A.-T. (org.). *Analecta Husserliana*. Dordrecht: Reidel, v.9, 1979.

BIEMEL, W. Las fases decisivas en el desarollo de la filosofia de Husserl. In: *Husserl, Cahiers de Royaumont*. Buenos Aires: Paidós, 1968.

BOEHM, R. Husserl's Concept of the Absolute. In: ELVETON, R. O. (org.). *The Phenomenology of Husserl*: Selected Critical Readings. Chicago: Quadrangle Books, 1970.

_____. Basic Reflections on Husserl's Phenomenological Reduction. *International Philosophical Quarterly*, v.5, n.2, p.183-202, 1965.

_____. Zum Begriff des "Absoluten" bei Husserl. *Zeitschrift für Philosophische Forschung*, v.13, n.2, p.214-42, abr.-jun. 1959.

BOER, Th. de. *The Development of Husserl's Thought*. Haia: Martinus Nijhoff, 1978.

_____. The Descriptive Method of Franz Brentano: Its Two Functions and their Significance for Phenomenology. In: MCALISTER, Linda L. *The Philosophy of Franz Brentano*. Londres: Duckworth, 1976.

BRENTANO, F. *Psychologie du point de vue empirique*. Paris: Aubier, 1944.

CAVAILLES, J. *Sur la logique et la théorie de la Science.* Paris: PUF, 1947.

CELMS, Th. *Der phänomenologische Idealismus Husserl's*. Riga: Acta Universitatis Latviensis, 1928.

CONRAD-MARTIUS, H. Die transzendentale und die ontologische Phänomenologie. In: *Edmund Husserl, 1859-1959*. Haia: Martinus Nijhoff, 1959.

DERRIDA, J. *La voix et le phénomène*. Paris: PUF, 1967.

DE WAELHENS, A. Sobre la idea de la fenomenología. In: *Husserl, Cahiers de Royaumont*. Buenos Aires: Paidos, 1968.

_____. L'Idée phénoménologique de l'intentionalité. In: VAN BREDA, H. L.; TAMINIAUX, J. (orgs.). *Husserl et la pensée moderne*. Haia: Martinus Nijhoff, 1959.

FINK, E. La philosophie phénoménologique d'Edmund Husserl face a la critique contemporaine. In: *De la phénoménologie*. Paris: Minuit, 1966.

_____. Re-presentation et image. In: *De la phénoménologie*. Paris: Minuit, 1966.

GEYSER, J. *Erkenntnistheorie*. Münster: Heinrich Schöningh, 1922.

GILSON, L. Franz Brentano on Science and Philosophy. In: MCALISTER, Linda L. *The Philosophy of Franz Brentano*. Londres: Duckworth, 1976.

_____. *La psychologie descriptive selon Franz Brentano*. Paris: Vrin, 1955.

Crítica da razão na fenomenologia

GUEROULT, M. *Descartes selon l'ordre des raisons*. Paris: Aubier, 1968. [Ed. bras.: *Descartes segundo a ordem das razões*. São Paulo: Discurso, 2016.]

GURWITSCH, A. *Phenomenology and the Theory of Science*. Evanston: Northwestern University Press, 1979.

_____. Philosophical Pressupositions of Logic. In: *Studies in Phenomenology and Psychology*. Evanston: Northwestern University Press, 1967.

HEIDEGGER, M. *Die Grundprobleme der Phänomenologie*. ed.compl., v.24. Frankfurt am Main: Vittorio Klostermann, 1975. [Ed. bras.: *Problemas fundamentais da fenomenologia*. Petrópolis: Vozes, 2012.]

HUSSERL, E. Reminiscences of Franz Brentano. In: MCALISTER, Linda L. (org.). *The Philosophy of Franz Brentano*. Londres: Duckworth, 1976.

_____. *Briefe an Roman Ingarden*. Haia: Martinus Nijhoff, 1968.

HUSSERL, CAHIERS DE ROYAUMONT. III Colóquio Filosófico de Royaumont. Buenos Aires: Paidós, 1968.

INGARDEN, R. *On the Motives wich led Husserl to Transcendental Idealism*. Haia: Martinus Nijhoff, 1975.

_____. Die Vier Begriffe der Transzendenz und das Problem des Idealismus in Husserl. In: TYMIENIECKA, A.-T. (org.). *Analecta Husserliana*, Dordrecht: Reidel, v.1, 1971.

_____. L'Idéalisme transcendental chez Husserl. In: VAN BREDA, H. L.; TAMINIAUX, J. (orgs.). *Husserl et la pensée moderne*. Haia: Martinus Nijhoff, 1959.

KERN, I. *Husserl und Kant*: Eine Untersuchung über Husserls Verhältnis zu Kant und zum Neukantianismus. Haia: Martinus Nijhoff, 1964.

KUHN, H. Phänomenologie und "wirkliche Wirklichkeit". In: *Die Münchener Phänomenologie*. Haia: Martinus Nijhoff, 1975.

LANDGREBE, L. *El camino de la fenomenología*. Buenos Aires: Sudameris, 1968.

LEVINAS, E. *Théorie de l'intuition dans la phénoménologie de Husserl*. Paris: Vrin, 1970.

_____. Reflexiones sobre la técnica fenomenológica. In: *Husserl, Cahiers de Royaumont*. Buenos Aires: Paidos, 1968.

MCALISTER, L. L. *The Philosophy of Franz Brentano*. Londres: Duckworth, 1976.

MERLEAU-PONTY, M. *Phénoménologie de la perception*. Paris: Gallimard, 1967. [Ed. bras.: *Fenomenologia da percepção*. São Paulo: WMF Martins Fontes, 2018.]

NATORP, P. Zur Frage der logischen Methode. *Kant-Studien*, Berlim: Reuter & Reichard, v.6, n.2-3, p.270-83, 1901.

RICOEUR, P. *Husserl*: An Analysis of his Phenomenology. Evanston: Northwestern University Press, 1967.

RYLE, G. Phenomenology. In: SOLOMON, R. C. (org.). *Phenomenology and Existentialism*. Nova York: Harper & Row, 1972.

SOKOLOVSKI, R. *The Formation of Husserl's Concept of Constitution*. Haia: Martinus Nijhoff, 1970.

SPIEGELBERG, H. Intention and Intentionality in the Scholastics, Brentano and Husserl. In: MCALISTER, Linda L. *The Philosophy of Franz Brentano*. Londres: Duckworth, 1976.

_____. The "Reality Phenomenon" and Reality. In: FARBER, Marvin (org.). *Philosophical Essays in Memory of Edmund Husserl*. Nova York: Greenwood Press, 1968.

STEIN, E. Husserl's Phänomenologie und die Philosophie des hl. Thomas von Aquino. Versuch einer Gegenüberstellung. In: HUSSERL, E. *Jahrbuch für Philosophie und phänomenologischer Forschung*. Halle: Max Niemeyer, 1929.

TUGENDHAT, E. *Der wahrheitsbegriff bei Husserl und Heidegger*. Berlim: Walter de Gruyter & Co., 1967.

TWARDOVSKI, K. *On the Content and Object Presentations*. Haia: Martinus Nijhoff, 1977.

VAN BREDA, H. L.; TAMINIAUX, J. (orgs.). *Husserl et la pensée moderne*. Haia: Martinus Nijhoff, 1959.

VUILLEMIN, J. *La philosophie de l'algèbre*. Paris: PUF, 1962.

_____. *L'Héritage Kantien et la Révolution Copernicienne*. Paris: PUF, 1954.

SOBRE O LIVRO

Formato: 13,7 x 21 cm
Mancha: 23 x 44 paicas
Tipologia: Venetian 301 12,5/16
Papel: Off-white 80 g/m² (miolo)
Cartão Supremo 250 g/m² (capa)
1ª edição Editora Unesp: 2022

EQUIPE DE REALIZAÇÃO

Capa
Marcelo Girard

Edição de texto
Tulio Kawata (Preparação)
Maísa Kawata (Revisão)

Editoração eletrônica
Eduardo Seiji Seki (Diagramação)

Assistência editorial
Alberto Bononi
Gabriel Joppert